TABLEAU

HISTORIQUE ET POLITIQUE

DE L'EUROPE,

DEPUIS 1786 JUSQU'EN 1796, OU L'AN 4.

T. II.

TABLEAU

HISTORIQUE ET POLITIQUE

DE L'EUROPE,

DEPUIS 1786 JUSQU'EN 1796, OU L'AN 4;

CONTENANT

L'HISTOIRE

DES PRINCIPAUX ÉVÉNEMENS DU RÈGNE

DE F. GUILLAUME II,

ROI DE PRUSSE;

ET un Préeis des Révolutions de Brabant, de Hollande,
de Pologne et de France.

PAR L. P. SÉGUR, L'AINÉ,

EX-AMBASSADEUR, MEMBRE DU CORPS LÉGISLATIF;

Seconde Édition, revue et corrigée.

Quid verum, atque decens curo et rogo,
Et cmnis in hoc sum. HORAT.... Epis...

TOME SECOND.

———

A PARIS,

Chez F. BUISSON, Imprimeur-Lib., rue Hautefeuille, n° 20,

AN IX (1801).

TABLEAU
HISTORIQUE ET POLITIQUE
DE L'EUROPE,

DEPUIS 1786 JUSQU'EN 1796, OU L'AN IV.

CHAPITRE V.

Négociation pour former une quadruple Alliance entre la France, la Russie, l'Autriche et l'Espagne. Découverte de ce Projet. Alliance entre la Prusse, la Hollande et l'Angleterre. Armement et désarmement des Anglais et des Français. Intrigues des Anglo-Prussiens contre la France. Affaire de Kilburn. Préparatifs de guerre de la Russie et de la Suède Rupture, Guerre, Négociations entre ces deux Puissances. Les Armées Russes et Autrichiennes battent les Turcs. La Pologne secoue le joug de la Russie et se livre à la Prusse. L'Angleterre et la Prusse veulent être arbitres de la Paix. Leur prépondérance en Europe. Troubles en France. Fautes du Cardinal de Loménie. Le mécontentement y est général. Ses suites.

L E dénouement rapide et imprévu de la révolution de Hollande, produisit un éton-

A

1788. nement universel en Europe ; et quoiqu'il découvrît évidemment la foiblesse du cabinet de Versailles , on en douta quelque temps dans plusieurs cours, et l'on s'attendit à l'explosion d'un ressentiment qui sembloit devoir allumer une guerre générale. Jusqu'à ce moment on avoit vu la France alliée de l'Espagne et de l'Autriche, forçant l'Angleterre à conclure une paix humiliante, et occupant avec éclat le premier rang parmi les grandes puissances. Il étoit difficile de croire que, sans combattre, elle se laissât humilier à son tour par l'ennemie qu'elle venoit de vaincre, et qu'elle souffrît patiemment que l'électeur de Brandebourg déjouât sa politique, renversât son ouvrage, lui enlevât ses alliés et bravât ses forces.

On n'ignore pas dans quel désordre étoient ses finances, mais on connoissoit l'étendue de ses ressources ; et l'agitation qui se manifestoit dans l'intérieur de ce royaume, étoit une raison de plus pour déterminer le monarque à la guerre , s'il avoit bien connu ses véritables intérêts. Mais son caractère étoit pacifique, et l'habitude d'une domination tranquille ne lui permettoit pas de prévoir les dangers dont son pouvoir étoit si prochainement menacé.

Quelques-uns des ministres de Louis XVI

étoient plus clairvoyans ; ils avoient voulu oc- 1788.
cuper au dehors l'activité des esprits qui pouvoient troubler la tranquillité publique : ils
avoient conseillé de soutenir énergiquement
les Etats de Hollande ; mais l'archevêque de
Sens, depuis cardinal de Loménie, dont les
vues étoient plus étroites, et que le fardeau
des finances accabloit, trembloit à la seule
idée des dépenses que coûteroit la guerre. Il
n'osa cependant pas d'abord conseiller hautement au Roi d'abandonner ses alliés ; mais
comme il avoit, par des délais successifs, re-
tardé la formation du camp de Givet, il continua à ralentir toutes les opérations qu'on
vouloit faire pour réparer cette faute. Il ne
s'opposa pas à l'armement des escadres royales,
mais il retarda leur sortie du port de Brest. Il
consentit à négocier une alliance avec les cours
de Pétersbourg, de Madrid et de Vienne ; mais
il annulla l'effet de ces négociations par les len-
teurs qu'il y apporta ; et son élévation au posté
de principal ministre ayant écarté du conseil
les maréchaux de Ségur et de Castries, dont
la fermeté contrarioit sa tortueuse et timide
politique, il profita des dispositions pacifiques
du Roi pour lui faire signer un désarmement
qui enleva tout à la fois au gouvernement l'es-

1788. tine de ses rivaux, la confiance de ses alliés et le respect de ses sujets.

Le cardinal se prêta d'autant plus facilement au projet d'une alliance avec l'impératrice de Russie, qu'il en croyoit l'exécution impossible. Il savoit que Catherine II, depuis long-temps aigrie contre la France, qu'elle regardoit comme le seul obstacle à ses desseins ambitieux contre l'Empire ottoman, avoit dans tous les temps montré autant de penchant à se lier avec les Anglais, que d'éloignement pour se rapprocher des Français. Il attribuoit le traité de commerce qu'elle avoit conclu, à une humeur de circons- tance contre l'entêtement de l'Angleterre qui vouloit tyranniser les mers, et refusoit de re- connoître les principes de la neutralité armée. Mais il étoit loin de croire que Catherine II, combattant les Turcs, voulût augmenter le nombre de ses ennemis en prenant part à la querelle qui s'élevoit entre la France, la Prusse et l'Angleterre. Ainsi il laissa tranquillement M. de Montmorin décider le Roi à proposer une alliance impossible selon lui, et dont le refus justifieroit le désarmement qu'il méditoit, et la honteuse inaction à laquelle il s'étoit dé- terminé. Le ministre de France à Pétersbourg reçut donc l'ordre de se concerter avec Co-

bentzel, ambassadeur de l'Empereur, et de 1788.
faire secrètement, indirectement et sans compromettre le Roi, quelques insinuations pour
s'assurer des intentions de la cour de Russie,
et savoir si elle ne consentiroit pas à s'unir
avec la France, l'Autriche et l'Espagne, pour
s'opposer à l'ambition menaçante des Anglais
et des Prussiens. Le ministre français qui n'é-
toit pas dans le secret du cardinal, s'acquitta
des ordres qu'il avoit reçus avec circonspection,
et cependant avec assez d'efficacité pour obtenir un plein succès. Catherine II, quoi qu'en
dise l'anglais Eton dans son *Tableau de l'Empire Ottoman*, étoit fort irritée contre les intrigues du roi de Prusse et du cabinet de
Londres, et savoit positivement que les Turcs
lui avoient déclaré la guerre d'après leurs conseils. Elle n'ignoroit pas que ces deux puissances excitoient contr'elle la Pologne et la
Suède; et cette Princesse, voulant profiter de
l'occasion de se venger, regarda les insinuations du ministre de France comme une proposition formelle d'alliance, lui répondit qu'elle
en formoit aussi le vœu, qu'elle en presseroit
la conclusion, qu'il falloit seulement beaucoup
de secret, afin de ne pas éveiller l'inquiétude
des Anglais; et dans le cas où l'alliance seroit

1788. conclue, elle fit entendre que dès que les vaisseaux marchands que l'Angleterre envoie en grand nombre tous les ans à Cronstadt, y seroient arrivés, elle y mettroit un embargo qui feroit repentir le ministère anglais de sa conduite hostile contr'elle. Elle s'engageoit de plus à faire, par l'entremise de la France, la paix avec les Turcs, en leur demandant de légères indemnités, et elle vouloit que les quatre cours alliées garantissent l'intégralité du territoire de la Pologne, pour déjouer les vues, déjà pressenties par elle, du roi de Prusse sur Thorn et Dantzick. Il est évident, de quelque système qu'on soit en politique pour d'autres temps, qu'à cette époque cette quadruple alliance auroit eu les résultats les plus heureux. Elle auroit sauvé la Pologne, pacifié et rassuré la Turquie, contenu la Suède, amené l'Angleterre et la Prusse à faire en Hollande un arrangement qui auroit concilié tous les partis. On auroit épargné le sang d'un million d'hommes que la guerre des Turcs, des Autrichiens et des Suédois a coûté ; la Pologne n'auroit pas eu la honte et le malheur d'un nouveau partage, et la cour de France, conservant une juste considération au dehors et au dedans, auroit peut-être évité tous les déchiremens qu'amenèrent

les fautes trop multipliées du premier ministre. 1788.
Si, malgré toutes les probabilités qu'une si forte
alliance donnoit pour le maintien d'une paix
honorable, l'Angleterre et la Prusse s'étoient
décidées à la guerre, il est à présumer que la
France, assistée de si puissans alliés, s'en seroit
tirée avec honneur, et que beaucoup de têtes
ardentes qui ont depuis été tour-à-tour chefs
et victimes des factions dont elle s'est vue
la proie, auroient déployé plus utilement et
plus heureusement la même ardeur pour sa
gloire.

Quoi-qu'il en soit, cette négociation, qui promettoit de si grands résultats et un si prompt
succès, fut bientôt arrêtée dans sa marche : un
commis du comte Osterman en trahit le secret ;
et Fraser, chargé des affaires du roi d'Angleterre à Pétersbourg, en donna avis, par un
courier extraordinaire, au cabinet britannique. Dès que les cours de Londres et de
Berlin furent informées de ce projet de quadruple alliance, elles songèrent à détourner
l'orage qui les menaçoit. Si le gouvernement
français avoit montré quelqu'énergie, le seul
moyen pour elles d'éviter l'effet de la ligue qui
se formoit, auroit été de s'entendre à l'amiable
pour terminer la querelle des Turcs et des In-

1788. périaux, pour rendre à la Hollande son indépendance, et pour rétablir la tranquillité en
Europe sur des bases solides. Ce fut même dans
le premier moment l'avis de Frédéric-Guillaume, qui jouissoit avec inquiétude du succès
de la révolution de Hollande, et qui craignoit
de se voir enlevé aux voluptés par une guerre
longue et sérieuse. Mais Hertzberg, conseillé
et gouverné par Eward, ministre anglais, qui
lisoit même souvent ses dépêches avant lui, fit
sentir au Roi que la cour de France, n'ayant
pas osé défendre les patriotes hollandais armés, oseroit encore moins les venger lorsqu'ils
étoient vaincus ; que le projet de quadruple alliance étoit une preuve de sa foiblesse, puisqu'elle croyoit avoir besoin de chercher si loin
des appuis, et qu'il falloit redoubler d'audace,
et prouver, par des armemens et des menaces,
que la conclusion de ce traité ameneroit infailliblement la guerre que le cabinet de Versailles
vouloit éviter.

Ce système prévalut et réussit parfaitement;
les Anglais et les Prussiens firent les démons-
trations les plus menaçantes. Le cardinal de
Loménie effraya le Roi par le tableau des finances et par celui des malheurs dont la guerre
alloit accabler la France. On convint avec

l'Angleterre d'un désarmement réciproque qui 1788.
enleva tout espoir aux patriotes de Hollande.
On prodigua à Frédéric-Guillaume les assu-
rances d'amitié et d'intention pacifique, et on
réprimanda le ministre Ségur d'avoir trop
pressé la marche de la négociation dont on
l'avoit chargé. Ainsi ce projet d'alliance, loin
de produire le bien qui pouvoit en résulter,
n'eut d'autre effet que d'aigrir les rois de Prusse
et d'Angleterre, de leur faire connoître à la fois
les dispositions de l'Impératrice et de l'Empereur, le ressentiment et l'impuissance des
Français, de les déterminer à resserrer leurs
liens avec la Hollande, à en former avec la
Suède et la Pologne, et il leur fut démontré
qu'ils pouvoient à leur gré, sans obstacle,
agiter toute l'Europe et se rendre les arbitres
de ses destinées. Le but de l'Angleterrre étoit
d'affoiblir la puissance de Catherine, en exci-
tant contr'elle les Suédois, les Polonais et les
Turcs, et de la forcer, en lui dictant la paix,
à rendre au pavillon britannique le monopole
du commerce du Nord. La cour de Londres
espéroit de plus, en rendant cette paix avantageuse aux Turcs, détruire l'influence française
à la Porte et s'assurer de grands avantages pour
le commerce du Levant. Hertzberg faisoit en-

1788. visager au roi de Prusse l'espoir d'épuiser la maison d'Autriche par la guerre de Turquie, de lui faire perdre le Brabant, et de lui enlever ses acquisitions en Pologne : il ne doutoit pas qu'alors les Polonais ne payassent la protection de la Prusse par la cession de Dantzick et de Thorn.

Tel étoit le plan ambitieux de la ligue anglo-prussienne. Le gouvernement français ne l'ignoroit pas, mais il n'avoit pas assez d'énergie pour s'y opposer ; et M. de Florida-Blanca, qui dirigeoit le cabinet de Madrid, trompé par les caresses et les protestations de la cour de Prusse, haïssant celle de Vienne, et un peu jaloux de l'influence que le cabinet de Versailles prétendoit avoir sur toutes les affaires d'Europe, détournoit la France de toute mesure vigoureuse, et secondoit, par ses conseils temporiseurs, la politique foible du cardinal de Loménie, et la politique ambitieuse de la Prusse et de l'Angleterre. Aussi leurs desseins auroient réussi complètement, malgré la valeur des Russes, les fautes de Gustave, la foiblesse des Polonais, et l'ineptie des Turcs, si la versatilité de Frédéric-Guillaume et la révolution de France n'avoient pas concouru à changer, peu de temps après, d'une manière totale et imprévue, la face des affaires. 1788.

Si l'on doutoit encore de la sincérité de l'Impératrice, lorsqu'elle avoit montré quelque crainte de l'agression des Turcs, et lorsqu'elle avoit demandé l'intervention du gouvernement français pour s'accommoder avec eux, les événemens de la fin de 1787 et du commencement de 1788 pourroient, sur ce point, convaincre les politiques les plus incrédules. Tandis que les ministres d'Angleterre et de Prusse déclamoient par-tout contre l'ambition de Catherine et cherchoient à soulever contr'elle toutes les puissances, en faisant envisager la destruction de l'Empire ottoman comme prochaine et inévitable, le prince Potemkin, surpris par une rupture qu'il n'avoit pas prévue, se trouvoit à la tête d'une armée incomplète, sans magasins, sans argent, sans munitions, et dépourvu de tout ce qui étoit nécessaire pour commencer la campagne avec promptitude, et en pousser les opérations avec vigueur. Ce ne fut qu'après plusieurs mois qu'il put s'approcher d'Oczakow avec quatre-vingt mille hommes; et le maréchal de Romanzow fut encore plus de temps à pouvoir s'avancer vers Choczim, avec une armée tellement inférieure en nombre à celle des Turcs, qu'il

1788. auroit été forcé de se tenir sur la défensive, si l'empereur Joseph, dont les négociations avoient été infructueuses, ne s'étoit pas déterminé, malgré les menaces de la Prusse, à joindre ses armes à celles de son allié, et à déclarer la guerre à la Porte. On fut même obligé, pour former ces deux armées, de dégarnir tellement les frontières septentrionales de l'Empire, que l'Impératrice se trouva, peu de temps après, dans le danger le plus pressant lorsqu'elle fut attaquée par les Suédois, ne pouvant opposer à leur invasion que des recrues levées à la hâte et tout au plus cinq à six mille hommes de vieilles troupes. Le premier combat qui eut lieu entre les Turcs et les Russes, se livra à Kilburn, vis-à-vis d'Oczakow, sur la pointe d'une presqu'île qui défend l'entrée du Borysthène. La valeur ottomane fut contrainte de céder à la discipline russe et au courage de Suwarow; et les Turcs, après avoir forcé trois fois les retranchemens des Russes, furent enfin repoussés avec une telle perte, que très-peu d'entr'eux purent porter au pacha d'Oczakow la nouvelle de leur désastre.

Cette expédition étoit dirigée par des officiers français, envoyés à Oczakow dans un

temps où la France croyoit encore aux inten-
tions hostiles de Catherine. Le roi de Prusse,
profitant de cette circonstance, voulut exciter
la méfiance de l'Impératrice contre la France,
en l'accusant d'entretenir une guerre qu'elle
avoit retardée de tout son pouvoir, et que lui
seul et l'Angleterre avoient allumée ; mais l'effet de cet artifice ne fut pas long : les dépêches
de Choiseul-Gouffier, et l'arrivée d'un secré
taire de Bulgakow à Pétersbourg, firent bientôt
connoître la vérité.

L'hiver de 1788 se passa en préparatifs militaires et en négociations. La France travailloit
à faire accepter sa médiation seule. La Prusse
et l'Angleterre proposoient aussi la leur, tandis
qu'elles souffloient par-tout la discorde ; et le
roi d'Espagne, plus loyal que politique, conseilloit la paix à tout le monde, s'embarrassant
peu que les négociations fussent confiées à l'intervention sincère de son allié ou à la médiation
dangereuse de ses rivaux.

Frédéric-Guillaume jouissoit voluptueuse-
ment à Berlin de l'éclat que répandoit sur son
règne l'activité de son ministre. Fier d'avoir
conquis, sans combattre, un pays que n'avoit
pu subjuguer Louis XIV, il croyoit avoir donné
un royaume au Stathouder, son beau-frère,

1788. tandis qu'il n'avoit réellement fait de la Hollande qu'une province de l'Angleterre. Adroitement flatté par le ministère britannique, dont il servoit aveuglément l'ambition, il s'applaudissoit d'avoir porté les Turcs à la guerre, et de se venger ainsi de l'Impératrice qui l'avoit froidement accueilli, lorsqu'étant prince royal il avoit été envoyé près d'elle par son oncle. Oubliant les conseils de son prédécesseur, il resserroit, par cette conduite, les liens de l'Autriche et de la France : mais le génie ardent d'Hertzberg, et l'influence de l'Angleterre, l'aveugloient et l'entraînoient sans prévoyance dans un système totalement opposé à ses véritables intérêts. Si Joseph II, se servant des prétextes que lui fournissoient les troubles du Brabant, ne s'étoit pas aussi imprudemment embarqué dans la guerre contre les Turcs, et si la révolution de France n'avoit pas eu lieu, Catherine II auroit toujours forcé la Porte à recevoir la paix ; et le roi de Prusse se seroit trouvé seul exposé au ressentiment des deux cours impériales et de la France. Mais la suite de cette histoire prouvera que la fortune répara constamment les fautes de Frédéric-Guillaume, et le sauva toujours des malheurs que pouvoit lui attirer l'active inquiétude de ses ministres,

l'inconséquence de sa politique et l'indolence 1788.
de son caractère.

Rien ne troubla sa tranquillité pendant l'hiver de 1788, et tout se réunissoit pour donner à la flatterie l'apparence de la vérité. Conquérant de la Hollande, redouté par la France, ménagé par l'Espagne, exalté par l'Angleterre, regardé par les princes allemands comme le protecteur de la liberté germanique, les Turcs imploroient ses secours, la Pologne son appui ; la Suède suivoit ses conseils, le Danemarck craignoit ses menaces ; les poètes allemands célébroient sa magnificence et applaudissoient à son aversion pour la littérature française : ses maîtresses le soulageoient du poids de l'ennui ; ses ministres, de celui des affaires.

Les courtisans lui prédisoient une solide gloire ; et les illuminés lui promettoient une longue vie, au moyen d'un élixir qui en abrégea la durée. Le monarque alors crut et dut croire que le rôle de roi étoit aussi facile que doux ; il ne prévoyoit pas l'explosion qui devoit si promptement soulever tant de peuples , ébranler tant de trônes et flétrir les premiers lauriers de son règne.

L'été de 1788 fut fécond en grands événemens. Les armées autrichiennes et russes qui

1788. s'étoient rassemblées avec lenteur , agirent avec succès. Romanzow et Cobourg s'emparèrent de Choczim et de presque toute la Moldavie. L'empereur Joseph II , combattant en personne, prit Sabach d'assaut ; ses généraux se rendirent maîtres de Dubiza. Potemkin investit Oczakow ; l'escadre russe battit l'escadre turque sur la mer Noire ; et le prince de Nassau, célèbre par ses aventures , sa vie errante et son amour pour les dangers, attaqua témérairement dans le Liman , avec des galères et des bateaux plats, la flotte du capitan-pacha , s'empara de quelques vaisseaux de guerre, mit le feu aux autres , et détruisit entièrement cette armée.

En vain l'anglais Eton s'efforce, dans son *Tableau de l'Empire Ottoman* , d'affoiblir l'éclat de cette action, en adoptant les observations de Paul Jones , qui étoit aveuglé par la jalousie que lui inspiroit cette victoire. Paul Jones, ne connoissant pas l'inexpérience des Turcs , s'étoit opposé à cette entreprise et n'en pouvoit pas pardonner le succès.

Tandis que l'Impératrice rassembloit dans le Midi, à huit cents lieues de sa capitale, tout ce qu'elle pouvoit réunir d'argent, d'artillerie et de soldats pour réparer les effets de l'indolence

lence de Potemkin, et pour faire repentir les 1788.
Turcs de leur agression, un nouvel orage,
formé par l'active politique des ministres de
Frédéric-Guillaume et du roi d'Angleterre,
vint menacer dans le Nord, et son trône et sa
personne. Le danger fut d'autant plus grand,
qu'il avoit été moins prévu ; et si le nouvel ennemi qui se déclara contre Catherine avoit
déployé autant d'énergie qu'il avoit montré
d'audace, il est certain qu'il seroit arrivé aussi
facilement à Pétersbourg qu'il s'en étoit flatté.
Mais beaucoup d'hommes d'état forment de
vastes plans, et peu les savent exécuter.

Gustave III, roi de Suède, tourmenté par
cet amour de la gloire qu'exaltent tous les
peuples du monde, quoiqu'il soit la cause de
presque tous leurs malheurs, n'étoit pas satis-
fait de la célébrité que lui avoit acquise la révolution qu'il avoit faite dans son pays ; son
nom sembloit lui imposer d'autres obligations :
il avoit souvent dit qu'*il falloit une guerre
pour caractériser un règne*. En vain le grand
Frédéric, son oncle, en le complimentant sur
la révolution qui avoit augmenté son pouvoir,
lui avoit recommandé d'être pacifique, et
l'avoit averti *que, depuis qu'il existoit en Europe quatre monarchies qui pouvoient cha-*

1788. *cune rassembler quatre cent mille soldats , un roi de Suède , avec une armée de vingt-cinq mille hommes , ne devoit plus espérer de jouer un grand rôle en Europe.* Gustave ne pouvoit se résigner au repos , et il vouloit à toute force être conquérant. Ce n'étoit pas le ressentiment des anciennes pertes de la Suède qui l'animoit contre la Russie ; il avoit souvent montré à cette puissance qu'il étoit prêt à s'allier avec elle , si elle vouloit lui permettre d'enlever la Norwége. aux Danois ; et il promettoit au roi de France une union indissoluble , s'il consentoit à lui donner les moyens de reprendre aux Russes la Finlande et la Livonie. Toute alliance lui étoit égale pourvu qu'elle fût offensive , et laissât le champ libre à ses passions.

Jusqu'à l'époque dont il est question , il avoit été de tout côté contrarié dans son vœu ; la Russie et l'Angleterre garantissoient le Danemarck de son ambition ; et Louis XVI qui aimoit la paix , se servoit de son influence sur ses alliés pour la maintenir.

La guerre des Turcs contre les Autrichiens et les Russes , le refroidissement de l'Angleterre pour la Russie , et la haine de Frédéric-Guillaume pour l'Impératrice , offrirent enfin à Gustave l'occasion qu'il désiroit : le roi de

Prusse lui fit promettre des subsides par la 1788.
Porte ; l'Angleterre lui laissa espérer des secours , et ces deux puissances , encourageant
son ardeur belliqueuse , virent avec joie ce
Prince impétueux seconder leurs projets , diviser les forces de la Russie , augmenter les
dangers de l'Empereur , et déjouer la politique conciliatrice de la France.

Le plus grand embarras de Gustave fut de
trouver un prétexte ; car „ telle est la force de
la justice, les princes qui en violent le plus les
loix n'osent pas en désavouer les principes , et
elle est heureusement si nécessaire à tous les
hommes , qu'elle est hypocritement invoquée
par eux dans le moment même où ils l'outragent.

Gustave III , quoiqu'il eût augmenté en
Suède la puissance royale , étoit monarque
d'un peuple fier et libre ; ses droits , quoiqu'é-
tendus , étoient limités, et la constitution qu'il
avoit lui-même rédigée et jurée, lui donnoit
tout le pouvoir nécessaire pour défendre ses
états , mais lui refusoit expressément celui
d'entreprendre une guerre offensive sans le
consentement des quatre ordres du royaume.
Or, Catherine étoit certainement fort éloignée
de vouloir et de pouvoir l'attaquer : ses fron-

1788. tières septentrionales étoient dégarnies, et elle prévoyoit si peu une rupture avec la Suède, qu'elle étoit au moment d'envoyer tout ce qu'elle avoit de forces navales dans l'Archipel, comme elle l'avoit fait avec tant de hardiesse et de succès dans la guerre précédente.

Dans une pareille position, Gustave ne pouvoit trouver que des prétextes frivoles; aussi ceux qu'il saisit furent si invraisemblables qu'ils ne trompèrent personne, et ne furent adoptés que par ceux qui favorisoient ses vues.

Toute l'Europe savoit le but de l'armement de Catherine, et vit avec surprise le roi de Suède affecter des alarmes qu'il ne ressentoit pas, et implorer des secours dont il n'avoit aucun-besoin. Le comte Rasoumowsky, ministre de Russie en Suède, fut accusé par lui d'intrigues tendantes à exciter des factions. Cet envoyé, dont les instructions étoient alors très-pacifiques, fit une note pour dissiper les inquiétudes du Roi, et l'assurer de l'amitié de l'Impératrice pour le monarque et pour *sa nation*. Gustave feignit d'être choqué de cette expression ; il prétendit que lui seul étant chargé du gouvernement, aucune note ministérielle ne devoit parler de la *Nation Suédoise;* que ce langage étoit factieux, et qu'il ne pou-

voit souffrir près de lui un ministre qui res- ,1788,
pectoit si peu son autorité.

Il étoit assez singulier que le chef d'un peuple libre reprochât de pareilles formes à un souverain despotique ; mais Gustave , sans s'embarrasser de cette inconséquence , renvoya Rasoumowsky , et , sur son refus de partir , il le fit embarquer d'autorité. Il se mit ensuite promptement à la tête de son armée , et, sans avoir égard aux remontrances des envoyés des cours de Versailles , de Vienne et de Madrid , il s'avança sur la frontière de Finlande, refusant toute conférence avec les généraux que l'Impératrice envoyoit pour négocier avec lui , et répandant par-tout que les Russes vouloient envahir la Suède et avoient déjà commis des hostilités.

Pour rendre l'alarme plus vive et la nouvelle plus vraisemblable, on prétend qu'il avoit pris à l'opéra de Stockholm des habits de Cosaques , en avoit fait revêtir des soldats suédois , et avoit fait sabrer par eux quelques paysans. Un pareil moyen est si blâmable qu'on ne rapporteroit pas cette anecdote , si elle n'avoit pas été répandue dans le Nord par l'Impératrice , par les ministres et généraux russes, et attestée par plusieurs officiers suédois prisonniers. Quoi qu'il en soit , le bruit de ce stratagème , à la fois cruel et puéril , dont l'illusion ne pouvoit pas être de longue durée , contribua , peu de temps après , à favoriser les projets de quelques factieux , et à enflammer l'indignation de l'armée suédoise en Finlande où l'on vit éclater la plus dangereuse révolte.

Cependant Catherine , fière de sa puissance , et enivrée de l'éclat de son règne , s'endormoit dans une folle confiance ; elle ne vouloit pas croire que le roi de Suède osât l'attaquer ; et , malgré les sages conseils de tous ses ministres et l'importance des nouvelles successives qu'ils lui apportoient, elle s'obstinoit à faire partir son escadre pour l'Archipel. Son aveuglement étoit poussé à tel point , que les vaisseaux avoient reçu l'ordre de mettre à la voile , et que si le roi de Suède eût déclaré la guerre quatre jours plus tard, il auroit trouvé la mer libre , Cronstadt sans vaisseaux, et Pétersbourg sans défense. Mais son ardeur bouillante l'emporta : il fit donner par son chargé d'affaires Schlaf une note menaçante[1] , par laquelle il demandoit à l'Impératrice de désarmer , de le prendre pour médiateur entr'elle

et les Turcs , de rendre à la Porte tout ce 1788.
qu'elle lui avoit pris dans la dernière guerre ,
et de restituer à la Suède la Finlande et l'In-
grie , jusqu'à deux lieues de Pétersbourg. Il
vouloit un *oui* ou un *non* sans modification ,
et déclaroit la guerre en cas de refus. Il n'attendoit pas même la réponse à cette étrange
note pour commettre les premières hostilités.
C'est ainsi que fut allumée , dans le Nord, une
guerre que le roi de Suède commença sans
nécessité et termina sans succès.

Gustave, ayant pris le parti téméraire d'attaquer un colosse comme la Russie, ne devoit pas lui laisser le temps de rassembler ses
forces dispersées ; mais ses opérations furent
aussi incertaines et timides que son agression
avoit été hardie et prématurée : il fit une ten-
tative inutile sur le fort de Nislot, défendu
par une foible garnison et un officier inva-
lide , et attendit indolemment une artillerie de
siége qui ne lui étoit pas nécessaire, pendant
qu'il pouvoit s'emparer , sans coup férir, de
Frédériksham, ville démantelée , sans munitions et qui ne pouvoit, dans ce premier moment , opposer aucune résistance.

Le danger qu'on n'a pas prévu paroît toujours plus grand que celui auquel on s'est pré-

1788. paré : autant la sécurité de l'Impératrice avoit
été aveugle, autant son alarme fut vive. Elle fit
armer à la hâte tout ce qu'elle put rassembler
de paysans et de domestiques en âge de combattre ; elle fit passer en Finlande le peu de
troupes qui se trouvoient à proximité ; la Livonie fut dégarnie ; on n'y laissa qu'un régiment.
Les régimens des gardes sortirent de Pétersbourg, plus propres à intimider l'ennemi par
leur réputation que par leur nombre. Catherine,
qui leur avoit dû son élévation au trône, avertie,
par le parti qu'elle en avoit tiré dans la révolution, du danger de leur influence, avoit peu à
peu diminué leurs forces ; et, dans cette circonstance, si le roi de Pruss s'étoit déclaré et
avoit voulu combattre au lieu d'intriguer, l'Empire russe auroit peut-être succombé à cette
attaque inopinée.

L'effroi régnoit à Pétersbourg ; les nouvelles
les plus alarmantes et les plus fausses s'y débi-
toient : on croyoit à chaque instant y voir arriver les Suédois, et l'on regardoit le départ de
Catherine pour Moscow comme certain. La
lenteur du roi de Suède et l'activité des ministres russes dissipèrent bientôt cette frayeur.
On apprit la nouvelle d'une bataille navale entre
les deux flottes, dont le résultat fut incertain,

comme celui de tous les combats de mer. Les 1788.
deux partis chantèrent le *Te Deum*, et s'attribuèrent la victoire. Un vaisseau de guerre fut
pris de chaque côté : les deux armées furent
maltraitées; mais celle de Catherine tint la mer,
et l'escadre suédoise rentra dans ses ports. Cette
bataille donna de la réputation au duc de Sudermanie, qui la livroit, et accrut la gloire de
l'amiral Greig, officier anglais, actif, probe et
brave, qui commandoit les Russes.

Le général Michelson, apprenant que Gustave étoit débarqué sur les côtes de Finlande,
et n'ayant que quinze cents hommes à lui opposer, se servit d'un vieux stratagème, fit in-
tercepter par les postes suédois une lettre dans
laquelle il mandoit au gouverneur de Frédériksham qu'il avançoit avec douze mille hommes.
Le roi de Suède, trompé par cette lettre, se
rembarqua avec précipitation : cette retraite
ranima la confiance des Russes et diminua celle
des Suédois. Aucune affaire importante ne suivit
cette entreprise, et le comte Poushkin eut le
temps de rassembler à peu près quatorze mille
hommes, qui le mirent en état de garantir la
capitale de l'invasion dont elle étoit menacée.

Peu de temps après, Gustave retourna à
Stockholm; on apprit que le Danemarck s'étoit

1788. déclaré pour la Russie, et qu'en vertu du traité
d'alliance, le Prince Royal alloit en Norwége
et y préparoit une diversion redoutable.

Le peu de succès de Gustave et la déclaration
du Danemarck excitèrent le murmure de l'armée
suédoise ; elle apprit dans le même temps que les
Russes, loin de songer à l'attaquer, n'étoient
pas en état de défense, et que le Roi leur faisoit
entreprendre une guerre inconstitutionnelle,
dont le commencement étoit humiliant et les
conséquences dangereuses.

Furieux de se voir à la fois trompés et aban-
donnés, les chefs exhaloient leur mécontentement et ne dissimuloient pas leur inquiétude.
Sprengporten, officier-général suédois, qui
avoit quitté son pays par mécontentement, et
qui s'étoit mis au service de la Russie, ardent
comme tous les transfuges, fut promptement
informé de cette disposition des esprits ; il en-
tretint par ses intrigues et redoubla par ses
promesses l'aigreur des troupes ; et lorsqu'il les
vit exaspérées comme il le souhaitoit, il entama
avec elles, par ordre de l'Impératrice, une négociation dont le but étoit de forcer le Roi à la
paix, et de rendre au Sénat suédois son ancienne
puissance si le monarque vouloit continuer la
guerre.

Tout annonçoit une révolution que les fautes 1788. de Gustave avoient préparée; mais sa fortune et son activité le sauvèrent. S'il manquoit de talent pour la guerre et de sagesse dans ses projets, il avoit du courage dans les dangers, de l'éloquence dans les discours et des ressources dans l'esprit. Catherine II ne profita ni assez habilement, ni assez promptement de l'occasion qui s'offroit : écoutant plus son ressentiment que son intérêt, elle manqua la paix, parce qu'elle espéra une révolution; et en n'acceptant pas simplement les offres qui lui étoient faites par l'armée insurgée, elle perdit du temps; faute irréparable en politique. Les rois de Prusse et d'Angleterre, par leurs menaces, arrêtèrent les Danois et les forcèrent à faire la paix. Le roi de Suède, soutenu par le peuple qu'il sut animer, contint les grands et effraya les troupes. L'armée suédoise, voyant l'union du monarque avec le peuple, et apprenant la défection des Danois, dénonça et abandonna les auteurs de la sédition dont elle avoit approuvé les projets. Gustave fit emprisonner les chefs de la révolte; et par des largesses sagement distribuées, des promesses encourageantes, des châtimens sévères pour quelques rebelles et de la clémence pour les autres, il rétablit la disci-

1788. pline dans l'armée, et vint ranimer son courage
par sa présence.

Au moment du péril, il avoit imploré la médiation de la France, qui désiroit la paix. Dès
qu'il se crut en sûreté, il déclara qu'il n'accep-
teroit que celle des rois de Prusse et d'Angleterre, dont il connoissoit le vœu conforme au
sien pour la prolongation de la guerre.

Tels furent les événemens qui remplirent la
campagne de 1788, où l'on vit tour-à-tour,
des deux côtés, tous les présages de ruine et de
triomphe, et qui finit sans aucun succès ni décisif, ni même important.

Catherine, rassurée du côté de la Suède, et
se voyant en état de soutenir au moins avec égalité cette guerre septentrionale, continuoit à
remporter, dans le Midi, des avantages qu'un
général moins indolent que Potemkin auroit pu
pousser avec bien plus de rapidité. L'ingénieur
français Lafitte, qui avoit été envoyé deux ans
avant par le cabinet de Versailles à la Porte,
mandoit au ministre de France à Pétersbourg,
qu'Oczakow n'étoit pas en état de soutenir une
attaque régulière plus de trois semaines : Potemkin fut dix mois à l'assiéger, et ne s'en empara qu'à la fin de 1788. Les maladies avoient
emporté un tiers de son armée ; les travaux

n'avançoient pas; les soldats russes, effrayés de l'approche de l'hiver, et animés par le fanatisme religieux, pressèrent si vivement leur général de les laisser enfin détruire cette ville infidelle, qu'il y consentit. L'assaut fut terrible, la résistance opiniâtre, le carnage affreux. On livra la ville au pillage; trois jours après la victoire les Russes massacroient encore les Turcs, et même les enfans dont ils découvroient l'asile. Si l'armée russe, laissant une division pour masquer cette place, eût joint celle de Romanzow, en une campagne les Ottomans auroient été chassés d'Europe; mais les Russes, infiniment supérieurs aux Turcs dans les batailles, ne savent pas faire de siége; chaque bicoque les arrête long-temps et leur coûte un assaut meurtrier. Si les Français étoient voisins et ennemis de l'Empire ottoman, depuis long-temps il n'existeroit plus.

La prise d'Oczakow, qui débarrassoit la Tauride d'un voisinage inquiétant, valut le grand cordon de Saint-George à Potemkin : c'étoit le but de son ambition; dès qu'il l'eut atteint, son ardeur passagère pour la gloire fit place au désir des voluptés et du repos : il souhaita dès-lors sincèrement la paix, mais il ne put l'obtenir L'Angleterre la lui auroit donnée, si la Russie avoit fait un traité de commerce avec elle et avoit demandé sa médiation; le roi de Prusse y auroit consenti et auroit forcé les Turcs à la conclure, si l'Impératrice avoit abandonné l'Empereur pour s'allier avec lui; car, malgré quelques ressentimens personnels, Frédéric-Guillaume, conseillé par Hertzberg, croyoit l'alliance de la Russie plus utile à la Prusse dans ses desseins contre l'Autriche, que celle de la France même.

Potemkin n'ignoroit pas les dispositions de ces deux cours, et il employa tous ses soins pour engager sa souveraine à changer de politique et à se rapprocher des cabinets de Londres et de Berlin. L'état de foiblesse de la France ne lui faisoit plus compter cette puissance pour rien; et comme il avoit quitté sans hésiter l'alliance de Frédéric pour celle de Joseph, afin de conquérir sans obstacle la Crimée, il ne se faisoit aucun scrupule d'abandonner l'Empereur et de s'unir à la ligue anglo-prussienne, pour jouir paisiblement de la conquête d'Oczakow, et pour forcer les Suédois et les Turcs à la paix. Mais Catherine ne fut pas de son avis; elle avoit beaucoup de fierté et d'obstination, et elle auroit cru ternir sa gloire en sacrifiant un allié qui lui avoit montré tant de dé-

vouement, et en se soumettant à la médiation 1788.
des puissances qui lui avoient attiré la guerre :
elle se résolut donc à braver leur haine, à mé-
priser leurs menaces, et à n'obtenir la paix que
par la force de ses armes ou l'intervention de
ses amis.

Cette détermination irrita le roi de Prusse,
qui redoubla d'activité et chercha, sans la combattre directement, de nouveaux moyens pour
augmenter l'ardeur et le nombre de ses ennemis.
Depuis quelque temps ses entreprises contre le
commerce et la liberté de Dantzick avoient in-
quiété Catherine; elle avoit même chargé le
prince de Nassau, revenu de l'armée, d'aller à
Vienne, à Versailles et à Madrid, informer ces
trois cours des vues ambitieuses de Frédéric-
Guillaume sur Thorn et sur une partie de la
Pologne. Enfin, comme le gouvernement français étoit revenu à son premier projet, et pressoit assez vivement alors la conclusion de la
quadruple alliance, l'Impératrice proposa au
ministre Ségur de la signer, pourvu qu'on prît
de part et d'autre l'engagement de garantir l'intégralité du territoire de cette République. Le
roi de France, mal conseillé, refusa cette clause,
l'Espagne ne voulut point entrer dans l'alliance,
et par son refus, fit échouer cette négociation,

1788. dont le cardinal de Loménie, par timidité, et M. Necker son successeur, par économie, craignoient le succès. Catherine, privée de cet appui, mais constante dans son projet, voulut alors prendre seule la défense d'un pays qu'elle avoit tant opprimé; et elle proposa au roi de Pologne de s'unir à la Russie par un traité d'alliance.

Cette proposition fut une grande faute en politique, et prouva que Catherine, dont l'orgueil avoit toujours été flatté, ne connoissoit pas les violens ressentimens et la haine implacable que produisent l'oppression, l'injustice et l'humiliation.

Jamais on ne prit plus mal son temps et l'on ne manqua plus complètement son but. Les Polonais (je ne parle que de la noblesse, qui composoit seule une nation libre, les paysans étant esclaves, et par conséquent indifférens au sort de leur pays), les Polonais, dis-je, autrefois respectés en Europe, se souvenoient encore qu'ils avoient combattu sans désavantage les Prussiens, leurs tributaires, délivré l'Autriche et Vienne des armes ottomanes, et que les Moscovites avoient souvent tremblé devant eux.

Ils conservoient la même fierté, la même

ardeur

ardeur belliqueuse, la même légéreté, le même 1788. amour de la liberté, le même attrait pour les orages qui l'entourent ; ils avoient les mêmes loix, les mêmes usages ; leurs mœurs s'étoient peu altérées : on retrouvoit chez eux, en entier, ce système féodal qui fut si long-temps le code universel de l'Europe, et cet esprit chevaleresque, seul avantage de cette forme de gouvernement, et unique remède aux brigandages qu'il autorise, et que la foiblesse du monarque y rend impunis. Mais s'ils étoient restés les mêmes, tout étoit changé autour d'eux ; partout les peuples avoient acquis plus de liberté, et les rois plus de pouvoir. Demeurés seuls sans subordination, sans armée régulière, sans tiers-état, sans finances, sans commerce, sans artillerie respectable et sans forteresse, ils ne pouvoient opposer à leurs voisins qu'une valeur inutile et le souvenir de leurs anciennes victoires.

Aussi, depuis un siècle ce malheureux pays étoit continuellement l'objet de l'ambition des autres puissances, le jouet de leur politique, et la proie de leurs armées. Pierre-le-Grand et Charles XII avoient appris à l'Europe le secret de la foiblesse des Polonais. Leurs diètes turbulentes étoient soumises à l'influence de la

1788. Russie, de l'Autriche et de la Prusse, qui corrompoient et divisoient leurs grands, profitoient de leurs discordes, dirigeoient leurs élections et dominoient leur prince. Leur ruine totale n'étoit retardée que par la rivalité de ces trois puissances : un instant d'accord entr'elles avoit produit le premier démembrement de leur pays, et devoit leur faire prévoir le partage du reste de leur territoire à la première réunion de ces trois couronnes.

« Ils devoient donc les craindre et les haïr toutes trois. Mais après le premier partage, l'Autriche et la Prusse avoient abandonné à l'Impératrice la direction des affaires de la Pologne : elle s'étoit chargée d'y maintenir la nouvelle constitution qu'elles lui avoient toutes trois donnée pour l'empêcher de sortir de sa foiblesse et de son anarchie. Depuis cette époque c'étoient les ambassadeurs de Russie qui régnoient véritablement en Pologne ; leur hauteur avec le Roi, leur mépris insultant pour la nation, leur faste, leur insolence, leur avidité, les vexations et la férocité des troupes russes qui restoient en Pologne, avoient réuni sur la Russie toutes les haines, tous les désirs de vengeance que les trois cours co-partageantes devoient inspirer à ce peuple opprimé. On ne

pouvoit parler d'un Russe à un Polonais sans
le voir à la fois pâlir de crainte et frémir de
rage. Ce seul nom lui rappeloit sa gloire flétrie,
sa liberté perdue, ses loix détruites, ses biens
ravis, sa famille persécutée, son honneur
outragé.

Il est facile, d'après ce tableau qui n'est
point chargé, de concevoir l'effet que dut produire sur la diète polonaise l'offre de l'alliance
de Catherine, au moment où les armes des
Turcs, celles des Suédois, les intrigues de l'Angleterre, et les promesses artificieuses de la
Prusse, faisoient entrevoir à ces cœurs ulcérés
la douce espérance d'être délivrés du joug de
leur mortelle ennemie, et de voir tomber
l'odieux colosse qui les écrasoit.

En vain quelques-uns de ces esprits sages
qui savent dominer leurs passions, vouloient,
comme le roi de Pologne, profiter de cette
circonstance qui sembloit ouvrir les yeux de
Catherine sur ses vrais intérêts trop long-temps
méconnus ; en vain ils cherchoient à représenter qu'avec l'appui de la Russie, ils pouvoient
réformer leur constitution, se donner une existence politique plus solide, et peut-être recouvrer un tiers des possessions qu'ils avoient per-
dues. Ils faisoient inutilement observer que les

1788, offres de la Prusse étoient illusoires et intéres-
sées, et l'embarras des deux cours impériales
passager ; qu'il étoit insensé de les croire per-
dues, et dangereux de les irriter ; qu'à la paix
ils seroient, sans appui, les objets de leur
vengeance, et que la Prusse, au lieu de les
secourir alors, s'entendroit avec elles pour un
nouveau partage.

Les noms d'esclave et de traître étoient la
seule réponse à ces insinuations, qu'on ne ha-
sardoit qu'avec timidité et qui étoient repous-
sées avec indignation. Hertzberg étoit trop
habile pour ne pas profiter de cette circonstance. Luchesini, ministre du roi de Prusse à
Warsovie, eut ordre alors de multiplier les
promesses, de nourrir les espérances, d'enflammer les esprits, et il remplit parfaitement
sa mission.

Nul homme n'étoit plus propre à jouer un
pareil rôle. Son activité ne perdoit jamais un
moment ; son industrie ne laissoit échapper aucune ressource. Ardent pour atteindre son
but, prompt à saisir tous les moyens d'y arriver, Luchesini réunissoit toutes les qualités du
courtisan adroit et du politique habile. Instruit
sans pédanterie, sa mémoire lui fournissoit autant de faits utiles pour son travail que d'anec-

dotes agréables pour la société. Son intimité 1788.
avec le grand Frédéric lui avoit fait acquérir une
haute considération : son caractère insinuant
l'introduisoit dans tous les partis, sa finesse
lui en faisoit découvrir promptement tous les
secrets ; et sa chaleur active, cachant sa dissi-
mulation, lui donnoit l'air de la franchise, et
persuadoit aux Polonais qu'il embrassoit leur
cause avec autant de zèle que s'il avoit été leur
compatriote.

Déplorant les malheurs de la Pologne, re-
traçant tous les crimes des Russes, exaltant la
probité généreuse du Roi son maître, il s'in-
dignoit contre les imposteurs qui supposoient
au cabinet prussien l'idée d'un nouveau partage. *Frédéric-Guillaume, disoit-il, cherchoit
une plus noble gloire; il vouloit garantir
l'Europe de l'ambition des barbares du
Nord; son dessein étoit de rendre à la Pologne son éclat, sa gloire, sa liberté. Le
moment étoit venu d'exécuter ces nobles projets. L'ambitieuse Catherine voyoit ses états
menacés à la fois par les Turcs et par les
Suédois, et désolés par la famine; ses finances étoient épuisées, ses soldats découragés.
Déjà cette artificieuse princesse, effrayée
par ces nouveaux périls, quittoit le langage*

1788. *insultant qu'elle avoit si long-temps employé, et avoit recours aux caresses et aux prières pour aveugler les Polonais, dont elle redoutoit l'énergie. Elle calomnioit le roi de Prusse, parce qu'elle craignoit qu'il ne fût leur libérateur. Elle vouloit, par un traité funeste les retenir dans ses fers, et les armer contre leur véritable appui. Mais cet espoir frivole devoit promptement s'évanouir. La nation polonaise étoit trop éclairée pour tomber dans un piége si grossier, trop fière pour oublier tant d'injures; elle alloit enfin suivre les conseils d'un prince généreux, repousser avec mépris une alliance honteuse, briser un joug odieux, et reconquérir des droits sacrés.*

Hailes, ministre d'Angleterre, appuyoit ces discours, faisoit entrevoir l'espoir d'un armement anglais pour seconder les Suédois, et ranimoit par ses conseils l'amour de la liberté. Les Polonais, altérés de vengeance comme tous les opprimés, et avides d'espérance comme tous les malheureux, se laissèrent promptement éblouir par ces brillantes illusions. Entraînés par leurs passions, enhardis par ces promesses, rassurés par les circonstances, et regardant Frédéric-Guillaume comme un sau-

veur que le ciel leur envoyoit, ils rejetèrent 1788.
dédaigneusement l'alliance de la Russie, refusèrent le passage aux troupes russes, ordon-
nèrent le renvoi de celles qui étoient sur leur
territoire, cassèrent le conseil permanent établi
par la constitution, dont l'Impératrice étoit
garante, et, après ces résolutions hardies, ils
se livrèrent avec transports à la joie qu'éprouvent des captifs qui ont brisé leurs liens.

L'ambassadeur russe, qui tenoit une cour
plus nombreuse et plus brillante que celle du
roi, se vit tout-à-coup isolé : il donnoit, peu
de temps avant, des ordres; alors on méprisa
ses avis et l'on refusa toutes ses demandes.
Tous les Polonais se dépouillant des habits modernes qui leur retraçoient leur honte, reprirent leur antique costume, qui leur rappeloit
à la fois leur gloire et leur liberté; toutes les
dames, enflammant leur courage, coupoient
elles-mêmes la chevelure de ces guerriers et
brodoient leurs riches ceintures. Le roi Stanislas-Auguste, ne pouvant résister à cette ardeur
bouillante dont il prévoyoit les suites, parut la
partager; son sort, pendant tout son règne,
fut d'être tyrannisé tour-à-tour par son peuple
ou par ses voisins. Comme il avoit peu de force
et beaucoup de lumières, son esprit clair-voyant

1788. ne lui servit jamais qu'à prévoir ses malheurs sans pouvoir s'en garantir. En peu de jours, tout prit ainsi dans ce pays une face nouvelle, et la liberté, comme une lampe prête à s'éteindre, y jeta dans ce moment un brillant et dernier éclat.

Catherine fut d'autant plus irritée du refus injurieux de cette alliance, qu'elle étoit contrainte de dissimuler son ressentiment. C'étoit le premier échec qu'éprouvoit son amour-propre, et elle voyoit avec indignation un peuple qu'elle avoit toujours dédaigné, résister à sa puissance et rompre une chaîne qu'elle croyoit éternelle. Cet événement rendoit la position de son armée en Moldavie plus embarrassante : les renforts, les munitions ne pouvoient plus passer par la Pologne, et elle craignoit que d'un moment à l'autre les Polonais, prenant les armes, ne missent ses troupes entre leur feu et celui des Ottomans.

Dans cette crise, elle fit encore quelques tentatives pour engager le roi de France à se joindre à elle et à l'Empereur, contre une ligue qui devenoit si menaçante ; mais elle ne tarda pas à se convaincre de l'inutilité de cette démarche. Louis XVI étoit trop occupé par les troubles de son royaume, et trop ef-

frayé de l'état de ses finances , pour vouloir se
mêler des orages qui agitoient l'Europe, et ses ministres tremblans des dangers qui les menaçoient , n'étoient pas assez habiles pour voir qu'une guerre extérieure étoit , dans cette circonstance, le seul remède aux maux dont ils souffroient.

Depuis long-temps le luxe de la cour, la prodigalité des grâces et les dettes qu'on avoit contractées , avoient dérangé les finances de l'état. En temps de paix, les recettes étoient au-dessous des dépenses, et la guerre d'Amérique, nécessitant des emprunts , avoit augmenté ce déficit annuel , et l'avoit porté à cinquante-six millions.

Dans une pareille situation il n'existoit que trois remèdes ; premièrement l'augmentation des revenus par de nouveaux impôts : la nation surchargée s'y refusoit ; les parlemens s'y opposoient ; M. de Calonne, qui avoit convoqué, pour y parvenir, une assemblée de notables, en 1787, y échoua. Les notables qu'il choisit imprudemment dans les rangs de ses ennemis, avoient combattu ses plans. La Fayette, entr'autres, parla le premier avec feu de la nécessité de rassembler les États-généraux, et cet appel à la nation enflamma tous les

1788. esprits. L'archevêque de Sens, depuis cardinal de Loménie, avoit aussi combattu M. de Calonne et l'avoit remplacé dans la direction des finances. Le résultat de ces intrigues fut l'impossibilité d'augmenter les revenus.

Le second moyen, le plus sûr et le plus sage de tous, étoit la diminution des dépenses ; mais M. Necker, dans son premier ministère, l'avoit tenté sans succès : l'avidité des grands et la foiblesse du gouvernement, n'en laissoient pas exister la possibilité.

Le troisième remède étoit une banqueroute, remède honteux employé déjà par l'abbé Terray : le Roi étoit trop honnête homme et son ministère trop timide pour s'y déterminer.

Flottant entre ces trois partis, le cardinal fit ce qu'il y a de plus dangereux : il les essaya tous de manière à en sentir tous les inconvéniens, et n'en suivit aucun ; de sorte qu'il en perdit tous les avantages. Il voulut établir maladroitement quelques impôts, et fut repoussé par les parlemens, qui se déclarèrent incompétens et demandèrent les États – généraux. Le cardinal eut la foiblesse de les promettre et la mauvaise foi de ne pas vouloir tenir sa promesse : il prétendit y substituer une cour plénière, qui changeoit la constitution antique de la France, sans satisfaire les vœux de ceux qui désiroient un autre changement. Trop jaloux de son pouvoir pour conséntir à une assemblée qui en devoit éclairer les abus, trop foible pour intimider les mécontens et pour leur résister avec énergie , il enflamma à la fois leur ressentiment par sa résistance, et leur espoir par sa mollesse. Il employa tour-à-tour hors de propos et une rigueur qui aigrit les esprits , et une condescendance qui redoubla leur ardeur. Forcé de convoquer les États-généraux , au lieu de les rassembler promptement, de s'y faire un parti, de les étonner par des plans préparés et satisfaisans, il invita tous les hommes lettrés à donner leurs idées sur la forme de cette assemblée et sur les changemens dont la constitution étoit susceptible ; et tandis qu'il laissoit ainsi croître et s'étendre le feu qu'il auroit dû calmer, il porta au crédit public une mortelle atteinte , en ordonnant que deux cinquièmes des rentes ne seroient plus payés qu'en papier. Cette opération , qui mit le comble à la fermentation , dévoila son ineptie et le fit chasser.

Le Roi donna sa place à M. Necker , que son premier ministère avoit fait chérir, et que la confiance nationale appeloit. Mais M. Necker

1788. n'étoit plus l'homme de la circonstance : peu expérimenté en politique, il n'avoit que de l'esprit, de l'éloquence et de la moralité ; son amour-propre lui faisoit croire que ses intentions étant salutaires, ses opérations ne rencontreroient point d'obstacles, et qu'il seroit le guide respecté des Etats-généraux, comme il étoit l'oracle de la société qui l'entouroit. Tout étoit bien changé : il ne vouloit qu'une réforme, et les têtes ardentes vouloient une révolution.

Les idées de liberté puisées dans les écrits des philosophes, et répandues en France par toute la jeunesse qui avoit servi dans la guerre d'Amérique, exaltoient tous les esprits et enflammoient toutes les ambitions. Les différentes classes de la société croyoient alors trouver une place plus avantageuse dans un nouvel ordre de choses, qui ne tarda pas à confondre leurs espérances trompées, dans une communauté de malheurs dont l'histoire offre peu d'exemples ; et chacun, croyant suivre une lumière qui alloit tout éclairer, se laissa entraîner par un feu qui consuma tout.

Nous examinerons bientôt les causes de l'étonnant orage que firent éclater la disposition des esprits, et les fautes du gouvernement ;

nous rendrons compte de son commencement, 1788.
de ses progrès, avec la précision, la briéveté
et la modération que demande un pareil sujet,
qu'exigent tant de malheurs récens et que la
proximité des temps rend si nécessaires, et
nous espérons que tout lecteur sage conviendra
que si nous ne disons pas tout, nous n'aurons
au moins rien omis de grand et d'essentiel, et
rien dit qui ne soit vrai.

Il faut seulement, avant de traiter cette
matière importante et délicate, examiner l'effet
que les troubles qui précédoient cet événement, produisirent sur les affaires de l'Europe.

A cette époque, c'est-à-dire à la fin de
1788 et au commencement de 1789, les agitations qu'éprouvoit la France ne faisoient
point deviner aux autres puissances l'explosion qui devoit en résulter. On croyoit par-
tout les racines du pouvoir monarchique en
France, trop profondes et trop solides pour
craindre qu'il fût renversé. On prévoyoit encore moins que les opinions qui se manifes-
toient dans ce royaume, pussent être de quelque danger pour les autres pays. Ces opinions philosophiques même, jusque - là plus
comprimées en France qu'ailleurs, étoient par-

1788. tout professées sans danger, et souvent même accueillies avec honneur.

Catherine avoit voulu confier l'éducation de son fils au célèbre d'Alembert ; elle avoit reçu avec distinction Diderot ; Raynal, exilé de France, avoit été traité à Berlin comme un grand homme opprimé. Le grand Frédéric, toute sa vie, avoit autant montré d'enthousiasme pour la philosophie que d'amour pour la gloire militaire. Joseph II combattoit dans ses états les préjugés religieux ; et universellement en Europe, le seul moyen d'être considéré et d'acquérir une réputation brillante dans les cours, étoit de soutenir les principes populaires de la philantropie et de parler le langage des amis de la liberté.

Par-tout on dédaignoit les grands qui tiroient vanité de leur noblesse ; par-tout on méprisoit l'attachement de l'Espagne et du Portugal aux superstitions monacales ; par-tout on parloit de Rousseau, de Voltaire, d'Helvétius, de Mably et de Montesquieu, avec un enthousiasme qui enflammoit la jeunesse pour leur morale et leurs principes ; par-tout l'histoire, les romans et les théâtres tournoient les préjugés en ridicule, et respiroient l'opposition à la puissance, l'admira-

tion pour la liberté et l'amour de l'égalité ; 1788.
par - tout enfin le triomphe de la démocratie
américaine , secouant le joug de la monarchie
anglaise, avoit été applaudi et célébré , et plusieurs monarques prodiguoient les lauriers à
ceux de leurs sujets qui avoient été combattre
au - delà des mers pour un peuple contre un
roi.

Tous ces présages n'ouvroient point les yeux
aux gouvernemens européens occupés du présent, et ne songeant qu'à leurs anciennes rivalités. Les troubles de la France excitoient
leur curiosité sans leur inspirer de crainte ; et
si les nouvelles qu'ils en recevoient les affectoient diversement , cette impression n'étoit
relative qu'aux intérêts momentanés de leur
politique. La cour de Vienne et celle de Pétersbourg voyoient avec peine ces troubles, parce
qu'ils ôtoient au cabinet de Versailles la possibilité de les secourir contre la ligue anglo-prussienne. La Porte et la Suède, ayant entrepris
la guerre contre l'avis du roi de France, étoient
totalement indifférentes à sa position. Depuis
long-temps la Pologne ne comptoit plus sur
sa protection, et n'avoit plus de rapports avec
lui. Les princes de l'Empire, autrefois protégés par la France , ne voyoient en elle , de-

1788. puis l'alliance de 1756, entre Louis XV et Marie-Thérèse, et sur-tout depuis le mariage de Louis XVI avec une archiduchesse, qu'une puissance amie de l'Autriche ; et dans la crainte continuelle que leur inspiroit l'ambition de la cour de Vienne, leurs espérances s'étoient totalement tournées vers le roi de Prusse qui se déclaroit hautement leur appui. Ainsi, ils voyoient sans jalousie l'accroissement de sa puissance, et la chute de l'influence politique de la France. L'Espagne seule en étoit alarmée ; mais elle croyoit cet état de troubles passager, et, trompée par la Prusse, elle espéroit que la paix seroit promptement rétablie en Europe. Naples, par l'influence d'Acton, et le Portugal, par sa position, suivoient le système de l'Angleterre et ouissoient de l'augmentation de son crédit.

Le roi de Sardaigne, Venise et les princes d'Italie, ne trouvoient dans la guerre des Autrichiens contre les Turcs, et dans la foiblesse de la France, qu'une certitude plus grande pour la durée de leur tranquillité ; et les cours de Londres et de Berlin, pleinement rassurées, par les embarras du cabinet de Versailles, sur le maintien de leur puissance en Hollande, concevoient l'orgueilleuse espérance de dominer

sans

sans rivaux toute l'Europe par leur influence, 1788.
après l'avoir divisée par leurs intrigues.

Catherine et Joseph osoient en vain résister à leurs efforts. L'Empereur, après quelques succès contre les Turcs, avoit fait la faute, par les conseils du maréchal Lascy, d'affoiblir son armée en étendant sa ligne; il avoit éprouvé des revers, et s'étoit vu forcé par les Ottomans à une retraite qui lui avoit coûté beaucoup de soldats; les maladies minoient son armée; ses finances s'épuisoient; les troubles de la Pologne l'inquiétoient; une fermentation sourde régnoit en Hongrie; le Brabant étoit en pleine révolte, et la Prusse pouvoit profiter de ces circonstances pour lui déclarer la guerre et consommer sa ruine.

L'Impératrice, malgré ses victoires, ne pouvoit se dissimuler les dangers dont la menaçoient les Turcs, les Suédois, les Polonais, soutenus par l'Angleterre et la Prusse; et tout devoit faire croire qu'elle seroit enfin contrainte à accepter la paix que George III et Frédéric-Guillaume lui voudroient dicter. Cependant cette Princesse, sans s'aveugler sur sa situation, ne voulut pas encore céder totalement à leurs menaces; elle cessa à la vérité de refuser leurs bons offices, mais elle ne les

1788. accepta que vaguement, sans leur confier ses vues, et demandant formellement la médiation de la France et de l'Espagne. Elle fit communiquer par la cour de Vienne, à Choiseul-Gouffier, ambassadeur de France à Constantinople, toutes les propositions et les instructions qui pouvoient servir à, rétablir la paix entre la Porte et les deux cours impériales.

1789. Tel étoit l'état des affaires en Europe depuis 1788 jusqu'à la fin de l'année 1789. Il est temps actuellement d'abandonner ces querelles politiques, ces intrigues diplomatiques, ces guerres sans résultat décisif, qui diffèrent si peu de ces tableaux uniformes et sans couleurs que présente à nos regards l'histoire moderne de l'Europe. Il faut à présent porter notre attention sur un spectacle plus imposant et plus tragique.

Dans l'Occident, au sein d'une antique monarchie, au pied d'un trône majestueux, au milieu d'une ville immense et corrompue, le mot de *liberté* s'est fait entendre. A ce cri, toutes les passions nobles et toutes les passions honteuses se sont enflammées : l'orgueil a frémi, l'ambition s'est armée ; le sage s'est livré tour-à-tour à la crainte et à l'espérance ;

la cupidité et la licence ont levé leurs bras 1789.
furieux ; la discorde a agité ses torches sanglantes ; l'anarchie a souri dans l'espoir de
rompre tous les liens, sous le prétexte de briser
toutes les chaînes; la superstition a tonné, la
piété a gémi. Enfin, la plus funeste et la plus
emportée de toutes les passions, la peur, s'est
emparée de tous les esprits, a fait naître tous
les dangers dont elle annonçoit et grossissoit
la foule ; elle a renversé les meilleurs plans,
égaré les têtes les plus sages, entraîné les citoyens les plus hardis, empoisonné les intentions les plus pures, divisé les familles les plus
unies, armé les hommes les plus pacifiques ;
et la France, ce séjour riant et paisible des
plaisirs, des arts, de la mollesse et de l'urbanité, est devenue le théâtre des scènes les plus
sanglantes, des combats les plus opiniâtres,
des crimes les plus atroces, et des exploits les
plus glorieux dont les annales de l'histoire
aient jamais été remplies. Nous allons, dans
le Chapitre suivant, examiner les causes de
cette grande révolution, dont les effets sont
déjà si étendus, et dont les suites sont incalculables.

CHAPITRE VI.

Etat ancien et nouveau de la France. Constitution des Francs. Établissement du système féodal sous la seconde Race. Affoiblissement des Rois. Asservissement du Peuple. Troisième Race. Progrès du pouvoir des Rois. Affranchissement du Tiers-Etat. Lutte du Peuple et des Rois contre les Grands. Puissance et Corruption du Clergé. Chute du Système féodal. Pouvoir absolu des Rois depuis le Cardinal de Richelieu. Progrès des lumières depuis la découverte de l'imprimerie. Décadence des Préjugés Nobiliaires et Religieux. Expansion des Principes de Liberté et de Philosophie. Situation de la Noblesse, de la Cour, du Clergé, du Tiers - Etat et de la Classe pauvre du Peuple, au moment de la Révolution. Mœurs du temps. Disposition des esprits, et aperçu des différentes vues de chaque classe, au moment de la Révolution. Exposé parallèle des Opinions et des Mœurs des autres Nations de l'Europe à la même époque.

LA révolution française a trop allumé de passions, trop fait de victimes et trop excité de ressentimens, pour que l'écrivain le plus sage et l'homme le plus à portée d'être instruit, ose et puisse en écrire aujourd'hui les détails. La postérité ne manquera pas de mémoires intéressans et nombreux, portant peut-être chacun le cachet de la passion, mais qui contiendront tous des faits intéressans et des anecdotes curieuses; leur diversité, leur opposition, en éclaireront les obscurités, en rempliront les lacunes, en rectifieront les erreurs, et jugés alors froidement, on n'en conservera que ce qui sera digne de souvenir et exempt de partialité. Mais s'il est des détails que les égards pour les vivans et le respect dû au malheur forcent à ne publier que dans des temps plus éloignés, il est aussi des faits que l'on doit peut-être rassembler et produire avant la décision de la fortune, et lorsqu'elle tient encore ses balances incertaines et le dénouement caché; autrement, on n'auroit qu'une histoire glacée par la crainte et empoisonnée par la flatterie. Dès que le système vainqueur est irrévocablement proclamé, il domine les opinions, tyrannise la pensée; les événemens et les causes sont dénaturés, son empreinte se trouve partout. Constantin devient un grand homme; Julien est défiguré et flétri, et il se passe souvent beaucoup de siècles avant que le flambeau de la raison et de la justice, rende aux objets leurs véritables couleurs et dissipe les nuages qui couvrent la vérité.

Je crois donc qu'avec courage et sans témérité, on peut et l'on doit présenter dès aujourd'hui le tableau des événemens mémora-
bles dont nous avons été témoins. Mais, fidèle
à mon plan, je ne choisirai que ceux dont
l'importance est plus marquante, et dont l'influence sur les autres pays s'est fait sentir le
plus vivement. Hasardant peu de conjectures,
je ne dirai que les causes qui m'ont paru le plus
évidentes. Je parlerai peu des personnes et avec
modération, mais en écartant toute prévention
favorable ou contraire. Enfin je désire que mon
nom, rappelant seul que j'ai vu ce que j'écris,
on oublie en me lisant de quel pays je suis et
vers quelle opinion j'ai pu incliner.

On se souviendra sans doute que cet ouvrage ayant pour objet de présenter le tableau
politique de l'Europe, depuis 1786 jusqu'en
1796, ce n'est point l'histoire, mais un aperçu
de la révolution de France qu'on doit trouver
ici. Cependant, avant de le tracer, il est nécessaire de rappeler rapidement aux lecteurs l'ancienne constitution de ce royaume, et de peindre en peu de mots les changemens successifs
que le temps avoit apportés à ses loix, à son
culte, à ses lumières, à sa puissance et à ses
mœurs.

Rien n'est si naturel, au milieu des souffrances et des convulsions d'un grand déchi-
rement politique, que de jeter un regard dou-
loureux et inutile sur le passé, et de le parer
de tous les charmes de la constance et du bonheur, pour l'opposer aux peines qu'on éprouve
et aux changemens dont on gémit. Aussi toutes
les victimes de la révolution ont sans cesse
reproché à ses auteurs d'avoir renversé une
monarchie dont l'heureuse constitution avoit,
pendant quatorze siècles, fait le bonheur et la
gloire des Français. Il est cependant de toute
vérité que ce vaste royaume, loin d'avoir toujours conservé la même constitution, et d'avoir
joui d'une tranquillité si parfaite, avoit, à différentes époques, entièrement changé de formes, de loix, de mœurs, d'étendue, et que
jusqu'au règne de Louis XV, dix lustres ne
s'étoient jamais écoulés sans que ce pays fût
le théâtre de guerres civiles, étrangères et religieuses.

Tout le monde sait que les Francs, comme
tous les peuples de la Germanie, étoient libres,
turbulens, belliqueux. Tacite dit expressément
que leurs princes devoient les suffrages du peuple à leur naissance, et les chefs à leur valeur.
Mais ces princes et ces chefs avoient peu d'au-

torité ; ils ne faisoient point de loix , ils ne
formoient aucune grande entreprise sans con-
sulter leurs concitoyens assemblés , et sans
s'être assurés de leur approbation par l'agitation bruyante de leurs armes. Ils avoient le
droit de guider leur vaillance , de récompenser
leur courage , de punir leur lâcheté ; mais tout
prouve qu'ils n'avoient que de foibles moyens
pour réprimer leur licence et contenir leur impétuosité. L'histoire de Clovis et des premiers
rois de sa race , démontre la vérité de cette
assertion.

Après s'être long-temps déchirés entr'eux ,
les rois qui leur succédèrent , s'étant amollis
par une domination plus tranquille , furent
forcés de céder leur place aux maires du palais qui , pour étendre et consolider leur pouvoir , avoient favorisé les usurpations du clergé
et des différens chefs de la nation. Dès que les
formes des élections des rois par le peuple ne
furent plus qu'illusoires , les possesseurs de
fiefs à vie dûrent se croire autorisés à trans-
mettre aussi à leurs enfans et ces biens et les
droits qui y étoient attachés ; et dès le commencement de la race carlovingienne , on re-
marque qu'il s'étoit établi beaucoup de seigneurs héréditaires qui retraçoient en petit ,

chez eux, l'image de la royauté et en exer-
çoient les pouvoirs.

Mais comme ce changement n'étoit pas l'effet
d'une révolution soudaine, et qu'il avoit été
amené par des conquêtes graduelles, beaucoup
de formes anciennes s'étoient conservées. Le
peuple étoit encore libre, et sous Charlema-
gne, les loix proposées dans les assemblées des
grands, étoient ensuite soumises aux assemblées du peuple. Le génie de cet empereur
soutint quelque temps avec gloire, et le pouvoir peu solide du prince au milieu de vassaux si puissans, et ces restes d'une liberté
nationale, si fortement attaquée : mais la foiblesse de ses successeurs fit bientôt évanouir
cette ombre d'indépendance ; tous les grands
seigneurs de fiefs, ne conservant que l'apparence de la sujétion devant le monarque, devinrent souverains ; les propriétaires moins
riches, rendant hommage à ces seigneurs,
exercèrent, sous leur protection, la même autorité sur leurs petits vassaux, et ces petits
vassaux eux-mêmes devinrent les petits tyrans
de leurs villages. De sorte qu'il n'y eut plus
dans la nation que deux espèces d'hommes,
les nobles ou propriétaires armés, qui réunissoient tous les droits civils et politiques ; et

le peuple, composé de très-petits propriétaires, d'hommes sans propriété, et d'artisans
qui, perdant tout droit politique, devinrent
réellement des serfs dans toute l'acception de
ce mot, quoique ce nom fût encore réservé,
par l'usage, aux esclaves achetés ou obtenus
par droit de conquête.

Cette hiérarchie féodale une fois établie, en
vain quelques hommes du peuple acquirent des
richesses par leur industrie; ces bourgeois n'en
restèrent pas moins privés des droits politiques, et soumis à toutes les taxes, corvées,
dépendances et humiliations qu'il plut à l'orgueil d'imposer à la crainte.

Le clergé, fort de la foiblesse des rois et de
l'ignorance des nobles, étendit sur eux les
chaînes de la superstition, et s'empara de la
terre au nom du ciel; divisant pour régner,
promettant les biens de l'autre monde pour
posséder les richesses de celui-ci, et menaçant
des flammes éternelles tout ce qui s'opposoit
à l'accroissement et à la durée de sa puissance.

Cet ordre, dont l'institution étoit d'être
humble et pauvre, devint par-tout l'autorité
la plus solide, la plus riche et la plus formidable, et, presqu'universellement par la terreur, il se rendit maître de toutes les cons-

ciences, de tous les pouvoirs et de toutes les fortunes.

Tel fut, pendant plusieurs siècles, l'état, non-seulement de la France, mais même de toute l'Europe. Tels furent ces anciens temps qu'on vante sans les connoître; temps affreux de discorde et de barbarie; profonde et longue nuit qui n'est éclairée pour l'historien que par les torches du fanatisme, et dont les sanglantes annales n'offrent qu'une ennuyeuse et froide répétition de guerres civiles et religieuses, et de massacres perpétuels. La chevalerie, qu'on regrette, ne sert qu'à mieux prouver la barbarie de ces siècles grossiers, où l'innocent, la veuve et l'orphelin sans appui, avoient besoin de vengeurs particuliers pour suppléer l'impuissance des loix : la force tenant alors par-tout lieu de droit, il falloit bien se faire justice soi-même, et le glaive seul décidant les procès, le sort des armes paroissoit la seule voie par laquelle le ciel voulût prononcer ses arrêts et punir le crime.

Un tel système politique étoit trop anarchique et trop barbare pour subsister long-temps, s'il n'avoit pas été universel; et la plus petite puissance, gouvernée comme les états de l'Europe le sont aujourd'hui, auroit facilement conquis tous ces royaumes sans subordination, sans finance, sans commerce, sans troupes régulières, et dont tous les membres divisés ne s'occupoient qu'à se déchirer entr'eux. Mais la même ignorance étendoit par-tout ses voiles : le clergé étoit trop instruit de ses vrais intérêts pour ne pas éloigner tous les flambeaux qui auroient pu percer l'épaisseur de ces ténèbres : les nobles ne connoissoient d'autre science que celle des armes, qui suffisoit pour assurer leur gloire et leur puissance ; et le peuple, trop abruti pour sentir l'injustice de son oppression, en supportoit le poids, croyoit les seigneurs et les prêtres d'une nature plus élevée, plus sanctifiée que lui, et n'imaginoit pas qu'il pût jamais secouer le double joug sous lequel il étoit courbé.

Dans cet état de choses, tous les yeux étoient trop fermés pour que la lumière y trouvât le moindre passage ; aussi la première révolution politique qui s'opéra insensiblement dans les esprits, ne fut point, comme on le pourroit croire, l'effet de la renaissance des lettres : le retour de la civilisation en Europe fut l'ouvrage, non de la raison, mais de l'ambition, et le choc seul des intérêts opposés des rois et des grands, fit jaillir enfin cette lu-

mière qui ramena par-tout l'ordre, l'instruc-
tion, les arts et l'urbanité, et qui rendit à
l'humanité des droits si long-temps violés.

Ce grand changement qui s'opéra d'abord
en Angleterre et en France , s'y fit par des
moyens différens, dont la nature influa toujours depuis sur l'esprit de ces deux pays [1]. En
Angleterre, les rois, s'appuyant de l'autorité
ecclésiastique, et profitant des divisions des
grands, s'étoient emparés d'un pouvoir très-
étendu, que Guillaume-le-Conquérant avoit
rendu presqu'absolu. Les grands, pour recon-
quérir leur indépendance, cherchèrent l'appui
du peuple, et relâchèrent ses liens pour capter
sa bienveillance; de-là naquit une alliance naturelle entre la noblesse et les plébéiens, en
faveur de la liberté contre l'autorité royale.

Le résultat de cette union fut une diminution
graduelle du pouvoir du monarque et de la tyrannie féodale; un progrès constant d'industrie, de lumière et de prospérité ; et enfin,
après plusieurs révolutions sanglantes, et plusieurs secousses, tantôt rétrogrades et tantôt
progressives, effets inévitables des vices de

[1] Cette ingénieuse et importante observation est due
à Delolme: on la trouve dans son excellent ouvrage
sur la Constitution anglaise.

l'humanité, la Grande-Bretagne eut la gloire de se donner la première une constitution respectable et tranquille, monument le plus rare qu'ait peut-être offert la sagesse des hommes, où les trois passions politiques qui agitent en tous temps les esprits et bouleversent les empires, la démocratie, la monarchie et l'aristocratie, paroissent avoir conclu un traité propre à satisfaire à la fois la raison, la nature et la vanité, en réunissant la force du pouvoir royal, le respect attaché aux noms illustres, la tranquillité du droit sacré de propriété, les douceurs de l'égalité et tous les appâts offerts à l'ambition, à l'industrie et aux talens.

En France, le système féodal fut attaqué par d'autres moyens, qui produisirent des résultats moins décisifs et moins heureux. Les grands seuls y jouissoient, avec le clergé, de tous les pouvoirs qu'ils avoient successivement usurpés. Les rois y languissoient sans puissance, et les peuples sans protection. La nation, souvent envahie par l'étranger et toujours en proie aux discordes civiles, s'illustroit en vain par des exploits particuliers. Le royaume n'étoit qu'un théâtre sanglant de brigandage et d'anarchie.

Les monarques de la troisième race résolurent enfin de suivre un système politique qui pût les tirer de cet affreux chaos ; ils augmentèrent graduellement leur domaine par des conquêtes, des confiscations et des mariages ; ils occupèrent et ruinèrent, par des guerres étrangères et par des croisades, les plus redoutables de leurs grands vassaux ; ils affranchirent des villes, créèrent un tiers-état, l'admirent aux Etats-généraux, lui rendirent progressivement ses droits politiques, attirèrent à la cour les grands de l'état, par l'appât de la gloire militaire ; encouragerent leur luxe, les engagèrent à rendre la liberté aux bourgeois de leurs domaines, profitèrent des querelles des nobles pour les affoiblir, restreignirent et enfin annullèrent leurs droits de suzeraineté, les soumirent à des loix générales, créèrent des armées soldées et régulières, et furent constamment et puisamment aidés dans ces entreprises successives par le peuple qu'ils affranchissoient, et qui, les regardant comme leurs libérateurs, les payoit de leurs bienfaits par son amour.

Ce peuple consentoit à tous les impôts, voyoit avec joie les monarques réunir les puissances législative et exécutive, et préféroit, avec raison, le pouvoir arbitraire et insensible d'un roi, à la tyrannie oligarchique de ses anciens seigneurs. Les monarques, pour n'être pas troublés dans l'exécution de leurs plans, opposèrent avec adresse les prétentions du haut clergé à celles de la cour de Rome, défendirent les libertés de l'église gallicane, favorisèrent le fanatisme des prêtres contre les hérétiques. Paroissant toujours respecter le pouvoir spirituel de l'église, ils s'emparèrent insensiblement du droit de nommer à toutes les charges ecclésiastiques, et devinrent bientôt les maîtres d'un clergé qui ne tenoit que d'eux ses richesses. C'est ainsi que, par une alliance entre le peuple et le prince, contre les nobles et les papes, les rois de France devinrent enfin les monarques les plus puissans de l'Europe : heureux, s'ils avoient pu consolider leur pouvoir en y posant eux-mêmes des limites, et en donnant à la constitution du royaume une base plus solide !

Mais l'ambition ne connoît point de bornes ; le cardinal de Richelieu avoit porté le dernier coup à l'anarchie féodale. Louis XIV alla plus loin : couronné par la victoire, enivré par la gloire des grands hommes qui, dans tous les genres, illustrèrent son règne, il acheva d'anéantir la noblesse, qui n'étoit plus qu'une foible barrière entre la monarchie et le despotisme.

Il fit oublier l'existence des assemblées nationales, réprima les parlemens qui pouvoient en
rappeler le souvenir et qui prétendoient en retracer l'image, et éblouit tellement les yeux par
son éclat qu'on ne vit plus en France que le roi,
et qu'il absorba en lui seul toutes les forces,
toute la dignité et toute la gloire nationale.

De ce moment le pouvoir monarchique n'eut
plus d'autre contre-poids et d'autre frein que
l'opinion publique ; ressort foible en apparence,
mais puissant en réalité, d'autant plus redoutable que sa force ne peut jamais être calculée, et
dont l'énergie augmenta depuis à tel point,
qu'il finit par renverser le pouvoir arbitraire
qui ne croyoit plus avoir d'obstacles à redouter.

Les progrès de cette opinion publique méri-
teroient seuls d'être le sujet d'un ouvrage particulier ; car, tandis que la politique des rois af-
foiblissoit le pouvoir des papes et détruisoit
l'existence des nobles, une puissance cachée,
profitant de cette lutte, s'élevoit peu à peu,
étendoit par-tout ses racines, et préparoit une
révolution plus complète dans les esprits, dans
les mœurs et dans les loix de l'Europe.

Depuis près de trois siècles, la lumière de la
raison avoit commencé à percer les nuages qui
l'avoient si long-temps éclipsée ; la boussole

avoit étendu les rapports et les connoissances
des hommes, et leur avoit fait trouver un
monde nouveau. Des savans avoient découvert
la marche des astres et les loix du ciel. L'inven-
tion de la poudre avoit fait disparoître la diffe-
rence qui existoit entre le noble armé et invul-
nérable, et le plébéien exposé sans défense à
ses coups ; le canon avoit égalisé leurs dangers.
Enfin, la découverte de l'imprimerie, répandant avec rapidité, d'un bout de l'univers à
l'autre, les idées, les connoissances et les livres
de tous les siècles, ouvroit à tous les mortels le
sanctuaire des sciences, dans lequel, jusque-là,
l'opulence et le pouvoir avoient seuls le droit
de pénétrer.

Cependant cette expansion de lumières fut
d'abord lente, et les premiers pas de la raison
furent incertains et chancelans : on étoit trop
accoutumé aux liens qu'on devoit rompre pour
les briser aisément, et l'habitude de la crainte
et du respect pous les erreurs les plus grossières
dura quelque temps encore.

Rome tonnoit contre les innovateurs ; plusieurs princes s'armoient pour sa défense, et
par-tout les échafauds étoient inondés du sang
des hommes assez téméraires pour penser et
pour oser dire que l'église étoit corrompue, que

les papes n'étoient pas infaillibles, que le soleil ne tournoit pas autour de la terre, que les chroniques des moines étoient des contes grossiers, et leurs exorcismes des impostures. On brûloit encore et les sorciers et ceux qui ne vouloient pas y croire : le refus des indulgences étoit un crime, la science un sacrilége, et le doute une rebellion.

Mais la force de la vérité est à la longue irrésistible. Les princes et leurs ministres s'éclairoient ; les écrits circuloient avec d'autant plus de rapidité qu'ils étoient défendus avec plus de rigueur. Les débats des différentes sectes en dévoiloient les erreurs ; on s'accoutumoit à raisonner sur tout, et l'autorité, craignant le ridicule d'une ignorance grossière, réformoit peu à peu, forcément, les loix dont une critique active faisoit sentir l'injustice et la barbarie. Les fables qu'on adoptoit jadis aveuglément, restoient dans la poudre des cloîtres, et l'on n'osoit plus en forger de nouvelles. Les droits atroces et ridicules de la tyrannie féodale, sans être nominativement abolis, demeuroient dans les archives, mais tomboient en désuétude ; et l'on vit bientôt par-tout les glaives s'émousser, les bûchers s'éteindre, les persécutions se calmer, et l'humanité reprendre ses droits.

Le commerce alors multiplia les rapports des hommes et leurs jouissances ; les beaux-arts adoucirent les caractères ; les théâtres, ressuscitant les chef-d'œuvres des anciens, ranimèrent l'amour des passions nobles, et polirent à la fois le style et les mœurs. Les vestiges de la barbarie s'effacèrent chaque jour ; la tyrannie ne fit plus entendre que foiblement le bruit de ses chaînes ; la superstition ne fit plus briller ses foudres que de loin en loin, et chaque moment en amortit la force. Si l'on vit encore sous Louis XIV un mélange de l'esprit de chevalerie, de l'antique crédulité et des idées modernes, ce mélange fut si doux et si brillant, qu'on peut concevoir l'enthousiasme qu'il excita, puisqu'il offroit à la fois à l'admiration les vertus de la piété, la valeur des paladins et l'urbanité que donnent les lettres, le luxe et les arts.

Mais cet éclat étoit plus éblouissant que solide, et cette réunion d'élémens contraires ne pouvoit subsister long-temps. L'ancienne constitution n'existoit plus, et l'on n'en avoit pas une nouvelle ; toutes les classes avoient des prétentions, et aucune ne connoissoit ses droits ; le peuple n'étoit plus serf, mais toutes ses chartes de servitude subsistoient ; les nobles n'étoient plus maîtres, mais ils croyoient l'être ; les plé-

béiens étoient richés et instruits, màis ils restoient humiliés ; les rois avoient une autorité
sans limites, mais sans base fixe ; le clergé étoit
dominant, et la foi ne dominoit plus ; la philosophie se voyoit respectée, mais elle étoit souvent proscrite. Enfin, il existoit entre les mœurs,
les opinions et les loix une telle incohérence,
qu'il en devoit résulter prochainement une
grande explosion, que l'habileté la plus consommée auroit seule pu retarder, mais que tout
concouroit à rendre inévitable.

Tel étoit l'état des esprits sous le règne de
Louis XV. Pendant celui de son successeur,
toutes les anciennes institutions s'étoient affoiblies par degrés ; et semblables à ces corps frappés par la foudre, elles ne conservoient plus
que des formes plus ou moins brillantes, que
le choc le plus léger devoit réduire en poudre
et anéantir. Tout paroissoit conspirer pour accé-
lérer cette crise décisive : au siècle des conquêtes et des arts avoit succédé le siècle du commerce et de la philosophie : les leçons des sages
de l'antiquité, répandues par de savans traduc-
teurs ; les législations de Sparte, d'Athènes et
de Rome, commentées par des politiques éclairés ; les principes de la liberté anglaise expli-
qués et célébrés par des écrivains profonds ; les

absurdités et les barbaries de la superstition dévouées au mépris par des historiens célèbres; le despotisme attaqué avec audace par des hommes hardis; les préjugés de toute espèce, tournés en ridicule par les poètes les plus piquans, avoient achevé de changer totalement les idées, les caractères et le langage. Par une singulière inconséquence, les monarques et leurs ministres, voulant conserver l'autorité absolue, la domination de l'église et les distinctions de la naissance, laissoient recevoir à la jeunesse une éducation républicaine. Thémistocle, Aristide, Épaminondas, Solon, Cicéron, Caton, Cincinnatus, Scipion, étoient les modèles qu'on lui proposoit. Helvétius, Montesquieu, Diderot, d'Alembert, Voltaire, excitoient l'enthousiasme de tous les grands du royaume. Les rois applaudissoient Brutus; les princes prenoient Condillac pour précepteur; Raynal étoit accueilli dans toutes les cours, et les livres de Rousseau se trouvoient sur toutes les toilettes.

Cet hommage rendu aux talens de ces grands écrivains, et souvent à leurs personnes, n'empêchoit point, par une contradiction inepte, qu'on ne marquât un dédain ridicule et dangereux pour leur classe : une sage politique les eût attachés au gouvernement par des emplois;

une politique orgueilleuse et puérile les écar-
toit des places, et par cette espèce de mépris
injuste pour les gens dont l'amour-propre est
le plus irascible, les gouvernemens aiguisèrent
les armes qui devoient les attaquer, et dont ils
auroient pu quelque temps détourner les coups.

Tandis que la philosophie acquéroit ainsi chaque jour des forces et des disciples, et que chaque
jeune courtisan, sortant du collége, ne songeoit
qu'au désir d'être un jour un éphore, un sénateur,
un archonte, un consul, et même un tribun, les
institutions monarchiques, loin de veiller à leur
conservation, se laissoient elles-mêmes entraîner au torrent des idées nouvelles. Le roi réformoit la brillante garde militaire, dont l'éclat
imposant fascinoit les yeux et commandoit l'o-
béissance. La cour abandonnoit l'étiquette gê-
nante, aussi nécessaire aux monarques que les
costumes aux acteurs. La reine, préférant les
douceurs d'une vie privée à l'ennui d'une représentation imposante, se montroit dans la capitale comme une simple particulière. Les princes,
confondus avec les courtisans, quittoient l'éclat
pour le plaisir. Les grands, abandonnant leurs
superbes équipages pour un char léger, rapide
et mesquin, souffroient que leurs valets quit-
tassent et méprisassent leurs livrées. Toutes les

antiques distinctions conservées par le droit, s'abolissoient par le fait. Tous les rangs, séparés par les loix, étoient confondus par l'usage; les institutions étoient monarchiques, et les habitudes républicaines; les prétentions et les priviléges étoient aristocratiques, les opinions et les mœurs devenoient démocratiques.

Les parlemens disputoient contre les ordres de la cour; les nobles ne vouloient plus céder aux ducs, et se battoient en duel avec les princes [1]; les simples gentilshommes, loin de recevoir, comme autrefois, des pensions des grands et d'être à leur suite, s'indignoient de les voir obtenir seuls les grands emplois de l'armée : la robe haïssoit l'épée qui la méprisoit; la bourgeoisie, devenue riche et instruite, détestoit l'orgueil, les vices et les injustices de la noblesse, qu'elle copia depuis avec exagération, dès qu'elle l'eut remplacée. Les avocats, tous les hommes de lettres, avec quelque fondement, et les clercs les plus obscurs, avec démence, ne concevoient pas pourquoi ils ne seroient pas des Lycurgues et des Cicérons; et chacun, se trouvant ainsi mécontent de son sort actuel, censuroit avec amertume le gouvernement, et contribuoit à l'accélération de son discrédit et de

---

[1] M. d'Agoult avec le prince de Condé.

sa chute. Il auroit fallu, pour naviguer au travers de tant d'écueils, un pilote bien ferme et
bien habile ; mais le malheureux Louis XVI,
*qu'on a peint comme un tyran, et qu'on n'a
pu renverser que parce qu'il ne l'étoit pas,*
Louis XVI, dis-je, étoit l'homme le moins
propre à lutter contre un pareil orage : bon,
foible et pacifique, jamais il n'exista un meilleur
homme, un plus honnête père de famille et un
prince moins capable de gouverner dans un
temps si difficile.

Malgré ce relâchement de tous les ressorts
de l'état, et cette fermentation de tous les esprits, la monarchie française, comme tous les
grands corps qui portent en eux un principe de
destruction, se soutenoit encore par sa propre
masse ; et le poids de toutes ses parties remplaçoit, par sa force, le ciment qui ne les unissoit
plus. Ainsi, il falloit une commotion pour la
renverser. La foiblesse de la cour, l'impéritie
du cardinal de Loménie, et la convocation des
États-généraux la firent naître ; la dispute des ordres en fit fermenter les élémens, et les moyens
de force que la crainte voulut opposer à l'opinion, en décidèrent l'explosion.

Tous les Français des différens partis se déchirent aujourd'hui réciproquement, et s'acca-

.blent mutuellement de reproches. S'ils vouloient cependant imposer silence à leurs passions, et se rappeler impartialement le passé, ils ver-roient que la révolution est également l'ouvrage et de ceux qui s'en plaignent et de ceux qui s'en vantent : ils y ont tous contribué; et quel qu'en puisse être le dénouement, ils doivent tous s'en attribuer et les malheurs et les succès.

Quel étoit, avant 1789, l'esprit général, et le sujet de toutes les conversations? On se plai-gnoit du désordre que les dernières guerres de Louis XIV avoient mis dans les finances, et de l'autorité arbitraire qu'il avoit établie; on gé-missoit des déprédations du règne de Louis XV, et de la corruption des moeurs. Par-tout on accueilloit avec transports les écrits qui décla-moient contre le poids et le nombre des impo-sitions, contre l'inégalité de leur distribution, la rigueur de la taille, l'injustice des corvées, les vexations des commis de la ferme, la véna-lité des charges, l'imperfection du code crimi-nel, la partialité des tribunaux pour les grands, l'arbitraire des lettres-de-cachet, les entraves opposées au commerce par les douanes, à l'in-dustrie par les maîtrises, à la pensée par la censure. On crioit universellement contre les tributs payés au pape, contre la richesse et les.

mœurs mondaines du clergé; on se plaignoit de
la prodigalité des pensions, des dépenses énormes des princes; on s'irritoit de voir la noblesse
posséder seule les emplois militaires. La crainte
d'une banqueroute agitoit toutes les têtes, et ce
mécontentement, cette fermentation; ce désir
universel de réforme et de changement annonçoient avec tant d'évidence les symptômes d'une
grande révolution, qu'elle fut clairement pré-
dite par lord Chesterfield, par Rousseau et par
Mably.

Avec un peu plus d'expérience en politique,
on auroit pu prédire aussi les désastres de cette
révolution, si l'on avoit bien considéré à cette
époque les mœurs des deux classes extrêmes de
la nation. La cour étoit amollie par le luxe, les
arts et la volupté. Pendant le cours d'une longue
paix, les jeunes courtisans, énervés, avoient
oublié l'usage des armes : livrés au plaisir de la
société, n'endurant aucune fatigue, sûrs de leur
avancement sans travail, rien ne les préparoit
aux dangers qui les menaçoient, et à la résistance
qu'auroit exigée la force qui alloit les attaquer.
Éloignés de leurs terres, inconnus de leurs vassaux, leur luxe, concentré dans la capitale,
étoit odieux aux provinces.

D'un autre côté, la classe inférieure du peuple

négligée, ignorante, abrutie, aigrie par la misère, étoit un instrument terrible prêt à suivre toutes les factions, et disposée à se livrer à tous les excès. La classe mitoyenne seule possédoit plus de mœurs, de lumières, d'industrie et de talens, mais elle n'avoit nulle expérience en politique; le dédain que lui marquoit la classe supérieure l'aigrissoit; la crainte des vengeances de l'autorité la portoit à outrer les mesures propres à s'en garantir; elle ne connoissoit pas la tactique des assemblées, et il étoit bien difficile que des esprits ardens ne l'égarassent pas dans sa marche.

Si elle s'unissoit à la classe supérieure, elle consacroit et perpétuoit la sujétion dont elle vouloit s'affranchir, et qui l'humilioit d'autant plus qu'elle étoit plus éclairée; si elle se joignoit à la classe inférieure du peuple, elle donnoit passage à un torrent qui devoit l'entraîner et qui pouvoit tout détruire. Le gouvernement, impolitique et foible, ne voyant que les obstacles du moment, augmentoit le danger par son imprévoyance. Fidèle à son ancien système, il croyoit, en appelant le peuple, se débarrasser de l'obstacle que les magistrats et les grands opposoient à ses plans de finances; et sans s'en apercevoir, il provoquoit une révolution qu'il étoit incapable de diriger, pour s'affranchir. d'un embarras passager, dont l'habileté la plus commune auroit pu le tirer sans péril.

Les parlemens, encouragés par l'opinion publique, en déclarant à la cour qu'ils étoient incompétens pour consentir à de nouveaux impôts, et que le peuple seul pouvoit les accorder, croyoient qu'ils alloient devenir l'idole de la nation, et que les États-généraux, en se séparant, leur laisseroient plus de puissance et des droits moins contestés.

Les nobles de province espéroient profiter de cette crise pour anéantir la supériorité de la noblesse de la cour, et déjà en Bretagne, en Dauphiné, et dans plusieurs autres provinces, ils avoient augmenté la fermentation par leur résistance aux ordres du gouvernement. Le peuple des campagnes se flattoit d'obtenir le soulagement des impôts, la suppression des corvées, l'adoucissement de la milice et la prolongation de la paix. Enfin, chacun se livrant aux illusions de l'espérance, appeloit avec ardeur, par ses vœux, cette crise violente qui renversa dans des flots de sang toutes les anciennes institutions, et sacrifia, sans réserve, la génération qui existoit, au bonheur incertain des générations futures.

CHAPITRE VII.

Assemblée des Etats-Généraux. Doublement du Tiers. Dispute des Ordres. Faute de la Cour. Renvoi de M. Necker. Rassemblement des Troupes. Résistance des Etats, qui prennent le titre d'Assemblée Nationale. Serment du Jeu de Paume. Evénemens des 12, 13 et 14 Juillet. Prise de la Bastille. Le Roi rappelle M. Necker, renvoie ses Troupes, et se rend à Paris. Méfiance réciproque. Enthousiasme général pour la Liberté. Sacrifice fait par la Noblesse, le 4 Août. Bases de la Constitution. Fautes du Gouvernement. Banquet des Gardes-du-Corps. Evénemens des 5 et 6 Octobre. Départ du duc d'Orléans. Précis de la naissance et des progrès des Jacobins. De la Faction Orléaniste. Division dans l'Assemblée. Abolition des Ordres Nobiliaires et Monastiques, des Parlemens, des Communautés. Portrait de Mirabeau. Sa mort. Le Roi part pour Montmédy. Il est arrêté à Varennes. On suspend l'exercice de ses fonctions. Journée du Champ de Mars. Premier effort du Parti Républicain. Louis XVI est remis en liberté. Il accepte la Constitution. L'Assemblée Constituante termine ses Travaux et se sépare.

1789. Au milieu de tous ces orages prêts à éclater, Louis XVI convoqua les États-généraux à Versailles. La première assemblée des notables avoit soutenu les droits de la nation contre la cour ; la seconde avoit défendu les priviléges des 1789. grands contre le peuple, et par cette conduite, elle avoit enflammé la haine des plébéiens, qui depuis se changea en fureur. Cependant la majorité du tiers et la minorité des nobles ayant décidé, dans cette assemblée, que le tiers-état auroit une double représentation, le frère du Roi, Louis-Stanislas-Xavier, s'étoit rangé lui-même à cet avis, soutenu par Necker, ministre des finances. Cette détermination, que beaucoup de gens regardent comme l'unique cause de la révolution, étoit certainement très-importante ; mais les effets en auroient été tout différens, si la majorité de la noblesse s'y étoit opposée avec moins d'aigreur, et si le Roi, après avoir accordé ce point capital au peuple, avoit en retour exigé que tous les députés du tiers fussent propriétaires.

Mais l'aveuglement étoit général, et les passions ne permettoient pas à la raison de se faire entendre. On pouvoit encore prévenir tous les inconvéniens, en rassemblant promptement les Etats pour ne point laisser aux partis le temps de se former. On y apporta, au contraire, une lenteur qui laissa le champ libre à toutes les factions.

La noblesse voulut alors remédier à l'incon

1789. vénient de la double représentation et la rendre
illusoire, en faisant décider qu'on délibéreroit
par ordre et non par tête. Ce projet exalta au
dernier degré la fermentation des esprits. Le
fameux pamphlet intitulé : *Qu'est-ce que le
Tiers?* parut et acquit à Syèyes, son auteur,
une immense popularité. De ce moment, une
guerre terrible fut déclarée entre le peuple et
les deux ordres supérieurs, et put faire prévoir
les dangers qu'alloient courir deux classes
si enviées et si peu nombreuses, exposées aux
ressentimens d'une nation tout entière.

·La cour, dont on craignoit encore la colossale puissance, pouvoit peut-être prévenir
cette querelle sanglante, ou par une décision
hardie et soudaine, ou plutôt en prenant le
parti plus sage de céder au siècle, de suivre le
vœu général, et d'assurer le bonheur de la
France, en formant deux chambres et en suivant l'exemple de l'Angleterre. Mais le gouvernement hésita, laissa les esprits s'enflammer,
tint la balance d'une main foible ; et montrant
enfin tardivement son opinion en faveur des
deux ordres supérieurs, il perdit cette faveur
populaire qui, jusque-là, depuis tant de siècles,
avoit servi de base à sa puissance et de levier à
sa force.

Tout

Tout alors prit une autre face : la minorité 1789. de la noblesse, composée d'hommes attachés aux idées nouvelles, nourris des écrits philosophiques, et animés de l'amour de la liberté, que plusieurs avoient servie en Amérique, se joignit, avec le bas clergé, au tiers-état, et la cour alors commença à écouter une terreur qui lui fit prendre les plus fausses mesures.

Elle voulut que les Etats sortissent du lieu de leurs séances; le tiers résista à ses ordres : trouvant sa salle fermée, il fit au jeu de paume le célèbre serment de ne se point séparer. Le Roi proposa, le 23 juin, des mesures qui accordoient au peuple beaucoup de priviléges, mais qui ne lui offroient aucune garantie. Il fit venir des troupes, en prétextant la nécessité de prévenir tout désordre, et excita l'indignation et la crainte de tous ceux qui, ayant résisté à l'autorité, voyoient dans cette mesure la compression de la liberté et le projet de se venger de ses partisans.

Enfin, il renvoya les ministres dont les conseils modérés excitoient la confiance de la nation, et Necker, qui, dans ce moment, en étoit devenu l'idole.

Si ce parti dangereux eût été le fruit d'une détermination froide et ferme, on auroit peut-

1789. être réussi, au prix de beaucoup de sang, à réprimer le mécontentement général qu'il causoit et la révolte qu'il excitoit. Mais cette démarche, dictée par la peur, fut accompagnée de toutes les fautes qu'elle fait commettre. Le Roi, qui devoit sentir le danger de la convocation des Etats si près de Paris, ne s'en éloigna pas ; il n'alla point animer, par sa présence, l'armée qu'il appeloit à son secours. Ses ministres nouveaux, qui avoient irrité la capitale et l'assemblée sans ménagement, s'exposèrent à leur courroux sans précaution ; et le gouvernement fut aussi négligent pour sa défense, qu'il avoit été précipité et imprévoyant dans son attaque.

La Fayette alors lut la déclaration des droits ; déclaration à laquelle les ennemis de la révolution ont attribué tous leurs malheurs, et qu'ils ont été cependant forcés d'invoquer contre tous les démagogues ; déclaration morale par ses principes, vague par sa rédaction, impolitique, mal interprétée par les factions, et qu'on auroit dû accompagner d'une déclaration des devoirs, si l'on avoit alors écouté d'autres conseils que celui de la crainte, qui portoit l'assemblée à appeler le peuple à sa défense contre les forces qui sembloient la menacer. Des deux côtés

alors, une peur mutuelle entraîna dans de 1789.
fausses mesures, dont rien ne put après empêcher les conséquences funestes. Mirabeau, dans
un discours étincelant de beautés, et propre à
exciter l'enthousiasme, demanda au monarque
d'éloigner ses troupes et de ne point violer la
liberté des Etats.

Ces démarches menaçantes et foibles du gouvernement, et ces résolutions violentes de l'assemblée nationale, amenèrent enfin l'éruption
de ce volcan qui renfermoit dans son sein tant
d'élémens inflammables. Les murmures de l'immense population de la capitale se changèrent
bientôt en déclamations menaçantes, et son
ressentiment en fureur : les gardes-françaises,
communiquant à chaque instant avec le peuple, et échauffés par les mécontens, avoient pris
leur esprit et n'obéissoient plus à leurs chefs ;
les autorités militaires et civiles, sans force,
voyoient la multitude applaudir avec enthousiasme aux discours que lui adressoient des
hommes passionnés dans tous les lieux publics ;
le parti, qui craignoit la vengeance de la cour,
s'exagéroit ses dangers, et communiquoit ses
craintes à toute la bourgeoisie ; les bruits les
moins vraisemblables, et par cela même les
plus faits pour être adoptés par la populace,

1789. se répandoient avec adresse et multiplioient les
alarmes ; les habitans des faubourgs s'attendoient à chaque instant à voir leurs maisons
renversées par l'artillerie et pillées par les hussards.

Chacun concouroit à rendre le trouble plus
universel , le danger plus grand , et personne
ne remplaçoit, par son crédit et ses ordres , les
autorités annullées par les circonstances. Une
foule d'hommes sans aveu , dont l'œil sombre
et l'aspect farouche annonçoient les intentions
criminelles , attirés dans la capitale par la fermentation générale ; par l'espoir de profiter des
orages, et peut-être payés par des mains étrangères et perfides , augmentoient l'effroi du moment , et sembloient menacer les habitans de
Paris de toutes les horreurs qu'éprouve une
ville prise d'assaut.

Au milieu de cette crise violente , on promène
en triomphe les bustes de Necker et du duc
d'Orléans : tout-à-coup un même esprit semble s'emparer de tous les citoyens ; la résistance
à la cour et la compression des brigands de-
viennent leur double but ; le mot *liberté* est
leur cri unanime. Les électeurs, dont les fonctions avoient cessé, se rassemblent à l'hôtel-
de-ville, remplacent les autorités civiles, et

veillent à la sûreté publique : par-tout on prend 1789.
les armes, on chasse, on incarcère ces brigands qui infestoient toutes les rues ; une partie
du peuple armée se porte en foule aux Inva-
lides et y prend des armes, sans que les troupes
lui opposent aucun obstacle. Deux régimens
seuls voulurent charger et furent repoussés à
coups de pierres. D'un autre côté, une masse
immense, sans artillerie, sans chef, sans précaution, se précipite sur la Bastille, en enfonce
les portes, s'en empare et en égorge le gouverneur. Après cette victoire rapide et facile, l'enthousiasme succède au tumulte, la ville se partage en sections ; le peuple, dont la fougue n'é-
toit pas calmée, se livre encore à des excès
coupables ; beaucoup de particuliers sont in-
sultés et arrêtés, plusieurs sont sauvés par les
électeurs et par La Fayette ; mais quelques victimes périssent assassinées et ensanglantent ces
journées. Enfin, la garde nationale est créée,
le commandement en est confié, par l'élection
du peuple, au général la Fayette, célèbre dès
sa jeunesse par ses combats pour la liberté
américaine, et qui s'étoit un des premiers prononcé pour la révolution. Dès ce moment les
esprits s'appaisent, la tranquillité succède à
l'épouvante, et l'ordre à la confusion.

Pendant ces événemens, la cour restoit incertaine et inactive ; le maréchal de Broglie, si vigilant autrefois lorsqu'il s'illustroit à la tête de nos armées, ne paroissoit pas devant celle qu'il avoit rassemblée ; les ministres endormis par l'habitude de la puissance, considéroient cette grande insurrection comme une émeute passagère, et ne vouloient pas ajouter foi aux nouvelles qu'on leur apportoit.

Lorsqu'enfin ils apprirent positivement la révolution qui s'étoit faite à Paris, leur consternation fut aussi profonde que leur confiance avoit été aveugle. Pris au dépourvu, sans plan, sans argent, sans crédit, ils n'entrevirent aucune ressource ; ils n'osèrent même pas instruire le Roi de la prise de la Bastille. Le 14 juillet à onze heures du soir, ce Prince l'ignoroit encore. La Rochefoucauld-Liancourt, ne pouvant les décider à lui rendre compte de cette révolution, entra la nuit dans l'appartement de Louis XVI, le réveilla, et l'informa de tout ce qui venoit de se passer dans la capitale. Consulté par lui sur ce qu'il y avoit à faire, la Rochefoucauld lui conseilla de calmer l'agitation des esprits, de paroître à l'assemblée nationale, de rappeler Necker, et d'éloigner ses troupes. Le lendemain, le Roi ébranlé par ses

exhortations, et apprenant par tous les mem-
bres de son conseil, ainsi que par quelques co-
lonels qui étoient à Versailles, qu'on ne pouvoit plus compter sur l'obéissance du soldat,
résolut de céder au vœu populaire : il vint à
l'assemblée et l'informa du renvoi de ses ministres, de l'éloignement des troupes, et du
rappel de Necker. La Reine et Louis-Stanislas-
Xavier avoient été de cet avis. Le comte d'Artois, qui s'y étoit opposé, et le prince de Condé,
craignant le ressentiment d'une multitude aigrie
par le duc d'Orléans, leur ennemi, quittèrent
la France pour fuir des dangers, réels en partie, mais qu'on grossissoit à leurs yeux pour
les éloigner. .

Le Roi se vit alors sans cour, sans conseil,
et tellement isolé, que le baron de Besenwal,
officier-général suisse, fut obligé, dans les premiers momens, de lui servir de secrétaire pour
écrire quelques lettres pressantes, et que Liancourt, au défaut de ministre, contre-signa des
lettres de grâce pour sauver la vie à un homme
condamné à mort.

Enfin le monarque vint à Paris, à l'hôtel-
de-ville, recevoir du maire la cocarde nationale des révolutionnaires, et cette marche se
fit au milieu d'une innombrable haie d'hom-

1789. mes armés, dont le silence à son arrivée, et les acclamations à son retour, ne prouvoient que trop évidemment les dispositions, la méfiance et les sentimens.

Les sacrifices que la force fait à l'opinion, excitent l'enthousiasme et la reconnoissance ; ceux que la crainte arrache à la foiblesse, augmentent les méfiances et enlèvent la considération ; aussi, la tranquillité qui suivit cette démarche du Roi ne fut qu'apparente. L'union du monarque et de l'assemblée n'eut point de solidité ; les vainqueurs ne crurent point leur triomphe complet, et les vaincus ne songèrent qu'à recouvrer le pouvoir qu'ils avoient perdu.

Cependant l'explosion qui s'étoit faite à Paris, se répéta rapidement sur toute la surface du royaume. Comme la guerre du tiers-état contre la cour et les deux ordres supérieurs occupoit tous les esprits et enflammoit toutes les passions, la commotion fut par-tout la même ; par-tout on séduisit les troupes, on brûla les barrières, on craignit les brigands, on vida les prisons, on menaça les châteaux ; on insulta les privilégiés ; par-tout enfin, pour suivre l'exemple de la capitale, on organisa la garde nationale ; mais cette mesure qui, sous le commandement de la Fayette, fit jouir pen-

dant deux années Paris d'une tranquillité éton- 1789.
nante, au sein d'une si grande fermentation,
n'empêcha pas que, dans plusieurs provinces,
la licence et les passions ne commissent beaucoup de désordres, et n'immolassent un grand
nombre de victimes au nom de la justice et de
la liberté.

Ce tableau rapide et vrai suffit pour donner
une idée de la révolution du mois de juillet 1789,
dont les détails appartiennent à d'autres hommes
et à d'autres temps.

Dès que ces grands événemens furent connus
en Europe, ils agitèrent les esprits et parta-
gèrent les opinions. Les plébéiens, les hommes
lettrés, et parmi la jeune noblesse, tous les
partisans des idées philosophiques, se livrèrent
à l'enthousiasme, et conçurent l'espérance de
voir réaliser tous leurs systèmes de justice, de
bonheur et de liberté. Les rois et les grands
commencèrent à s'inquiéter de cette effervescence, mais cette inquiétude fut d'abord légère ; le danger leur sembloit trop éloigné pour
les menacer, et ils attribuoient les malheurs
du gouvernement français à ses fautes, qu'ils
se promettoient bien de ne pas imiter.

Plusieurs cours, uniquement occupées de
leur intérêt momentané, crurent même que

 le désordre qui alloit régner en France leur seroit utile ; l'Angleterre y voyoit l'espérance d'être débarrassée long-temps sur l'Océan d'une rivale importune, et d'exécuter, sans obstacles, les projets qu'elle avoit formés contre le commerce espagnol ; et le roi de Prusse imaginoit que cette révolution, animant la haine de la nation française contre la reine Marie-Antoinette et contre l'Autriche, ameneroit la dissolution de l'alliance de 1756, et laisseroit son ennemi naturel sans appui. Aussi, dans les premiers temps, les patriotes français furent encouragés dans leurs progrès par l'Angleterre et la Prusse ; et l'on y dissimuloit foiblement la joie qu'inspiroient leurs succès. Par-tout, en général, le tiers-état étoit enthousiasmé de ces événemens, et les gouvernemens, qui ne croyoient pas qu'une telle commotion pût s'étendre jusqu'à eux, voyoient sans peine l'affoiblissement de la puissance des Bourbons, qui, depuis long-temps, étoit l'objet de leur jalousie.

Malgré les désordres qui régnoient en France, avant que la police d'un nouvel ordre de choses remplaçât celle de l'ancien ; malgré les angoisses de la cour, et les maux ou les périls individuels des particuliers que leur rang ou d'anciens ressentimens exposoient à la fureur de la multitude, il est de toute vérité que la joie, l'espérance, l'ardeur et la confiance étoient générales dans la nation française. En vain Burke, dans une diatribe plus amère qu'éloquente , a voulu peindre l'assemblée constituante sous des couleurs odieuses ; l'historien qui ne dissimulera pas ses fautes, doit aussi lui rendre justice : si cette assemblée avoit l'inconvénient de n'être pas uniquement composée d'hommes attachés à l'ordre par leurs propriétés, on doit convenir cependant qu'on y trouvoit un grand nombre de propriétaires, et qu'elle étoit remplie des hommes les plus distingués de la littérature, du barreau, de la magistrature, du commerce, de la cour et de l'armée. Aussi, quoiqu'elle manquât d'expérience pour la carrière qu'il lui falloit parcourir, quoique la crainte de l'autorité qu'elle attaquoit lui eût fait déjà passer les bornes de la sagesse, en armant une multitude si difficile à réprimer , elle réunissoit tout ce qui pouvoit exalter les esprits et exciter l'enthousiasme d'une nation avide de nouveautés, et prompte à croire tout ce qu'elle espère.

L'assemblée constituante, dans de savantes

1789. discussions et des discours énergiques , har-
monieux et brillans ; attaquoit tous les abus
dont le public avoit gémi, rappeloit tous les
principes que la philosophie avoit proclamés,
et proposoit toutes les loix que l'on avoit ad-
mirées dans les pays et les siècles illustrés par
la liberté. Elle adoucissoit les impôts, anéan-
tissoit les droits humilians, ouvroit les prisons,
remplaçoit un code de jurisprudence rigou-
reuse, par l'institution bienfaisante des jurés,
délivroit le commerce des entraves du fisc ,
affranchissoit la pensée, consacroit la liberté
de tous les cultes, et ouvroit un champ sans
bornes à toutes les ambitions et à tous les
talens. Les cultivateurs, les écrivains, les
artistes , les commerçans , et les ambitieux
jouissoient avec ivresse de ces bienfaits, qui
excitoient leur admiration et leur reconnoissance. Les inconvéniens qui devoient résulter des fautes politiques de l'assemblée étoient
trop éloignés pour être sentis ; le bien
existoit pour le moment, le mal étoit pour
l'avenir ; et plus on aimoit ces innovations ,
plus on haïssoit ceux qui cherchoient à s'y opposer. Enfin, à cette époque, qu'on appelle
encore les beaux jours de la révolution, tous
les cœurs étoient tellement livrés à l'espé-

rance, et tous les esprits tellement emportés
par l'opinion générale, que ceux même qui
souffroient le plus de ce nouvel ordre de
choses, par les atteintes portées à leur fortune, à leur amour-propre et à leur sûreté,
se laissèrent un moment entraîner à cette
ardeur générale. Et l'Europe apprit avec surprise que les nobles eux-mêmes, les uns par
ambition populaire, d'autres par crainte,
d'autres par amour de la justice et de la paix,
avoient fait, le 4 août, le sacrifice inattendu
de tous les droits qui les séparoient du
peuple, et de toutes les prérogatives qu'on les
croyoit disposés à défendre avec le plus d'achar-
nement.

Cette journée célèbre, qui auroit pu tout
pacifier si elle avoit été présidée par une sage
et ferme politique, fut au contraire la source
de discordes plus vives. Tous ces sacrifices,
faits sans réflexion, furent suivis d'un repentir
exhalé sans prudence : ils firent connoître au
tiers-état sa force et la foiblesse de ses rivaux.
Le peuple avoit obtenu tout-à-coup ce qu'il
n'espéroit peut-être conquérir qu'après de
grands efforts; et voyant qu'on regrettoit déjà
le lendemain les concessions de la veille, et
qu'on songeoit à ridiculiser cette journée

1789. d'ivresse, il chercha à pousser ses avantages et à étendre ses conquêtes pour les consolider. Dès ce moment la guerre devint plus violente entre la nation, la noblesse et la cour.

Les uns craignoient leur destruction totale, les autres redoutoient la vengeance de ces puissances antiques, si vivement blessées, et dont les racines étoient encore si profondes ; et la peur exilant la sagesse, l'esprit de parti remplaça des deux côtés l'amour du bien public, et enleva toute possibilité de terminer pacifiquement la révolution.

Que vouloit, qu'espéroit alors toute la France ? une constitution monarchique et libre, qui laissât au trône tout le pouvoir nécessaire pour maintenir l'ordre intérieur et pour faire respecter la nation par les étrangers, qui garantît la sûreté des personnes, des propriétés, et au peuple le droit de n'être soumis qu'aux loix et aux impôts qui auroient obtenu son consentement.

Pour atteindre un but si désiré, il auroit fallu une constitution mixte qui marquât d'une manière sage et inviolable les limites des pouvoirs législatif et exécutif. Mais ces deux pouvoirs étoient devenus rivaux : l'assemblée regardoit chaque branche de pouvoir laissé au

gouvernement comme une arme accordée à son 1789.
ennemi pour l'écraser ; et la cour considéroit
chaque augmentation de puissance des législateurs comme un moyen de plus pour consommer sa ruine.

Dans ces dispositions réciproques, le gouvernement et les nobles, comparant les révolutionnaires aux niveleurs d'Angleterre, les accusoient de rebellion et d'ingratitude, regardoient tous leurs actes comme des crimes, et
tournoient toutes leurs opérations en ridicule.
Ils cherchoient à grossir leur parti de tous
ceux que la réforme des abus portoit au mécontentement ; et trop aigris pour être prudens, ils ne cachoient point l'espérance qu'ils
avoient de voir le Roi s'éloigner, rallier des
troupes, rétablir son autorité et se venger des
rebelles. Les exemples de la fronde et de la
ligue nourrissoient leur espoir ; ils ne son-
geoient pas à la différence des hommes, des
lumières et des circonstances. D'un autre côté,
les patriotes ou les démocrates (c'étoit alors le
nom adopté par les membres de l'assemblée
qui avoient fait la révolution) doutant de leur
force, craignant par habitude une puissance
qui n'existoit plus, et se croyant exposés à la
vengeance la plus implacable si le trône et les

 grands reprenoient leur autorité , ne cessoient d'échauffer le peuple contre les aristocrates pour s'en faire un appui contr'eux ; ils les traitoient d'hommes vains, ignorans, serviles, étrangers à tout amour de la patrie ; ils les accusoient de s'opposer au bien public pour leur intérêt personnel, et de vouloir l'asservissement du peuple pour satisfaire leur orgueil et leur cupidité.

Dans cette lutte inégale la cour, n'ayant plus de troupes pour combattre , ni d'or pour corrompre , cherchoit à tromper et à diviser ses ennemis. Mais ses foibles succès dans ce genre de défense tournoient encore contr'elle ; car les patriotes étant une fois divisés en différens partis , et n'ayant d'autre force que l'opinion populaire , chaque parti disputoit à l'autre cette popularité en flattant les passions de la multitude , en proposant des décrets plus nuisibles aux riches, aux prêtres et aux nobles, et personne n'osoit parler avec fermeté contre les désordres qui se commettoient , de peur de perdre l'appui des hommes ardens qui dirigeoient la populace. Les principes généraux étoient toujours respectés , mais leur application étoit méconnue, et la chaleur des factions excusoit tout ce qui pouvoit les favoriser.

L'assemblée

L'assemblée nationale , profitant des événe- 1789.
mens du 14 juillet et des sacrifices du 4 août ,
suivit avec ardeur sa première impulsion , et
se hâta d'établir les principes qui devoient
servir de base à la nouvellé constitution de la
France. Après avoir désarmé le pouvoir absolu , anéanti les priviléges de la noblesse ,
proclamé la déclaration des droits et la souveraineté du peuple , elle abolit les anciennes
dénominations des provinces , décida que le
royaume seroit divisé en départemens et en
districts , décréta que la France seroit une
monarchie héréditaire , que le pouvoir législatif seroit confié à une seule chambre , composée de députés élus par la Nation ; que les
loix seroient soumises à la sanction du Roi ,
qui pourroit y opposer un *veto* suspensif , et
que le pouvoir exécutif seroit attribué au monarque ; enfin , elle déclara que sa personne
seroit inviolable et que ses ministres seroient
responsables.

Ces bases , dont plusieurs étoient sages , et
d'autres très-impolitiques et très-insuffisantes,
étant arrêtées , on voulut les faire accepter
par le Roi , qui y répondit par un mémoire
contenant les modifications qu'il souhaitoit ;
et ces observations , considérées comme un

1789. refus, irritèrent tous les esprits du peuple de Paris, qu'agitoient, d'une part, la crainte des projets de l'aristocratie, et de l'autre le langage ardent des agens d'une faction qui, dans le cours de la révolution, prit différens noms, différentes formes, et qu'alors on appeloit *faction d'Orléans*. Souvent on a mis en doute son existence ; et Mirabeau même soutenoit que le duc d'Orléans n'étoit pas du parti qui portoit son nom. Mais quel qu'ait été le chef et le but de ces agitateurs, il est certain qu'alors c'étoit au nom de ce Prince qu'on excitoit toutes les séditions, qu'on payoit toutes les émeutes et qu'on rallioit tous les perturbateurs du repos public.

Le duc d'Orléans, mécontent de la cour, avoit acquis une influence passagère, parce qu'il s'étoit, un des premiers, mêlé dans les rangs des amis de la démocratie. Il briguoit la popularité, et jamais il ne ménagea l'opinion publique. Prince sans dignité, député sans éloquence, plus entraîné par l'intrigue et poussé par la crainte, que guidé par l'ambition, sa marche fut tellement obscure, et son caractère si foible, *que jusqu'en* 1793, on l'accusa de tout, sans pouvoir le convaincre de rien ; que ses intentions sont encore un problème ; qu'on

ignore si le parti à la tête duquel on l'avoit 1789.
cru, ne prenoit pas son nom, et ne dépensoit
pas ses trésors malgré lui, ou s'il ne se laissa
pas forcer à conspirer, comme il s'étoit laissé
contraindre à s'exiler. Ce qu'on sait de certain,
c'est qu'il ne montra quelque fermeté qu'en
marchant à l'échafaud.

Dès le commencement de la révolution, cette
faction excita les soupçons du parti des patriotes ; mais ces soupçons alors étoient trop foibles et trop dénués de preuves , et le duc d'Orléans trop timide, pour en concevoir de fortes
alarmes au moment où toutes les têtes n'étoient
occupées que de la crainte dominante des puissances qu'on venoit d'attaquer.

Un projet mal conçu et plus mal exécuté
par la cour, et une foule d'imprudences du
parti aristocratique, éloignèrent encore l'attention des progrès et des complots de cette
faction, et amenèrent enfin des événemens qui
la dévoilèrent, mais qui furent au moment
d'assurer son triomphe.

Le gouvernement, alarmé de la fermentation
des esprits, de la guerre violente qui existoit
entre le peuple et les deux premiers ordres,
des progrès de la démocratie, et du peu de
solidité future que lui offroit le plan des bases

1789. d'une constitution où les limites des pouvoirs étoient posées par la méfiance et non par la politique, ne savoit à quel parti se résoudre. Et de même qu'on échauffoit le peuple contre lui par mille bruits sans fondement, on redoubloit aussi sa frayeur en prêtant à l'assemblée des desseins sans réalité. Quelques ministres et quelques conseillers proposoient de désarmer les esprits par la condescendance, d'appaiser les alarmes par la sagesse, et de dissiper les méfiances par la franchise. D'autres conseilloient la fuite et la guerre civile : ils prétendoient qu'en s'éloignant de la capitale le roi sauveroit sa personne et son trône, et trouveroit des troupes qu'on ne pourroit pas séduire, qui l'aideroient à recouvrer son autorité ; d'autres enfin, ne voulant ni que le roi cédât sur des points essentiels, ni qu'il exposât la France au malheur d'une guerre intestine, prétendoient qu'il falloit rester à Versailles, mais s'entourer de troupes plus fidelles, et regagner celles que les patriotes avoient entraînées. Ce parti prévalut, parce que la foiblesse aime les partis mitoyens, qui cependant offrent toujours le plus de périls.

On fit donc venir à Versailles le régiment de Flandre ; on doubla le guet des gardes-du-corps, sous le prétexte des émeutes qui né- 1789. cessitoient cette mesure ; on chercha à faire regretter et redemander par les gardes - françaises leurs anciennes places ; et pour établir plus d'union entre les différens corps qui se trouvoient à Versailles, on y donna ce faméux banquet dont l'idée puérile, l'imprudente exaltation et les tragiques conséquences ne sont devenues que trop célèbres.

Dès que ces nouvelles arrivèrent à Paris, le mécontentement y devint général. La crainte des patriotes s'accrut et se communiqua rapidement : on disoit que la cocarde nationale avoit été foulée aux pieds, que la liberté étoit menacée, la contre - révolution prochaine, la punition des vainqueurs de la Bastille certaine. Une disette de grain, produite par la négligence ou la politique, redoubloit la fermentation. Les agens du parti d'Orléans, les amis du désordre, les hommes sans aveu, altérés de pillage et de sang, faisoient circuler les fausses nouvelles, distribuoient l'or corrupteur, prodiguoient les déclamations incendiaires, et portoient l'exaspération de la populace au dernier degré. Enfin, le 5 octobre, le tocsin sonna, tout le peuple sortit en tumulte, toute la garde nationale prit les armes. Une multitude fu—

1789. rieuse, ayant pour cri du *pain* et *Versailles*, entoura l'hôtel-de-ville, et voulut que toute la capitale marchât contre la cour.

Après une agitation tumultueuse sans frein, et une résistance de huit heures sans succès, comme on sut qu'une troupe ivre et féroce d'hommes furieux et de femmes sans pudeur, étoit partie de Paris, la commune ordonna au général la Fayette de conduire à Versailles la garde nationale.

L'arrivée de cette garde et la contenance des troupes suspendirent quelque temps le juste effroi de la cour et de l'assemblée nationale, dont la populace avoit forcé l'enceinte, rempli la salle et insulté beaucoup de membres. Le roi avoit consenti à accepter les décrets; il promit du pain au peuple : la garde nationale occupa tous les postes que tenoient ordinairement les gardes - françaises ; les brigands se dispersèrent, et jusqu'à quatre heures du matin tout paroissoit tranquille ; mais ce calme perfide, précurseur de l'orage, *laissa de profonds regrets à tous ceux qu'il avoit trompés.* A cinq heures, des brigands, entrés par le jardin, pénètrent dans le château, tuent les sentinelles, égorgent deux gardes - du - corps sans défense, enfoncent la porte de la chambre de la Reine,

qui se sauve dans celle du Roi ; et d'autres 1789.
brigands, courant à l'hôtel des gardes-du-
corps, se saisissent de tous ceux qui ne purent
leur échapper par une prompte fuite. Au bruit
des coups de feu, les grenadiers de la garde
nationale accourent avec leur chef, la Fayette,
arrachent quinze gardes-du-corps des mains
de ces meurtriers, entrent dans le château,
en chassent les assassins, et sauvent de leur
fureur la famille royale. Le sang s'arrête, et
le roi vient à Paris, garanti par la garde nationale de tout péril présent, mais témoin déplo-
rable des orgies et du délire d'une populace
aveugle et cruelle, et pouvant juger par cette
scène sanglante des dangers qui le menaçoient
dans l'avenir.

L'assemblée nationale quitta dès cet instant
Versailles pour se rendre à Paris, et ne tarda
pas à s'apercevoir dans ses délibérations de l'influence redoutable de la fermentation du peuple
qui l'entouroit.

L'opinion générale est que la faction qui en-
sanglanta cette journée, vouloit la fuite du Roi
et la mort de la Reine ; et quelques fautes que
les divers partis se reprochent, l'impartialité
de l'histoire exige que l'on rende au moins cet
hommage à la vérité, c'est que, sans le se-

1789. cours malheureusement trop tardif de la garde nationale et de son général, le succès de cette conjuration auroit été complet [1].

Peu de jours après cet événement, la commune de Paris ordonna des recherches contre les auteurs de cette conspiration; et la Fayette, dans une conférence très-impérieuse d'une part, et très-timide de l'autre, fit entendre au duc d'Orléans que son nom étoit le prétexte de tous les mouvemens, le signal de tous les désordres, et qu'il devoit sortir du royaume. On lui donna une mission apparente, et il partit pour l'Angleterre. La faction qui portoit son nom fut quelque temps comprimée par cette mesure; mais plus aigrie qu'abattue par cet exil, elle continua dans l'ombre ses mouvemens : et comme ses agens adroits et discrets se mêloient aux mécontens de tous les partis, et ne se montroient point sous leur véritable étendard, on ne put jamais trouver contr'eux de preuves juridiques, quelque certitude morale qu'on eût de leurs complots.

Lally-Tollendal, Mounier et quelques dé-

[1] Rivarol lui-même en fait l'aveu, malgré toute l'amertume de ses reproches, au sujet de la malheureuse confiance à laquelle on se livroit peu d'instans avant cette scène sanglante.

putés qui avoient voulu établir la liberté pu- 1789.
blique sur des principes plus sages et des bases
plus solides , voyant cette liberté dégénérer en
anarchie sanglante , ne voulurent partager ni
la captivité du Roi , ni les erreurs de leurs collègues ; ils quittèrent l'assemblée et s'éloignèrent. On peut, avec raison, admirer leur vertu,
regretter leurs talens et blâmer leur retraite,
qui diminua le nombre et la force des soutiens
de l'ordre et des amis de la vraie liberté.

Le séjour du monarque à Paris rendoit la
position de l'assemblée presqu'aussi embarrassante que. la sienne. La méfiance de la multitude avoit pris le caractère d'une passion qu'enflammoient sans cesse des écrivains incendiaires.
Le seul moyen d'acquérir et de conserver la
popularité étoit alors de proposer des décrets
qui diminuoient la prérogative du trône, et des
loix qui le rendoient inutile et dangereux. Plusieurs députés marquans, voyant avec évidence
que ce torrent alloit entraîner rapidement dans
sa course les débris de la monarchie, et qu'au
lieu d'un gouvernement mixte, bien balancé,
tout tendoit à établir une démocratie absolue,
inséparable de l'anarchie, et presque toujours
suivie de la tyrannie dans un pays vaste et
corrompu, voulurent réunir leurs efforts pour

1789. prévenir cette seconde révolution et tous les maux qu'elle devoit produire ; mais cette intention louable étoit trop tardive et demeura sans succès.

La méfiance semée adroitement entr'eux, d'un côté par l'aristocratie, et de l'autre par les factieux, les empêcha de s'unir sincèrement et d'agir avec efficacité. La cour, aigrie, tremblante et irrésolue, ne pouvoit être franche, puisqu'elle étoit foible et blessée. Elle consentoit à négocier avec les uns, refusoit de s'entendre avec les autres, prenoit des conseils de tout côté, et se repentoit le lendemain du parti qu'elle avoit embrassé la veille ; et dès cet instant tous les patriotes qui parloient en faveur de l'ordre, de la justice et de l'équilibre des pouvoirs, se trouvant en butte aux soupçons des patriotes craintifs, à la haine des enthousiastes et aux calomnies des factions, se voyoient accusés d'être vendus à la cour pour travailler à la contre-révolution et à la résurrection de la servitude féodale.

Cette division des partis, cette foiblesse de la cour, et cette crainte continuelle d'un danger dont l'opinion publique et l'ardeur universelle alors des Français pour la liberté, auroient suf-

fisamment dû garantir, furent les causes cons- 1789.
tantes des fautes de l'assemblée constituante.
Sage dans ses premiers principes, profonde dans
ses discussions, brillante par ses talens, elle
n'éleva qu'un édifice sans solidité, parce qu'elle
n'eut jamais assez d'union ni de tranquillité
pour le construire sur de bonnes bases politiques.

La crainte des vengeances du pouvoir royal
l'empêcha de confier la force nécessaire au pouvoir exécutif. Pour que les juges ne dépendis-
sent pas de lui, elle les rendit dépendans des
élections du peuple. Pour que les soldats ne tra-
vaillassent pas contre la liberté, elle favorisa
le relâchement de la discipline. La peur de voir
renaître les priviléges héréditaires lui fit rejeter
toute idée sage de division du corps législatif en
plusieurs parties ; erreur funeste, qui soumit
pendant plusieurs années la France aux décisions soudaines et tumultueuses d'une assemblée unique, dont rien ne ralentissoit la fougue,
et qui pouvoit être tantôt égarée par des fanatiques, et tantôt dominée par un tyran.

Enfin, l'animosité contre l'aristocratie du 1790.
clergé lui faisant oublier que les loix ne peuvent
rien contre les opinions, et que la lumière seule
peut dissiper les prestiges de la superstition,

1790. elle quitta l'étendard de la philosophie pour s'é-
garer sur les pas des jansénistes, et décréta
cette constitution civile du clergé qui, dans
d'autres temps, auroit allumé une guerre religieuse, mais qui ne contribua que trop dans
celui-ci à multiplier les troubles, à aigrir les
haines, à égarer les esprits, et à perpétuer les
mouvemens que la politique étrangère excita
si souvent en France dans l'espoir de consommer sa ruine.

L'aristocratie, de son côté, faisoit encore
plus de fautes : toujours menaçante, foible et
désunie, confondant toutes les nuances d'o-
pinions dans sa haine, impuissante pour se défendre, puérile dans ses regrets, impolitique
dans ses vues, et imprudente dans ses menaces,
elle dédaignoit les assemblées et les places qui
auroient pu lui donner des moyens de résistance ; elle bravoit l'opinion générale qu'elle
auroit dû regagner ; elle traitoit avec mépris
les signes, les noms et les principes qui étoient
devenus pour la nation des objets sacrés ; et
tandis qu'elle invoquoit contre l'abolition de ses
priviléges, contre l'anéantissement du pouvoir
royal et contre la destruction du clergé, les foudres de Rome et les armes de l'Europe, elle
prétendoit, d'un autre côté, que cette redouta-

ble révolution dans les mœurs et dans les esprits, n'étoit qu'un nuage passager, formé par
quelques factieux, et que dissiperoit le premier
coup de canon. Ce mélange inconcevable de ressentiment sans mesure, de mépris sans base,
et de confiance sans fondement, augmentoit
chaque jour la haine populaire contre l'aristocratie, et creusoit de plus en plus le précipice
qui l'entouroit. Les fautes politiques de l'assemblée constituante n'étoient jugées que par un
petit nombre d'hommes observateurs, froids et
modérés, et les malheurs dont les ordres privilégiés gémissoient n'étoient sentis que par eux.

La masse de la nation n'éprouvoit que les bienfaits de la révolution; le cultivateur ne payoit
plus d'impôts; le soldat jouissoit de la licence
et de l'espoir de parvenir à tous les emplois; le
commerce, sans entraves, se livroit à toute l'activité de son industrie; tous les amour-propres,
ardens, s'élançoient dans une carrière d'ambition qui leur étoit ouverte sans limites; tous les
hommes lettrés, délivrés de la supériorité des
titres, odieuse pour eux, et débarrassés de la
crainte des réquisitoires, de la censure et de
l'excommunication, se livroient avec enthousiasme à l'ardeur de s'illustrer par leurs écrits,
et à l'espérance de voir la vérité triomphante

1790. de tous les préjugés, et l'humanité dégagée de toutes ses chaînes.

Les factieux et les intrigans trouvoient partout un champ vaste pour leurs plans et fertile pour leurs travaux ; et les hommes honnêtes, mais peu éclairés, incapables de juger les bases d'une constitution, et ne voyant dans les loix particulières de l'assemblée que la réforme de tous les abus, la tolérance de tous les cultes, la liberté de tous les citoyens, et l'égalité de tous les droits, admiroient le courage des législateurs qui avoient proclamé ces principes, et déploroient l'aveuglement de tous ceux qu'un égoïsme étroit, ou des craintes sans réalité, rendoient ennemis de cet ordre nouveau.

Aussi, malgré l'horreur qu'inspiroient les événemens d'octobre, l'effroi que causoit le pillage des archives et des châteaux dans plusieurs provinces ; malgré l'étonnement qu'excita le décret soudain de l'abolition totale de la noblesse, et la crainte d'une guerre étrangère que pouvoit amener la suppression des droits féodaux des princes de l'Empire possessionnés en Alsace, l'ardeur nationale pour la révolution et pour l'assemblée constituante s'accrut de jour en jour, et la fédération du Champ de Mars, en 1790, dut prouver aux plus incrédules que

l'ivresse étoit devenue presqu'universelle. Il fal-1790.
loit être bien aigri par ses pertes, et bien aveuglé par ses passions, pour n'être pas éclairé, le
14 juillet 1790, sur le véritable esprit de la nation. Jamais, dans les temps antiques, une fête
ne montra plus solennellement l'enthousiasme
d'un peuple pour ses loix, pour ses législateurs,
pour son chef et pour sa liberté. On doit se rappeler encore avec quelle ardeur, avec quelle
gaieté une foule immense, composée d'hommes
et de femmes de tout âge, de tout rang, de toute
profession, alloit travailler au Champ de Mars
pour hâter les apprêts de cette fête nationale.
Les fédérés de tous les départemens, les vété-
rans de toutes les armes, l'assemblée constituante et toutes les administrations, en présence
d'une cour inquiète et des ambassadeurs éton-
nés, firent retentir unanimement les airs de
leurs acclamations et de leurs vœux alors sincères pour l'union du trône et de l'indépendance. Par toute la France, les mêmes sentimens se manifestèrent avec autant d'ardeur,
quoiqu'avec moins d'éclat ; par-tout on parloit
avec indignation du passé, on jouissoit du présent, on ne voyoit l'avenir qu'au travers du
prisme de l'espérance ; et si l'on s'apercevoit
des malheurs de la cour et des ordres privilégiés,

1790. on les attribuoit à leur imprudente opposition et à leur haine contre la liberté.

Les patriotes clair-voyans de l'assemblée constituante n'étoient pas assez entraînés par cet enthousiasme pour s'aveugler sur leurs erreurs politiques, et sur les périls futurs qui les menaçoient ; ils voyoient près d'eux s'élever peu à peu une puissance dont ils n'avoient pas d'abord prévu la force, et qu'il étoit déjà presqu'impossible de limiter.

Cette institution fatale est celle des jacobins. Ce fut d'abord une assemblée de quelques députés qui se réunissoient afin de mieux concerter leurs plans de défense pour la liberté, et d'attaque contre les partis qui s'opposoient à son établissement. Les révolutionnaires, ayant à combattre des préjugés antiques et des corporations puissantes, et voulant donner plus d'énergie à l'esprit public, plus d'unité à ses efforts, et une expansion plus rapide aux principes nouvellement proclamés, encouragèrent par-tout l'établissement de ces clubs, qui correspondoient régulièrement avec celui de Paris. Tel étoit le premier but de cet établissement. Ceux qui en conçurent l'idée étoient loin d'en prévoir les funestes conséquences. Brûlant d'ardeur pour leur cause, et dénués d'expérience politique,

ils

ils ne sentoient pas qu'une pareille institution 1790.
étoit une nouvelle autorité qui alloit rivaliser ,
dominer, tyranniser, renverser toutes les autres ,·
substituer l'esprit de secte à l'esprit public, les
passions privées à l'intérêt général , l'anarchie
à l'ordre social , et que ses fondateurs seroient
ses premières victimes.

Le club de Paris fut d'abord composé d'hommes actifs, mais honnêtes, trompés par leur
zèle ; mais si éloignés d'intentions coupables ,
que leur faute principale fut de ne pas connoître les hommes , de les croire meilleurs qu'ils ne
sont , et de penser qu'ils avoient plus besoin d'aiguillon que de frein.

Ces hommes , trompés par une fausse politique , admirent bientôt dans la société des membres qui n'étoient pas députés , mais dont le
patriotisme zélé leur sembloit propre à soutenir
la cause de la liberté. Ces têtes ardentes , une
fois admises , ne tardèrent pas à prendre une
influence dangereuse , à faire des propositions
inconvenantes , et de nature à rallumer toutes
les haines , à empêcher toute conciliation , et à
multiplier tous les désordres, en flattant et enflammant les passions de la multitude.

Les agens de toutes les factions se mirent à
la tête de ces hommes ardens ; les uns vouloient

1790. un changement de dynastie; les autres, en paroissant suivre le même étendard, n'avoient en
effet d'autre but que de bouleverser l'ordre social pour parvenir aux places et aux richesses;
et leur plan étoit de substituer la guerre des
pauvres contre les riches, à celle qui étoit déclarée entre la liberté et le pouvoir absolu, entre
les principes et les préjugés, entre les droits des
citoyens et les priviléges des deux premiers ordres de l'état. Cette faction rallia bientôt à elle
tous les hommes qui n'avoient ni réputation,
ni famille, ni fortune à conserver. Tous les écrivains subalternes, les joueurs, les aventuriers,
les hommes sans aveu, les jeunes gens perdus
de dettes et de débauche, suivirent avec ardeur
ses drapeaux. Le club des jacobins se recrutoit
chaque jour des ennemis naturels de tout ordre
légal; et chaque jour en voyoit sortir les vrais
amis de la liberté, qui savoient qu'elle ne peut
marcher sans sagesse, ni exister sans vertus, et
qui ne vouloient plus rester dans une association devenue la source de tous les désordres,
l'appui de toutes les injustices, et l'arsenal de
tous les crimes.

Quelques patriotes honnêtes et éclairés y restèrent pourtant encore, et y entrèrent même
depuis; les uns parce qu'ils croyoient leur pré-

sence et leur courage nécessaires pour contenir 1790.
le club, et les autres parce qu'ayant à choisir
entre les passions alarmantes des contre-révo-
lutionnaires et des démagogues, ils préféroient
celle qui ne leur paroissoit qu'un excès passager
de l'enthousiasme de la liberté.

Quoi qu'il en soit, les effets funestes de cette
redoutable institution se firent sentir rapidement dans toute la France. Par-tout ses racines
s'étendirent et se multiplièrent; par-tout le
même esprit de fanatisme politique et d'inqui-
sition civile se répandit et égara la multitude.
Cette foule aveuglée s'opposoit à toute loi ré-
pressive, et applaudissoit avec fureur à toute
proposition désorganisatrice. Les clubs indi-
quoient les personnes qu'il falloit persécuter et
celles qu'on pouvoit épargner; ils glaçoient de
crainte les autorités militaires, judiciaires et
civiles; ils vouloient enfin faire des loix à la
place des législateurs, élire à la place du peuple,
gouverner à la place de l'administration, juger
à la place des magistrats. Le factieux pauvre
étoit à leurs yeux le seul patriote, la haine
contre l'ordre la seule vertu, et la richesse ou
le rang le seul crime.

L'assemblée constituante dut toutes ses fautes
à leur fatale influence; cependant elle eut le

1790. courage de leur résister souvent, d'accuser leur système, de défendre ses principes contre leurs déclamations, mais sa guerre contr'eux ne fut que défensive et foible. Elle se sépara ; les clubs restèrent ; tout ce qui y étoit demeuré d'hommes doués de quelque modération, disparut successivement : d'horribles scélérats y remplacèrent peu de temps après les intrigans et les factieux ; et ce torrent dévastateur, rompant enfin toutes les digues, couvrit toute la France de sang et de forfaits, et organisa cette tyrannie longue et sanglante qui remplit encore le cœur de deuil, l'esprit d'effroi et l'ame d'indignation et d'horreur.

Ce précis rapide et vrai de la naissance et des progrès de la société des jacobins, pendant cinq années, doit prouver combien il est injuste d'attacher les mêmes idées aux mêmes noms ; il seroit même à désirer que les arrêts de l'opinion, comme ceux des tribunaux, ne frappassent que les individus et jamais les classes. Les clubs jacobins ont changé successivement, à plusieurs reprises, d'esprit, d'intention, de langage, de conduite et de membres. En les enveloppant tous également dans la même proscription morale, on imite impolitiquement les furieux apôtres de cette secte, qui, dans le règne de la terreur, condamnoient des ordres, des cor-

porations, des classes, sous le vain prétexte des 1790.
erreurs, des fautes ou des délits qu'avoient
commis, dans divers lieux et dans divers temps,
quelques membres de ces classes enviées. Mais
les passions, sourdes à la voix de la justice, ne
savent pas mettre plus de bornes à la haine qu'à
l'enthousiasme; tout ce qui les sert est innocent, et tout ce qui leur oppose un obstacle est
criminel : aussi, dans les temps d'orage, la modération, coupable aux yeux de tous les hommes
de parti, n'est absoute que par la postérité.

On doit à présent concevoir plus clairement
pourquoi, depuis l'époque du 6 octobre, l'espoir
de concilier les partis, de revenir sur les erreurs
commises, de faire une bonne constitution, et
de rendre à la France sa tranquillité, ne put
jamais être réalisé. La cour, humiliée et dégra-
déé, avoit couru trop de dangers et avoit montré trop de foiblesse; l'assemblée, divisée en
aristocrates menacés par le peuple, en monar-
chiens sages, mais sans faveur ni popularité;
en patriotes qui voyoient leurs fautes, mais qui
perdoient leur crédit dès qu'ils vouloient s'arrêter; en factieux qu'entraînoit une présomp-
tueuse ignorance, une conscience troublée, une
frayeur sans bornes, et que poussoit le club des
jacobins, n'étoit plus en état d'écouter la sagesse

1790. et la politique. Déjà toutes les bases étoient mal posées ; le gouvernement étoit monarchique, et les loix républicaines, ce qui formoit une république sans sûreté, et une monarchie sans force.

Chaque jour détérioroit l'esprit public, égaré par des écrivains déhontés : on n'osoit pas attaquer ouvertement les principes de la saine philosophie et de la politique, mais on les dénaturoit par une fausse application, et petit à petit, les passions les plus honteuses changeoient le dictionnaire et donnoient aux mots un sens diamétralement opposé à celui qu'ils devoient avoir. Dans cette langue nouvelle on prenoit la licence pour la liberté, le fanatisme pour le zèle, la populace pour le peuple, l'intrigue pour la politique, la déclamation pour l'éloquence, la vertu pour un préjugé, l'amour de l'ordre pour le despotisme, et la modération pour la lâcheté. Tout ce qui tendoit à contenir le torrent anarchique, paroissoit coupable et contre-révolutionnaire, et toute violence sembloit excusable dès qu'elle étoit, comme on le disoit alors, dans le *sens de la révolution.* Les progrès de cette démoralisation étoient rapides ; on s'accoutumoit à l'indifférence sur les meurtres et sur les pillages, et l'indignation qu'avoient produite les événemens du 6 octobre, s'étoit déjà tellement àffoiblie en 1790, que le duc d'Orléans, peu de 1791. temps avant la fédération, revint tranquillement en France, ceux qui l'avoient exilé n'étant plus assez secondés par l'opinion populaire pour s'opposer à son retour.

A cette époque, les apparences trompoient tous les esprits : le peuple jouissoit des formes de la liberté, et croyoit le monarque puissant parce qu'il conservoit le titre de roi; mais tout politique éclairé devoit voir que les bases de la constitution n'existoient pas, et que la balance des pouvoirs étoit détruite.

Le gouvernement, qui devoit proposer les loix à la sanction du peuple, par un renverse-ment complet d'idées politiques ne pouvoit coo-pérer à la confection des loix qui lui étoient nécessaires, et se trouvoit forcé d'exécuter celles qui lui paroissoient le plus inexécutables; il n'avoit d'autre défense qu'un *veto* suspensif, dont l'usage étoit dangereux et l'effet illusoire. Mécontent de la part qu'on lui faisoit, il devoit inspirer une méfiance continuelle, quand même il auroit été assez habile pour chercher à recon-quérir l'opinion populaire. Si la constitution ôtoit au gouvernement toute la force légale dont il avoit besoin, elle ne donnoit pas de garantie suffisante à la liberté; car un prince adroit, avec

1790. vingt-cinq millions de liste civile, pouvoit peut-être corrompre aisément par la suite une chambre unique, dans laquelle domineroient des hommes sans fortune, nommés députés pour un an, ou leur arracher des décrets, en les intimidant par des séditions, si faciles à exciter dans une grande ville.

1791. Cette lutte établie entre le Corps législatif et le Roi, devoit nécessairement amener un combat, dont le résultat seroit le despotisme ou l'anarchie. Tous les présages de cette explosion s'accumuloient chaque jour : chaque jour on voyoit, d'une part, les agitateurs enflammer la populace contre le trône constitutionnel et ses défenseurs, et de l'autre on apprenoit que les nobles, les prêtres et les citoyens attachés à l'ancien régime quittoient la France pour rejoindre les princes émigrés, et qu'ils attendoient impatiemment que des secours extérieurs ou des troubles intérieurs les missent à portée de recouvrer leurs priviléges, de vengér leur injure, et de rendre au Roi sa puissance. Ce n'étoit pas au sein d'une pareille fermentation, et dans l'attente de tant d'orages, qu'une assemblée de douze cents personnes pouvoit corriger ses fautes et asseoir l'édifice d'une bonne constitution. Il auroit fallu, pour y parvenir, une diclature provisoire confiée à un grand homme ; mais s'il eût alors existé, la vanité l'auroit méconnu et les passions l'auroient écarté. D'ailleurs, aucune circonstance n'avoit jusque-là élevé la gloire d'un homme assez haut pour qu'on se soumît à sa supériorité.

Tous les hommes de talent à cette époque, qui se reprochent encore aujourd'hui leurs divisions, et qui croient qu'en s'entendant plus franchement, ils auroient terminé la révolution, ignorent sans doute qu'ils n'étoient des puissances qu'en suivant le torrent de l'opinion, et qu'ils auroient été sans force s'ils avoient voulu en arrêter le cours. Les digues étoient rompues, les mots métaphysiques étoient prononcés, les passions étoient enflammées, et les malheurs de l'anarchie étoient presque devenus nécessaires pour que le peuple distinguât la liberté de la licence, et sentît le besoin d'un gouvernement.

Tous les faits se réunissent pour démontrer cette vérité ; et les membres les plus célèbres de l'assemblée constituante, malgré leur éloquence, sentirent la foiblesse de leur influence lorsqu'ils voulurent contenir les jacobins, maintenir la tolérance réelle des cultes, prévenir les progrès de la puissance des piques, réprimer les séditions, conserver les jugemens prévô-

1791, taux, ralentir la marche de l'assemblée dans ses décrets sur le clergé, et prévenir la guerre que pouvoient attirer d'imprudentes déclamations. Tout ce que purent faire alors les esprits les plus sages et les mieux intentionnés, fut de retarder la seconde révolution que les passions des aristocrates, les fureurs des factieux et la foiblesse du gouvernement rendoient inévitable.

L'assemblée, entraînée par sa première impulsion, acheva de détruire, pièce à pièce, toutes les anciennes institutions : parlemens, ordres, grades, communautés, maîtrises, tout fut enveloppé dans la même proscription.

Toutes ces démolitions remplissoient de trop de décombres le chemin que l'assemblée avoit à parcourir, pour qu'elle pût arriver à son premier but, la restauration des finances. M. Necker, depuis son retour, avoit éprouvé que la faveur populaire est encore plus inconstante que celle des rois. Il sembloit, lorsqu'il partit, que le sort de la France étoit attaché au sien, et que son génie pouvoit seul la sauver. Mais le terme de son triomphe fut celui de son voyage. A peine arrivé, il vit les sections de Paris annuller une grâce qu'il avoit obtenue de la commune. Le même peuple, qui avoit porté son buste avec ivresse, écouta ses conseils avec indifférence. L'assemblée constituante, dont il ne partageoit pas le système niveleur, reçut froidement ses plans, modifia son premier emprunt, de manière à en perdre le fruit, et n'adopta, de ses idees, que celle d'un impôt patriotique et volontaire, qui donna plus d'espérance que d'argent. Peu de temps après, Mirabeau, malgré son opposition, fit décréter par l'assemblée la création de ce papier-monnoie célèbre, de ces assignats qui prolongèrent tant d'illusions, créèrent tant de prodiges, et payèrent tant de crimes. Cette source nouvelle de richesse imaginaire étant ouverte, cette puissance factice et redoutable étant créée, l'habileté en administration ne fut plus nécessaire; toutes les prédictions de la sagesse furent pour le moment démenties. La folie, avec de nouveaux calculs, conçut et communiqua à tout le peuple des espérances sans limites; et M. Necker quitta une seconde fois la France, qui s'étoit soulevée tout entière peu de temps avant pour obtenir son retour, et qui ne parut pas alors s'apercevoir de son départ.

La constitution civile du clergé et la saisie de ses biens, la suppression des droits féodaux, l'abolition de la noblesse, des ordres religieux,

 des parlemens, des universités, et l'insuffisance du pouvoir laissé au gouvernement,
avoient produit deux effets inévitables : d'un
côté, le ressentiment profond, gravé dans
l'ame des rois, des nobles, des prêtres et de
tous ceux dont les jouissances étoient détruites
ou menacées ; et de l'autre, une méfiance active et sans borne qui agitoit le peuple, et le
portoit à persécuter ses adversaires pour les
mettre dans l'impossibilité de se venger. Des
deux côtés les passions étoient allumées ; on
n'écoutoit plus la justice, on ne se croyoit plus
obligé à la bonne foi, et on étoit prêt à se servir des moyens les moins légitimes pour arriver
à son but.

L'aristocratie se plaignoit des violences du
parti qu'elle projetoit d'écraser, et le parti
populaire s'étonnoit des plaintes, des reproches et du ressentiment de ceux qu'il dépouil-
loit, et qui voyoient à chaque instant leurs
jours menacés par une populace en fureur,
dont les chansons même avoient la haine pour
verve et l'assassinat pour refrain [1].

Au milieu de l'agitation de tous ces partis,
un homme d'un grand talent voulut essayer
d'arrêter la démocratie dans sa course, et de

[1] Ce refrain étoit : *Les Aristocrates à la lanterne.*

soutenir le trône dans sa chute. Mirabeau, 1791.
célèbre par sa profonde immoralité, son génie
actif, sa vaste érudition et sa brillante éloquence, n'écoutant, au commencement de la
révolution, que le désir violent de renverser
M. Necker et d'arriver au ministère, avoit
contribué plus que tout autre à l'armement de
la multitude, à l'exaspération des esprits et à
la destruction de l'ordre. Il s'étoit vanté lui-
même à la tribune *d'avoir démuselé le tigre,
sans prévoir comment on pourroit lui remettre
un frein ;* mais dès que son œil pénétrant eût
sondé la profondeur de l'abîme qu'il avoit ou-
vert, il voulut le fermer ; et après avoir ébranlé
le trône, il s'en rapprocha pour le raffermir.
Son but n'étoit pas, comme ses ennemis l'en
accusèrent, de rétablir le pouvoir arbitraire ;
un tel plan étoit trop contraire à ses goûts et à
son intérêt, pour qu'il en conçût l'idée : il vouloit donner à la France une constitution à peu
près semblable à celle d'Angleterre, parce qu'il
savoit qu'avec cette forme de gouvernement,
le talent acquiert facilement une fortune solide,
et qu'il y est toujours une puissance respectée.
Le caractère de Mirabeau permet qu'on le
soupçonne d'avoir reçu de l'argent de la cour ;
mais ceux qui l'ont étudié doivent savoir qu'il

1791. ne s'en seroit jamais servi pour la remettre en mesure de n'avoir plus peur ni besoin de lui. Ce qui est constant, c'est qu'il voulut arrêter le torrent dont il avoit rompu les digues. La mort vint le frapper lorsqu'il méditoit cette difficile entreprise ; elle étoit si tardive qu'on doit croire qu'il y auroit échoué. Il étoit pendant sa vie assez généralement méprisé ; il fut universellement pleuré lorsqu'il mourut : on eût dit que sa tombe renfermoit ses vices, et ne laissoit plus exister parmi nous que le souvenir de ses talens.

Privé de son appui et de ses conseils, le Roi, effrayé des orages qui l'entouroient, voyoit, malgré ses sacrifices nombreux et successifs, son pouvoir d'autant plus suspect qu'il étoit plus affoibli ; il s'étoit plus facilement résigné que la Reine à la perte de son autorité ; mais la constitution civile du clergé et le schisme qui en étoit le résultat, effrayoient sa conscience. Il se repentoit de la foiblesse qui lui avoit fait donner sa sanction à ce décret, et brûloit du désir d'expier cette faute. On profita de cette disposition de son ame pour lui faire adopter un plan d'évasion mal calculé, et encore plus mal exécuté, qui devoit, dit-on, concilier tous les partis, et qui ne fut utile

qu'aux jacobins, en enlevant toute considération au monarque et toute force à ceux qui
le voulurent soutenir. Louis XVI partit le 21
juin pour se rendre à Montmédy, où M. de
Bouillé l'attendoit avec quelques troupes. Plusieurs détachemens avoient été envoyés sur la
route pour favoriser sa marche. Le Roi, qui
étoit sorti la nuit de Paris, suivi de toute sa
famille, sans déguisement, avec deux gardes-
du-corps, et dans une voiture dont la forme
seule pouvoit exciter la curiosité et fixer l'attention, fut reconnu par un maître de poste,
et arrêté à Varennes par quelques paysans. En
vain on conseilla à ce Prince de forcer un si
foible obstacle; les hussards qui l'escortoient y
étoient disposés : il ne voulut pas verser une
goutte de sang et se laissa tranquillement arrêter et reconduire à Paris, au milieu des in-
sultes d'une foule immense de peuple qui l'accusoit de perfidie et lui reprochoit sa foiblesse.

Ces événemens devoient exciter dans Paris
plus de désordre et de fureur que ceux du mois
de juillet 1789. Les sages le craignoient, les
factieux l'espéroient, et tous se trompèrent.
En vain les jacobins ameutèrent la populace
autour de l'hôtel-de-ville pour demander la
tête du général la Fayette, qu'on accusoit de

1791. complicité avec le Roi. Son sang froid et sa
fermeté continrent les flots de cette multitude ;
et l'assemblée constituante ayant ce même jour
montré beaucoup de calme et de sagesse, tout
le peuple fut rassuré et n'écouta plus les cris
des démagogues.

A cette époque parut le parti républicain,
mais si foible dans sa naissance et si incertain
dans ses vues, qu'il fut encore impossible d'en
prévoir le triomphe et les destinées. Dès qu'on
sut l'arrestation du Roi, on délibéra sur son
sort. Presque tous les patriotes les plus in-
fluens, jusque-là divisés, se réunirent pour
s'opposer à une ardente minorité qui vouloit
le juger et prononcer sa déchéance. Les Lameth, Barnave et Duport se joignirent dans cette
occasion à la Fayette pour sauver Louis XVI;
et comme on ne pouvoit plus se faire illusion
sur ses intentions, on prit le parti de suspendre
l'exercice de son pouvoir, jusqu'à l'acceptation
de la constitution qu'on devoit reviser. Cette
conduite étoit plus humaine et plus noble que
politique : elle irrita les démagogues, excita la
méfiance du peuple, et ne calma point le ressentiment des aristocrates, qui trouvoient l'assemblée tout aussi coupable en emprisonnant
le Roi qu'en le détrônant.

La

La révision de la constitution fut très-in-
complète, on n'en corrigea pas les bases ; la méfiance présidoit à ce travail, et l'assemblée, avant d'avoir terminé son ouvrage, fut témoin des premières tentatives du parti qui se préparoit à le renverser. Au Champ de Mars, une troupe nombreuse d'hommes ardens, suivie d'une foule animée par leurs discours, se rassembla sous le prétexte de rédiger une pétition. Le but de cette pétition étoit d'obtenir le jugement du Roi, et d'établir le gouvernement républicain. La municipalité voulut en vain dissiper, par la persuasion, ce rassemblement séditieux ; elle fut insultée, et la garde nationale, obligée de repousser la violence par la force, ne parvint à disperser les rebelles qu'après en avoir tué un assez grand nombre.

La Fayette, à qui l'on fit depuis un crime de cette résistance, n'eut cependant à se reprocher alors que trop de modération. Il avoit, le matin, fait rendre la liberté à un homme qui lui avoit tiré un coup de fusil. Le soir, il avoit contenu long-temps la juste indignation de la garde nationale, qui se voyoit assaillie à coups de pierre ; et après un feu assez vif, mais qu'il fit cesser dans l'instant, il crut cette rebellion suffisamment réprimée. C'étoit cependant une grave et réelle conspiration contre la constitution ; et si ces premiers conjurés avoient été punis sévèrement, peut-être ils n'auroient pas eu d'imitateurs. Mais la Fayette, fort zélé patriote, n'étoit point proscripteur. Les tribunaux poursuivirent lentement cette affaire, ainsi que le procès des hommes accusés pour l'évasion du Roi ; et peu de temps après, une amnistie générale termina définitivement ces poursuites, et accorda une impunité tranquille à tous ceux qui venoient de menacer la constitution, et qui parvinrent depuis à la renverser. Elle avoit été fondée avec violence, et elle fut défendue avec foiblesse : ce qui ne doit pas surprendre ; tous les esprits avoient été plus dressés à l'attaque qu'à la défense, et les factions tuent presque toujours ceux qui les ont fait naître.

Cependant l'effet de cette journée fut de comprimer pour quelques temps les factieux, et de donner près d'une année de repos à la France. L'acte constitutionnel fut présenté au Roi, qui l'accepta. On lui rendit une liberté et un pouvoir aussi illusoires que son acceptation ; et l'assemblée constituante, qui auroit dû employer beaucoup d'efforts et d'années à réparer ses erreurs, à ramener les esprits, à corriger, à soutenir,

à consolider son ouvrage, se sépara en laissant .1791.
le trône sans force, la liberté sans base et le
peuple .sans frein.

Cette faute capitale que commit l'assemblée
constituante, en décrétant que ses membres
ne pouvoient être réélus, est la cause la plus
évidente des malheurs affreux qu'éprouva bientôt la nation française.

Mais cette faute étoit inévitable. Le parti
aristocratique qui existoit dans cette assemblée, n'auroit point consenti à voir réélire
les hommes qui lui avoient enlevé ses priviléges ; les têtes ardentes qui trouvoient qu'on
n'avoit pas assez démoli, et qui regardoient
même comme une contre-révolution l'impar-
faite révision de l'acte constitutionnel, vouloient se débarrasser des digues qui les arrê-
toient, et espéroient qu'une assemblée nouvelle
se laisseroit plus facilement entraîner par eux.
La majorité des députés, plus enthousiaste que
politique, croyoit prouver son désintéressement
et la pureté de ses vues en se déclarant inéli-
gible. Ainsi, vingt ou trente orateurs distingués
auroient seuls voté pour la rééligibilité ; ils en
voyoient la nécessité. Mais certains de n'être
pas soutenus, et de se perdre dans l'opinion en
résistant à un décret qui sembloit très-popu-

1791. laire, ils cédèrent aux circonstances sans débats, et rentrèrent dans le rang des simples
citoyens.

Par une fatalité inconcevable dans tous les
partis, des motifs différens aveuglèrent tous
les esprits, et chacun abandonna le poste qu'il
devoit défendre.

Les députés se déclarèrent inéligibles ; le
vertueux Bailly quitta la place de maire de
Paris ; la Fayette ne voulut plus être commandant de la garde, et fit décréter que ce
commandement seroit alternatif et partagé ; la
plupart des officiers avoient quitté leurs corps
pendant la suspension du roi ; les émigrés, par
leur fuite, augmentoient le danger du monarque et la méfiance du peuple ; presque tous
les hommes de talent refusoient ou quittoient
le ministère ; et l'infortuné Louis XVI, isolé,
voyoit tous ses appuis s'éloigner de son trône
chancelant, tandis que la faction qui le menaçoit augmentoit chaque jour en nombre, en
force et en audace. Malgré toutes ces fautes de
tous les partis, la fin des travaux de l'assemblée
et l'acceptation de la charte constitutionnelle,
excitèrent en France une joie universelle ; tout
ce qui n'étoit pas aigri comme les ordres privilégiés, ou clair-voyant comme les politiques ,

c'est-à-dire l'immense majorité de la population 1791. française, crut la libertée assurée, l'égalité garantie, la tranquillité solide et la révolution terminée. Cet esprit public, qu'on éteignit ensuite dans des flots de sang, jeta, pendant quelques mo11 ens, un assez vif éclat pour arrêter les rois de l'Europe qui se liguoient contre la France, et pour suspendre leurs coups.

Il est temps d'examiner l'influence de tous ces orages sur la conduite de la Prusse et des autres puissances monarchiques, de rendre compte des événemens qui s'étoient passés en Europe depuis 1789 jusqu'en 1791, et de peindre le changement total que les progrès de la révolution opérèrent dans le système politique des rois.

CHAPITRE VIII.

Succès des Impériaux. Efforts des Rois de Prusse et d'Angleterre, pour arrêter leurs progrès. Défaite et Victoire de Gustave. Mort de Joseph II. Son Portrait. Révolution de Brabant. Révolution de Liége. Traité de Frédéric - Guillaume avec la Porte et la Pologne. Il marche à la tête de son armée en Silésie. Danger de l'Autriche. Influence de la Révolution de France sur la Politique de Frédéric-Guillaume. Habile Prudence de Léopold. Congrès de Reichenbach. Fautes des Polonais. Efforts infructueux de M. Pitt pour décider les Anglais à combattre la Russie. Paix de Varela, entre Catherine et Gustave. Léopold, Empereur. Constitution de Pologne. Léopold soumet le Brabant. Conférences de Padoue ou de Mantoue. Conférences de Pilnitz. L'acceptation de la Constitution suspend l'exécution des mesures prises dans ces Conférences.

1790. TANDIS que la France étoit livrée à tous les orages qu'excitoient dans son sein tant de passions opposées, l'impératrice de Russie, sans être détournée de ses projets par la diversion des Suédois, continuoit à battre les Turcs, et ses armées faisoient des progrès rapides sur le territoire ottoman. Potemkin, après avoir enlevé Akermann, Palanka, Katchybey, formoit 1790. le siége de Bender, dont il s'empara peu de temps après. Suwarow et Cobourg réunis, battirent complètement l'armée du grand-visir, et la Porte effrayée consentit à ouvrir des conférences à Foczany, pour mettre un terme à cette guerre désastreuse.

Les rois de Prusse et d'Angleterre, pour empêcher cette paix, voulurent former une ligue puissante qui ranimât le courage des Turcs, et rendît inutiles les efforts de leurs ennemis. Jamais les négociations n'avoient été plus actives; jusqu'alors on n'avoit fait qu'intriguer, on se disposa sérieusement à combattre. L'Angleterre promit aux Suédois une armée navale et de l'argent, les Polonais s'allièrent avec la Porte; et Frédéric-Guillaume, qui vouloit se mettre à la tête de cette ligue formidable, rassembla des troupes, fit acheter quatorze mille chevaux, et pressa vivement les Polonais d'achever leur nouvelle constitution, qu'il approuvoit alors et qu'il renversa deux ans après. Il écrivit au roi de Pologne pour hâter la conclusion de son alliance avec lui. L'année précédente, lorsque le ministre de France en Russie avoit averti les cours de Versailles et de Madrid des projets du cabinet prussien sur Dantzick et Thorn, le roi de Prusse

1790. s'étoit plaint d'être ainsi calomnié; mais alors, en négociant avec Stanislas-Auguste, il demanda ouvertement la cession de ces deux villes, et cette demande, qui indigna les Polonais et qui commença à dessiller leurs yeux, suspendit quelque temps la conclusion de l'alliance. Frédéric-Guillaume [1], ne voulant pas que cette discussion fît échouer le plan qu'il avoit formé, se désista pour le moment de ses prétentions, et conclut son traité avec la Pologne : en même temps il fomentoit des troubles en Hongrie, soutenoit l'insurrection brabançonne, permettoit même au général Schonfeld de commander l'armée insurgée, et protégeoit le peuple liégeois, révolté contre l'évêque, quoiqu'il fût chargé, comme directeur du cercle, d'exécuter le décret de la chambre de Wetzlaer contre les rebelles.

A cette époque, c'est-à-dire au mois de janvier 1790, l'empereur Joseph II mourut. Les voyages et les fatigues militaires avoient altéré son tempérament; le travail avoit épuisé ses forces; le chagrin enflamma son sang et hâta la

---

[1] Voyez *Pièces justificatives* :

Lettre du roi de Pologne au roi de Prusse, 17 mars 1790;

Lettre de Frédéric - Guillaume au roi de Pologne, 11 août 1790.

fin de ses jours. Son caractère offroit un sin- 1790.
gulier mélange de qualités qui lui donnèrent
quelque gloire, et de défauts qui la ternirent.
Simple dans ses mœurs, dur pour lui-même,
indulgent pour les autres, affable pour tous ses
sujets, constamment occupé des devoirs de son
rang, infatigable pour le travail, supportant la
critique sans humeur, méprisant la mollesse,
bravant les dangers, il s'intéressoit à tous les
arts et favorisoit tous les talens.

Instruit dans l'art militaire par Laudon et
Lascy, formé à la politique par Kaunitz, versé
dans la littérature ancienne et moderne, le com-
merçant, le soldat, le savant, trouvoient également sa conversation intéressante et instruc-
tive. Aucun préjugé n'enchaînoit son esprit, et
tout sembloit, sous un tel prince, promettre
à ses peuples un règne glorieux ; mais de
graves défauts anéantirent ces brillantes espérances.

Ambitieux sans génie, entreprenant sans
constance, et guerrier sans succès, il ne laissa
jamais l'Europe en repos, changea sans cesse de
plan, et échoua dans presque tous ses projets.
Sa guerre de Bavière ajouta quelques lauriers à
la couronne du grand Frédéric, et ne lui en
valut aucun ; il menaça la Hollande, qui le dé-

1790. sarma par quelques coups de canon et un léger
tribut. Il voulut forcer le duc des Deux-Ponts
à consentir à l'échange de la Bavière contre les
Pays-Bas, et fut arrêté dans ce dessein par les
menaces du roi de Prusse qui, depuis cette
époque, fut regardé comme le protecteur de
l'Empire contre l'ambition autrichienne. La
crainte des armes de la Prusse le porta à faire
des sacrifices impolitiques à la Russie pour
acheter son alliance. Il se fit courtisan de Catherine, lui facilita la conquête de la Crimée,
orna la pompe triomphale de son voyage en
Tartarie, et se laissa entraîner par elle dans une
guerre désastreuse qui lui coûta deux cent mille
hommes, épuisa ses trésors, et exposa la maison d'Autriche aux dangers d'une ruine qui eût
été certaine, si Frédéric-Guillaume avoit su
profiter de ses fautes.

Joseph II étoit avare, et ruina son pays; il
étoit philosophe dans ses opinions, mais despote dans sa conduite; il auroit guéri ses sujets
de leurs préjugés, en les éclairant; il les révolta
en voulant les conduire à la raison par la force;
et dans le même temps où la France s'insurgeoit
pour détruire la domination des nobles et des
prêtres, il trouva le moyen de perdre les Pays-
Bas, en y supprimant, d'autorité, les justices

seigneuriales, et en y établissant, par contrainte,
la tolérance des cultes.

Oubliant qu'il commandoit à plusieurs peuples qui n'avoient ni les mêmes lumières, ni les mêmes mœurs, ni le même esprit, il voulut, au mépris de leurs penchans, de leurs habitudes et de leurs priviléges, les assujettir uniformément et rapidement aux mêmes loix, à la même forme d'administration, leur inspirer les mêmes principes, leur faire adopter la même instruction. Le triste résultat de ces inconséquences fut qu'il vit en mourant ses armées battues, ses finances ruinées, son influence dans l'Empire perdue, ses frontières menacées, la Hongrie en fermentation, les Provinces belgiques en révolte, et la Prusse, sa rivale éternelle, à la tête d'une ligue menaçante, prête à renverser son trône sur son tombeau.

La mort de ce Prince paroissoit ouvrir une carrière plus vaste aux desseins ambitieux du cabinet prussien ; la maison d'Autriche se voyoit menacée de perdre à la fois et ses états et le trône impérial ; mais la fortune qu'on divinise, dépend des hommes ; elle est légère pour la témérité, et constante pour la prudence : la puissance autrichienne, prête à s'écrouler, fut sauvée rapidement par la sagesse de Léopold, suc-

1790. cesseur de Joseph, par la versatilité de Frédéric-Guillaume, et par l'ardeur irréfléchie des
Français, qui vouloient répandre par-tout une
liberté qu'ils étoient loin de posséder eux-
mêmes.

Il faut, pour faire connoître la marche et l'importance de cette révolution politique, retracer
rapidement les événemens principaux de l'insurrection brabançonne, et rappeler la position,
dans laquelle se trouvoient les pays soumis à la
cour de Vienne, lorsque Léopold monta sur le
trône.

Depuis un an, la Flandre et le Brabant étoient
en pleine révolte ; Joseph II, ne pouvoit plus
compter sur l'attachement des Brabançons et
des Flamands, depuis qu'il avoit montré son
indifférence pour eux, en proposant l'échange
des Provinces belgiques contre la Bavière. Il
avoit depuis excité un vif mécontentement dans
ces provinces, en démolissant leurs forteresses,
en supprimant leurs priviléges garantis par la
joyeuse entrée, en abolissant les juridictions
seigneuriales, en réformant l'université de Lou-
vain, en voulant contraindre des catholiques
dominans et superstitieux à la tolérance de tous
les cultes, en établissant des écoles normales
que rejetoit le clergé, en violant la liberté des

Etats ; enfin , en nommant des intendans qui 1790, rendoient la liberté de la nation illusoire et l'autorité du Prince absolue.

Les premiers troubles excités par ces réformes en 1788 , avoient été plutôt assoupis qu'éteints. L'Empereur, qui avoit paru céder aux circonstances , poursuivit avec plus d'opiniâtreté l'exécution de ses projets , dès qu'il eut fait passer en Brabant assez de troupes pour espérer de forcer les mécontens à l'obéissance : l'événement trompa son attente. Van-der-Noot, avocat sans lumières , intrigant sans génie , mais orateur verbeux et hardi, instrument docile du prêtre Van-Eupen , hypocrite profond et politique adroit, enflamma les esprits au nom de la religion et de la liberté. Encouragé secrètement par la Hollande, l'Angleterre et la Prusse, il souleva le peuple qu'animoient les prêtres et un grand nombre de nobles : on courut aux armes. Ce mouvement, regardé d'abord à Vienne comme une sédition , prit bientôt le caractère d'une véritable insurrection ; le duc de Saxe-Teschen et l'archiduchesse , sa femme , furent obligés de céder à l'orage ; les troupes autrichiennes, assez fortes pour appaiser des émeutes , mais trop peu nombreuses pour résister à un peuple armé , firent une résistance inutile ;

 les insurgens les battirent , s'emparèrent de Gand, de Bruxelles , de Namur et d'Anvers. Les États confédérés, fiers de leurs succès, se déclarèrent libres , et crurent leur indépendance d'autant plus solide, que la ligue anglo-prussienne la désiroit, et qu'ils comptoient être soutenus par la France.

Cette révolution auroit en effet été durable , si les insurgés n'avoient pas été enivrés par la victoire, et si la sagesse avoit succédé à l'impétuosité. L'indépendance des Provinces belgiques convenoit à la politique des puissances ennemies de la cour de Vienne, et n'avoit encore pris aucun caractère qui les pût directement alarmer. Cette révolution étoit aristocratique et sacerdotale ; on voulut la rendre démocratique, et les rois ouvrirent les yeux.

A peine le congrès belgique fut-il formé , qu'il prit un ton menaçant, ignorant que la liberté, dans son berceau, doit être nourrie par la prudence ; il prit le langage d'une puissance formidable et consolidée ; et délivré de toute crainte pour le présent, par la retraite des Autrichiens, il ne songea pas à écarter les dangers de l'avenir par des loix sages , propres à maintenir dans l'intérieur la paix , l'union et la force. Electrisés par l'enthousiasme communicatif des

patriotes français , les Belges proclamèrent la 1790.
souveraineté du peuple. Dans leur position, rien
n'étoit moins prudent : la reconnoissance de ce
principe, ou plutôt de ce *fait*, refroidit les cours
qui protégeoient les insurgens , et fit naître
parmi les patriotes des factions qui les perdi-
rent.

Il est difficile de faire comprendre à la fois
au peuple , et qu'il est souverain , et qu'il ne
peut exercer par lui-même la souveraineté :
c'est une vérité qu'il n'apprend qu'après de longs
et funestes égaremens.

La Flandre jouissoit, avant la révolution ,
d'une constitution plus libre et d'une représentation plus égale entre les divers ordres ; elle
avoit peu souffert des innovations de l'Empereur : aussi, quoiqu'elle eût partagé l'enthousiasme des Brabançons pour conquérir l'indépendance , elle eut la sagesse de respecter ses
loix antiques ; elle perfectionna seulement ses
anciennes institutions et conserva sa tranquillité. Dans le Brabant, au contraire , quelques
têtes ardentes, voulant tout détruire pour tout
gouverner, réveillèrent l'ambition et la cupidité
des classes inférieures , substituèrent les rêves
métaphysiques aux idées politiques, armèrent
le foible contre le puissant, le plébéïen contre

1790. le noble, l'incrédule contre le superstitieux, le pauvre contre le riche, et répandirent par-tout les feux de la discorde et de la haine.

Les apôtres de la révolution française, de bonne foi, et les partisans de l'Autriche, par artifice, échauffoient cette faction et entretenoient la division qu'elle faisoit naître. Bientôt cette division produisit des partis fortement prononcés qui se firent une guerre violente. L'un de ces partis, conduit par l'aristocratie et le clergé, vouloit conserver aux Etats leur ancienne organisation, avec de légères modifications ; l'autre étoit décidé à les refondre sur un nouveau plan entièrement démocratique. Les uns et les autres, n'invoquant que le bien public et n'écoutant que leurs passions privées, se servoient de la même arme pour se déchirer : c'étoit au nom du peuple souverain qu'ils parloient, c'étoit pour la gloire du peuple qu'ils agissoient ; le peuple étoit également leur idole apparente, leur jouet aveugle et leur instrument cruel.

Les intrigues de la politique alimentoient le feu de ces factions ; la Prusse et l'Angleterre souhaitoient que ces provinces formassent une petite république soumise à leur influence ; la cour de France désiroit qu'elles rentrassent sous la domination autrichienne. Les patriotes français cherchoient,

cherchoient, par leurs émissaires, à répandre 1790.
leurs opinions dans ce pays, et le parti démocratique qui les secondoit, avoit en effet pour
but de faire adopter par les Belges tous les principes nouvellement proclamés en France : il vouloit detruire en un an les préjugés de plusieurs
siècles.

Les plus modérés de cette faction prétendoient
au moins prendre une grande partie des biens
du clergé et abaisser la noblesse ; mais la résistance fut plus vigoureuse que les novateurs ne le
croyoient ; la philosophie moderne avoit fait
peu de progrès dans le Brabant, et il n'étoit pas
facile de métamorphoser si promptement les
opinions d'un peuple flegmatique, que la noblesse n'opprimoit pas, et que la superstition
attachoit au clergé.

Dans cet état de division des esprits, chaque
jour voyoit éclore un nouveau projet de constitution ; et tous ces plans rédigés avec trop de
précipitation, appuyés sur des idées plus métaphysiques que politiques, heurtoient trop de
passions pour concilier les partis et réunir les
suffrages : on venoit de s'armer contre l'Empereur pour l'intérêt de quelques moines, et par
une inconséquence remarquable, on vouloit détruire le clergé dont on avoit pris la défense. Cet

1790. ordre, qui avoit excité le peuple à la révolte, conservoit trop de crédit sur lui pour qu'il fût si facile de le renverser. On ne calculoit ni le lieu, ni le temps, ni les hommes; enfin on poussoit le délire au point de croire qu'il est aussi facile de faire des républicains que des projets de république.

Il falloit au moins dans cette grande crise un dictateur, et chacun vouloit être chef : aussi le résultat de toutes ces fautes fut une de ces chutes rapides que la vanité fait toujours et ne prévoit jamais.

Les démocrates, ayant échauffé un certain nombre de ces têtes avides d'innovations, que l'ignorante ambition et les fausses lumières multiplient par-tout dans ce siècle, s'opposèrent à tous les plans des Etats; ils proposèrent de dissoudre toutes les autorités, et d'appeler la nation en corps pour se constituer. Secondés dans leurs projets par une partie de l'armée, par les clubs qu'ils avoient formés, leurs opinions étoient rapidement propagées par tous ces écrivains, ces libellistes incendiaires, fanatiques et calomniateurs, qui se taisent lorsque l'ordre règne, qui ne se montrent que dans les orages, et qui ressemblent à ces insectes qu'attire la dissolution des corps.

Les États alarmés de ces projets, et redou- 1790.
tant la révolution qu'auroit opérée le succès
de la pétition des opposans, employèrent de
leur côté les mêmes armes dont se servoient
leurs ennemis. De ce moment la division des
opinions devint une guerre déclarée : on s'ac-
cabla réciproquement de pamphlets, d'injures
et de menaces ; et les deux partis, s'armant
au nom du peuple, toujours instrument et
victime de pareils débats, rejetèrent toute voie
conciliatrice, jurèrent de se détruire, sacri-
fièrent leur patrie à leurs passions, et per-
dirent, en se déchirant, la liberté que leurs
efforts réunis pouvoient seuls défendre.

Les aristocrates du Brabant, non moins
aigris, mais plus adroits que ceux de France,
se gardèrent bien de déclamer contre la liberté,
contre la souveraineté nationale ; ils savoient
que la force étoit dans le peuple, ils ne songèrent qu'à s'en emparer : ils flattèrent les passions de la multitude, firent signer par elle de
nombreuses adresses, pour donner une apparence populaire aux décrets qui devoient affermir leur autorité ; enfin ils se firent démagogues
pour écraser les démocrates.

Cette démarche n'étoit pas prévue, et son
succès fut rapide. La populace, animée par des

1790. écrits analogues à ses idées, par des promesses qui la séduisent toujours, par des largesses auxquelles elle ne résiste jamais, traita en ennemis du peuple les hommes qui vouloient donner au peuple tous les pouvoirs. Le parti populaire insulté, menacé, proscrit, vit en un instant ses propositions rejetées, ses intentions dénaturées, ses mesures rompues, ses volontaires licenciés, ses clubs dispersés, et toutes ses espérances détruites. Les officiers de l'armée qui s'étoient déclarés pour lui, furent destitués ; le général Van-der-Mersch, qu'on regardoit comme le chef de cette faction, fut arrêté. Le pillage, les délations, les emprisonnemens, les assassinats furent les suites de ce triomphe : toute faction victorieuse abuse toujours de la victoire ; l'esprit de parti rend tous les cœurs barbares et tous les caractères inflexibles. Le fanatisme politique est aussi sanguinaire que le fanatisme religieux ; et lorsqu'un parti, soit monarchique, soit aristocratique, soit démocratique, est assez aveugle pour déchaîner la populace, il n'est plus le maître de réprimer sa fureur, de prévenir ses excès et de punir ses crimes. Il est regardé par elle comme traître s'il lui résiste ; il devient un tyran s'il lui cède : c'est une arme empoisonnée ;

celui qui s'en sert avec le plus de succès finit 1790.
toujours par en être victime.

Depuis ce moment le Brabant, devint un
théâtre sanglant de discorde, de haine et d'a-
narchie ; la nation, le congrès et l'armée,
minés par leurs passions, affoiblis par leurs
divisions, n'inspiroient plus d'intérêt à leurs
protecteurs, ni de crainte à leurs ennemis ; ils
se virent hors d'état de résister à l'Empereur :
il n'existoit plus d'union dans les esprits, de
sagesse dans les loix, d'énergie dans la volonté,
de concert dans les opérations ; et la ligue
anglo-prussienne ayant changé totalement de
système, peu de temps après, par des motifs
que nous allons développer, les insurgens
furent tout-à-coup frappés de terreur. Le congrès, aussi timide dans les revers qu'il avoit été
présomptueux dans les succès, entama par-tout
des négociations inutiles, supplia vainement
ceux qu'il avoit menacés, se vit entièrement
abandonné par le peuple qu'il avoit trompé, et
dont il chercha inutilement à prolonger l'illusion. Les Autrichiens parurent, les troupes bra-
bançonnes se débandèrent, et une seule pa-
trouille de hussards prit possession de la capitale.

Cette honteuse catastrophe n'éclaira point

1790. d'autres peuples sur les dangers de l'anarchie ; mais elle trompa tous les rois et tous les grands de l'Europe : ils oublièrent la différence qui existe entre une petite province et un vaste empire, entre un peuple trop ignorant et un peuple trop éclairé ; ils crurent que la révolution française n'avoit pas des racines plus profondes que l'insurrection brabançonne ; enfin le roi de Prusse rêva qu'on pouvoit subjuguer la France aussi facilement que le Brabant, et cette erreur inconcevable et funeste fut une des principales causes de cette guerre fatale qui a trompé tant de politiques, immolé tant de victimes, et qui désole encore aujourd'hui l'Europe.

Pour ne pas interrompre cet abrégé très-rapide, mais peut-être suffisant, de la révolution des Pays-Bas, nous avons été forcés d'anticiper sur les autres événemens qui occupèrent pendant sa durée la politique européenne : il faut à présent y revenir.

Tandis que le roi de Prusse fomentoit l'insurrection des Belges [1], et souffroit que le géné-

[1] Ce désir du roi de Prusse de protéger la révolution du Brabant, est prouvé par une lettre du général Schlieffen à M. de la Fayette, du 23 février 1790, Voyez *Pièces justificatives*.

ral Schonfeld commandât leurs troupes, il pre-
noit assez ouvertement le parti de la ville de
Liége contre son évêque.

Les Liégeois avoient le droit de réclamer la
restitution de leurs anciens priviléges, dont
on les avoit peu à peu dépouillés. Ils pouvoient
même demander au corps municipal et aux
Etats du pays une autre constitution mieux
calculée pour leur prospérité. Les tribunaux
de l'Empire n'auroient peut-être pas été inac-
cessibles à leurs demandes. Les intrigues des
tréfonciers, l'ambition de l'évêque, protégé
par quelques cours , avoient pu provoquer
contr'eux d'injustes décisions : mais on avoit
suivi les formes consacrées par la constitution
germanique ; et pour faire révoquer ces décisions, ces mêmes formes devoient être aussi
respectées par le peuple de Liége.

Ce peuple, avant de tenter aucun moyen
sage et légal, arracha par la violence ce qu'il
devoit obtenir par la justice ; il s'insurgea,
changea ses magistrats, chassa son évêque, et
se mit en possession du plein exercice de la
souraineté.

Un decret de la chambre de Wetzlaer, con-
damnant une pareille infraction des loix de
l'Empire, ordonna aux directeurs de cercle de

faire rentrer les rebelles dans leur devoir. Fré=
déric-Guillaume, chargé de l'exécution d'un
décret dont il ne pouvoit contester la validité,
prit des tempéramens, proposa des modifications ; et les troupes qu'il fit entrer dans Liége,
parurent plutôt destinées à protéger les Liégeois qu'à les soumettre. La correspondance
entre le monarque et l'évêque fut aigre, et la
négociation infructueuse [1].

Les politiques les moins clair-voyans ne dou-
toient pas que la modération dont se paroit le
cabinet de Berlin, ne couvrît des vues plus
ambitieuses. Il protégeoit la révolte de la Belgique, négocioit pour les Liégeois, encoura-
geoit les Suédois, excitoit des troubles en
Hongrie, s'allioit avec la Porte et s'armoit
contre la Russie. La Hollande adhéroit aveuglément à tous ses plans. L'Angleterre qui les
partageoit, profitant des troubles de la France
épuisée, armoit de nombreuses escadres ; et
sous le vain prétexte de réclamer des vaisseaux contrebandiers pris par les Espagnols
sur la côte occidentale du nord de l'Amérique,
elle menaçoit l'Espagne et lui déclaroit la guerre,

[1] Voyez *Pièces justificatives :*
Lettre du roi de Prusse à l'évêque de Liége, le 22
avril 1790.

Il étoit évident que la ligue anglo-prussienne vouloit écraser les deux cours impériales et l'Espagne, ruiner la France par l'a-
narchie, et dominer toute l'Europe sans rivaux.
Les circonstances étoient favorables, le succès probable; mais ces vastes projets échouèrent
au moment de l'exécution, et dans l'espace
d'une année ce système politique s'écroula en
totalité. Il n'en resta pas de trace : les illusions disparurent, l'ambition changea d'objet,
les monarques rivaux se rapprochèrent, les
ennemis devinrent alliés ; et la haine contre
la révolution française, éteignant toute autre
passion, on ne s'occupa plus qu'à former
contre la France une ligue générale, qui eut
le succès qu'ont en tout temps les grandes
coalitions ; assemblages d'intérêts contraires,
pareils dans l'ordre politique à ces êtres bi-
zarres, fruit de l'union d'espèces opposées,
qui étonnent les regards par leurs formes brillantes, mais qui sont condamnés par la nature
à ne jamais rien produire.

Tandis que la révolution française, celle du
Brabant, l'insurrection de Liége, les préparatifs hostiles des Anglais contre les Espagnols, et le schisme de la France qui venoit
d'enlever Avignon à la cour de Rome, occu-

1790. poient une partie de l'Europe, l'autre n'étoit pas moins agitée. Gustave et Catherine continuoient à se battre avec des succès balancés et infructueux.

Le roi de Suède, ayant rétabli l'ordre dans son armée, par une sévérité mêlée de clémence, et par l'amnistie accordée aux confédérés d'Anjala, avoit dû quelques avantages à la valeur habile du général Steding.

Sa flottille, battue d'abord par les Russes, et enfermée dans le golfe de Vibourg, avoit exposé ce monarque à perdre ses vaisseaux et sa liberté. Mais au moment où ses ennemis le croyoient sans ressources, il sortit en héros de cette position périlleuse, se faisant jour au travers des Russes qui l'entouroient, bravant le feu terrible qui le foudroyoit, et remplissant à la fois les devoirs de général et de soldat. Il força la ligne ennemie, rejoignit ses vaisseaux de guerre, détruisit les galères du prince de Nassau, prit ou coula à fond quarante-quatre bâtimens ; et après avoir effrayé, par cette victoire, l'Impératrice, qui, de son palais, auroit pû presqu'entendre les coups de canon du vainqueur, il rentra dans ses ports couvert de gloire, mais dégoûté d'une guerre qui l'avoit exposé à tant de dangers, qui lui coûtoit tant

de sang, et dont le succès ne réalisoit aucune 1790.
des espérances qu'il avoit conçues.

L'Impératrice , aussi fatiguée que lui de
cette guerre, ne jouissoit pas sans inquiétude
de ses succès contre les Turcs : rien n'arrêtoit
le cours de ses victoires ; mais le roi de Prusse
menaçoit ses frontières et rassembloit des
troupes. La révolution en Pologne prenoit
chaque jour un caractère plus imposant. Les
Polonais sembloient avoir changé de caractère ;
leur légéreté paroissoit fixée ; aucune division
ne troubloit leurs délibérations ; la vanité des
grands se sacrifioit à l'intérêt public ; un patriotisme éclairé présidoit aux opérations de la
diète ; les impôts se payoient avec zèle ; l'armée
se formoit avec promptitude ; l'édifice d'une
constitution sage s'avançoit, et promettoit une
grande force au gouvernement, une liberté
tranquille aux nobles, de nombreux avantages
au commerce, et beaucoup d'adoucissement au
sort des paysans.

D'un autre côté, Léopold, effrayé par l'approche de deux armées commandées par le roi
de Prusse, étoit forcé d'abandonner ses conquêtes sur les Ottomans, de rappeler en Bohême
l'élite de ses troupes, d'y rassembler cent mille
hommes ; et Catherine alloit inévitablement se

 voir privée du secours de cet allié, soit qu'il soutînt la guerre contre la Prusse, soit que, pour l'éviter, il se vît contraint de faire une paix séparée, dont Frédéric-Guillaume vouloit dicter les conditions.

Dans une pareille position, tout annonçoit un embrasement général. Les deux cours impériales se trouvoient dans une crise effrayante. Mais au moment où la guerre paroissoit prête à s'allumer, son flambeau s'éteignit dans les mains de Frédéric-Guillaume. Il changea de ministre et de système. L'Autriche respira, la Russie désarma son ennemi, la Porte paya légèrement l'imprudence qu'on lui avoit conseillée, la Pologne fut sacrifiée; et la paix, rétablie dans le Nord et dans l'Orient, laissa aux monarques de l'Europe la liberté de s'occuper uniquement du danger commun dont les menaçoient les orages de l'Occident.

La ligue anglo-prussienne, qui s'étoit occupée seulement d'étendre son influence et d'augmenter le nombre de ses alliés, d'encourager l'énergie des Polonais, de donner des espérances à la Porte, et d'aiguillonner l'ambition du roi de Suède, tant que les opérations des Russes avoient été lentes et les succès de la guerre balancés, s'étoit enfin décidée à agir efficacement

dès qu'elle avoit su que l'armée russe, après 1790.
avoir envahi la Valachie, se disposoit à passer
le Danube. Tout lui faisoit craindre la chute de
l'Empire ottoman : il falloit la prévenir, et la
guerre sembloit inévitable. La mort de l'empereur Joseph devoit décider Frédéric-Guillaume à commencer les hostilités et à profiter
des embarras d'un nouveau règne; mais cet
événement qui devoit hâter sa décision, la suspendit.

Joseph II, jugé sévèrement comme les princes
que la fortune abandonne, et puni plus rigou-
reusement du bien qu'il avoit fait que de ses
fautes, laissoit à son successeur un trône chancelant environné d'écueils. On ne doutoit pas
que Léopold, effrayé de sa position, et plus
habitué au travail du cabinet qu'à l'exercice
des armes, n'abandonnât tous les plans de son
prédécesseur; et l'on croyoit qu'il se résigne-
roit aux plus grands sacrifices pour conserver
la paix.

Il la vouloit en effet; mais il la demanda avec
dignité, et la négocia avec adresse. Il prêta
l'oreille à toutes les propositions de la Prusse,
de la Pologne et de la Porte; mais profitant
habilement de la vanité de Frédéric-Guillaume
pour écarter des dangers réels par une défé-

 rence illusoire, tirant parti de la crainte que la révolution de France commençoit à inspirer, rassemblant avec promptitude une armée formidable, il trouva le moyen, par sa modération et sa fermeté, de conclure une paix honorable, qui lui garantit la possession tranquille de ses états, lui assura l'Empire, et fit rentrer dans le devoir ses provinces rebelles.

Hertzberg, fidèle au plan du grand Frédéric, vouloit profiter de cette circonstance pour abaisser la maison d'Autriche. La fortune sembloit avoir tout préparé pour réaliser ses espérances, lorsque tout-à-coup le système et le crédit de ce ministre, ardent lorsqu'il projetoit, mais trembleur au moment d'exécuter, furent anéantis par les intrigues de ses rivaux, la foiblesse de son maître et l'habile prudence de Léopold.

Il n'est pas nécessaire de rappeler les motifs qui dirigeoient la politique de la cour de Vienne : elle avoit tout à perdre en faisant la guerre, et tout à gagner en faisant la paix. Ses troupes étoient fatiguées, son trésor épuisé, ses sujets révoltés ; et la mort du célèbre Laudon, qui lui fut enlevé dans cet instant critique, décourageoit plus l'armée que la perte de trois batailles.

Il est aussi facile d'expliquer la disposition de la Porte à terminer la guerre : elle devoit profiter de l'embarras des Autrichiens pour recouvrer Belgrade, pour se délivrer d'un ennemi dangereux, et pour être en état de réunir toutes ses forces contre l'armée victorieuse de Catherine.

Ce qu'il faut développer, ce sont les raisons qui déterminèrent le roi de Prusse à changer de politique, à renoncer aux espérances d'agrandissement qu'il avoit conçues, à perdre tout le fruit de ses intrigues, toutes les dépenses de ses préparatifs, à se contenter du rôle de pacificateur, après avoir voulu jouer celui de conquérant, et à ressusciter la puissance de l'Autriche, sa rivale constante et son ennemie naturelle.

Bischofswerder, les courtisans et les illuminés voyoient avec chagrin Frédéric-Guillaume à la tête de ses armées; ils sentoient qu'au milieu des orages militaires leur crédit tomberoit et feroit place à celui des ministres et des généraux, dont l'expérience et les services seroient alors nécessaires et appréciés.

Le négociateur autrichien Spielman, agent confidentiel du prince de Kaunitz, et aussi délié en politique, qu'Hertzberg étoit systématique et hardi, profita avec habileté de cette disposition des favoris du roi de Prusse, et fut parfaitement secondé par eux. On représenta à ce prince qu'*Hertzberg vouloit lui faire sacrifier le bonheur à l'éclat ; que le grand Frédéric s'étoit plus d'une fois repenti de son ambition, et que ses ennemis avoient porté leurs armes jusque dans la capitale. Les Turcs, vaincus et effrayés, pouvoient d'un moment à l'autre faire la paix avec l'Impératrice. Il étoit d'ailleurs trop évidemment injuste et immoral que le roi de Prusse s'agrandît en faisant la paix aux dépens de l'Empire ottoman, dont il s'étoit déclaré le soutien, et qu'il avoit lui-même excité à la guerre.*

Gustave avoit trop peu de troupes pour faire une diversion puissante. Le gouvernement britannique, habitué à ne remplir ses engagemens que lorsqu'il y trouvoit son avantage, hésitoit à commencer une guerre réellement contraire aux intérêts de son commerce. La Pologne, qui sortoit à peine de l'anarchie, loin d'offrir des défenseurs utiles, avoit elle-même besoin d'appui ; et il étoit probable que, si Frédéric-Guillaume suivoit les conseils téméraires de son ministre,

il

il supporteroit seul le poids de la guerre, 1790. *dissiperoit ses trésors et verroit enfin son pays écrasé par les deux cours impériales.*

En pacifiant l'Europe, au contraire, le roi de Prusse ne couroit aucun danger, trouvoit une gloire certaine, acquéroit une influence prépondérante dans l'Empire, et assuroit la prospérité de ses sujets.

On joignoit secrètement à ces raisons spécieuses des motifs plus pressans et d'une importance plus générale.

Le peuple français, disoit-on, *avoit proclamé des principes qui tendoient à bouleverser l'ordre social, et qui devoient alarmer toutes les puissances : le trône et l'autel étoient attaqués, les distinctions de la naissance étoient détruites, on déclaroit la guerre des pauvres contre les riches, et des chaumières contre les châteaux.*

Ces principes contagieux trouvoient partout des apôtres et des partisans ; l'étendard de l'égalité rallioit dans tous les pays les intrigans, les ambitieux, les hommes las de leur obscurité ou avides de s'enrichir, tous ceux qui avoient perdu leur fortune et qui vouloient en acquérir.

II,   L,

1790.

Le manteau de la philosophie, qui couvroit d'un voile respectable ces innovations dangereuses, les faisoit adopter facilement par les hommes lettrés, dont aucune expérience n'éclairoit la théorie, et par la multitude dont elles flattoient les passions. Déjà les révolutionnaires français ne se contentoient plus de leurs triomphes intérieurs ; ils avoient, au mépris des traités, dépouillé plusieurs princes de l'Empire de leurs droits ; ils répandoient leur système contagieux dans les Provinces belgiques, et communiquoient leurs idées aux têtes ardentes de la diète polonaise ; leurs clubs avoient établi des correspondances avec des clubs anglais ; certains journaux de l'Allemagne servoient d'échos à leurs pamphlets : enfin ils venoient, à la fédération du Champ de Mars, de recevoir publiquement l'ambassade prétendue des patriotes de tous les pays du monde ; ils dévoiloient par-là complètement le désir et l'espérance de rendre leur révolution universelle. Il étoit temps que les princes de l'Europe ouvrissent les yeux, qu'ils cessassent, par de misérables intrigues et de funestes divisions, d'offrir une proie aussi facile à ces nouveaux ennemis ; il étoit

temps enfin de se réunir, et par une con- 1790.
tenance ferme et sage , d'opposer une digue à
ce fléau dont on ne pouvoit prévoir ni calculer
l'étendue.

Ces discours, où l'on confondoit avec passion les intentions sages et les desseins coupables, les erreurs et les vérités, les opérations utiles et les folies, les principes et les abus, les patriotes et les factieux, la populace et le peuple, firent une vive impression sur l'esprit de Frédéric-Guillaume : on peut s'en convaincre par la note qu'il publia, dans laquelle il dit : *Que son changement de système étoit déterminé par des motifs secrets d'une haute importance et de nature à n'être dévoilés qu'aux yeux de la postérité.*

L'aversion du roi pour les fatigues militaires, son penchant pour les plaisirs , et l'amour qui l'occupoit alors, contribuèrent à donner du poids aux conseils de ses favoris ; et lorsque les conférences de Reichenbach s'ouvrirent , il fut promptement décidé à la paix, quoique son langage menaçant et ses préparatifs hostiles annonçassent la guerre.

Ainsi, de toutes parts , plus on paroissoit prêt à combattre, et plus on désiroit vivement la prompte conclusion de la paix. Léopold

L 2

 vouloit obtenir la couronne impériale, réduire les Pays-Bas révoltés, et terminer honorablement la guerre ruineuse du Levant. Le but de Frédéric-Guillaume étoit de sauver les Ottomans sans être forcé d'employer ses armes pour les secourir, de se ménager la gloire de la médiation, et d'acquérir une prépondérance assez forte pour pouvoir maintenir l'équilibre dans le Nord, et arrêter les progrès de la Russie. Les Turcs vouloient profiter de la circonstance pour recouvrer, par la paix, les provinces qu'ils n'avoient pas su défendre. Malgré ces dispositions réciproques, les négociations furent ralenties par l'opiniâtreté de Hertzberg et la résistance de Spielman. Le ministre prussien, ne pouvant décider son maître à la guerre, prétendoit au moins qu'il dictât impérieusement une paix avantageuse; il vouloit que l'Autriche rendît la Gallicie à la Pologne, qu'elle conservât comme dédommagement Aleuta, Belgrade, Orsova, et la partie de la Croatie qu'elle avoit prise aux Turcs. La Prusse devoit se faire céder Dantzick et Thorn par les Polonais.

Mais la cour de Vienne craignoit d'irriter l'impératrice de Russie, qui ne vouloit pas que le roi de Prusse se rendît maître de l'embouchure de la Vistule, et Léopold ne pouvoit con-

sentir à accroître ainsi la puissance de Frédéric-
Guillaume ; enfin, en restituant aux Turcs de
nombreuses conquêtes, il ne vouloit point accompagner cet abandon d'aucuns sacrifices de
ses propres domaines.

Ces motifs le déterminèrent à refuser les
conditions proposées ; cependant il avoit un
tel besoin de la paix, qu'il les auroit acceptées
si Frédéric-Guillaume y avoit persisté. Hertzberg soutenoit avec chaleur ses plans , et tout
faisoit craindre la rupture des négociations. Ce
fut alors que la cour de Vienne , se ménageant
des influences secrètes, et mettant en mouvement des courtisans adroits et des rivaux en-
vieux , attaqua sourdement et parvint à détruire le crédit du vieux ministre prussien.

On persuada au Roi qu'il agissoit moins en
politique prudent qu'en homme passionné, en
ennemi invétéré de la maison d'Autriche. On
le peignit comme le perturbateur de l'Europe,
comme l'instigateur d'une guerre funeste, et
même comme un homme attaché secrètement ,
par son amour pour les lettres, au parti des
philosophes modernes et des démocrates français.

Le roi de Prusse, ébranlé par ces insinuations , adopta le plan concerté entre les agens

 autrichiens et les adversaires de M. de Hertz-berg. Comme le ministre alloit à son but de bonne foi, il s'étoit établi par ses soins, entre les deux souverains, une correspondance directe, dont les résultats lui furent cachés jusqu'au dernier moment ; il refusa d'adhérer à des articles préliminaires qui étoient déjà secrètement convenus. Enfin un ordre formel du Roi le contraignit d'y apposer sa signature.

Par cette convention, qui fut conclue le 27 juillet 1790, l'Autriche promit de rendre à la Porte toutes ses conquêtes, hors Choczim qu'elle devoit garder jusqu'à la paix. On décida que si, dans la démarcation des limites, la cour de Vienne conservoit quelques possessions du côté de l'Alenta, la Prusse obtiendroit une compensation dans la Haute-Silésie. Frédéric-Guillaume ne parla plus de Dantzick et de Thorn ; il déclara qu'il n'avoit aucun engagement avec les Belges, et promit d'agir de concert avec la Hollande et l'Angleterre, pour aider Léopold à les soumettre, pourvu qu'il leur restituât leurs anciens priviléges.

Dès que ce traité fut signé, l'armée prussienne se retira ; quarante mille Autrichiens marchèrent aux Pays-Bas. Frédéric-Guillaume, traversant la Silésie au milieu des acclamations

d'un peuple délivré de la crainte des malheurs 1790.
de la guerre, fut célébré par-tout comme le pacificateur de l'Europe, et revint dans ses Etats,
enivré de la gloire d'un triomphe dont il avoit
l'éclat illusoire, et Léopold l'avantage réel.

Le cabinet de Berlin, en effet, ne retiroit
aucun fruit de cette pacification ; ses préparatifs
militaires lui avoient occasionné des dépenses
énormes dont il n'étoit point indemnisé ; tous
ses projets d'agrandissement et de gloire étoient
évanouis ; et Léopold, au contraire, délivré du
voisinage menaçant de l'armée prussienne, dé-
barrassé de la guerre des Ottomans, certain de
posséder la couronne impériale, rassuré sur les
troubles de Hongrie, et libre d'employer toutes
ses forces pour faire rentrer dans le devoir les
provinces révoltées, voyoit en un instant, par
son heureuse adresse, ses dangers dissipés, sa
puissance rétablie et son ambition satisfaite.

Enfin, l'intimité qui s'étoit établie entre lui
et Frédéric-Guillaume, et les partisans qu'il
s'étoit ménagés parmi ses favoris, lui donnoient
presque la certitude de pouvoir diriger par la
suite, à son gré, la politique d'une puissance
dont l'Autriche avoit si long-temps craint l'influence et la rivalité.

Hertzberg, accablé de contrariétés, abreuvé

 de dégoûts, et voyant s'éclipser la gloire d'un trône qu'il avoit servi et soutenu cinquante-un ans avec honneur, donna sa démission et laissa le champ libre à ses rivaux.

Tel fut le dénouement imprévu de ces grands mouvemens, de ces intrigues multipliées, de ces vastes projets qui avoient effrayé l'Europe. Dès ce moment, Frédéric-Guillaume, que la fortune avoit mis dans une position si disproportionnée à ses moyens, retomba à sa véritable place, et ne dut plus laisser à ses guerriers l'espérance de voir leur monarque marcher sur les pas de son immortel prédécesseur.

La convention de Reichenbach devoit avoir une grande influence sur la politique de toutes les puissances belligérantes, et son premier effet fut de décider promptement l'impératrice de Russie à négocier avec le roi de Suède. L'Angle-terre et la Prusse espéroient que la guerre du Nord dureroit autant que celle du Midi; elles pensoient que les Turcs, débarrassés de la diversion des Autrichiens, et rassemblant toutes leurs forces contre les armees affoiblies de Catherine, cette princesse, pressée d'un autre côté par les Suédois, se verroit forcée de subir les loix que les cabinets de Londres et de Berlin lui voudroient dicter. Leur attente ne fut pas remplie.

Si l'Impératrice ne pouvoit se flatter de subjuguer la Suède avec le peu de troupes dont il
lui étoit possible de disposer, le roi de Suède,
dont la tête étoit plus vaste que la puissance,
avoit en vain suppléé l'insuffisance de ses moyens
par des emprunts ruineux et des prodiges de
valeur. L'intrépide résistance des Russes l'avoit
empêché de parvenir à former le siége de Frédériksham et de pénétrer en Finlande. Sur mer,
les victoires avoient été alternatives, et ne pro-
duisoient aucun résultat décisif. Les secours de
la Prusse s'étoient bornés à des intrigues, et
ceux de l'Angleterre à des promesses. Le rap-
prochement imprévu de Frédéric-Guillaume
et de Léopold, lui ouvrit enfin les yeux sur ses
vrais intérêts, comme il avoit dessillé ceux de
Catherine; et ces deux souverains qui, dans
leur inimitié, avoient oublié les égards que l'on
conserve ordinairement dans les querelles politiques, qui s'étoient mutuellement accablés de
menaces, de mépris, de sarcasmes, de pamphlets injurieux, et qui sembloient acharnés à
se détruire, écoutant tout-à-coup les conseils
de la raison, abjurèrent soudainement leur
haine, renoncèrent à leurs prétentions, étei-
gnirent leurs foudres, et par l'intervention de
l'Espagne, conclurent rapidement la paix dix-

1790. huit jours après la signature de la convention de Reichenbach.

Par cette paix, que signèrent à Varela [1], le 14 août 1790, les plénipotentiaires d'Armfeld et Ingelstrom, chacun retint ce qu'il possédoit : les prisonniers furent rendus sans rançon ; les traités d'Abo et de Nistadt furent rappelés et confirmés ; Catherine ne parla plus de la constitution suédoise ; Gustave renonça aux possessions conquises sur ses ancêtres ; il obtint la permission d'extraire des blés de la Livonie ; on régla le salut des vaisseaux ; on convint de nommer des commissaires pour la démarcation des limites, et les deux cours se promirent de resserrer leurs liens par une étroite alliance.

Ce grand événement surprit et déconcerta la ligue anglo-prussienne, dont il déjouoit les vues ; le projet d'une grande ligue dans le Nord échouoit. Si la Russie perdoit un allié, elle étoit en même temps délivrée d'un ennemi, et la position des Ottomans devenoit de plus en plus 1791. inquiétante. L'hiver de 1791 se passa en négociations inutiles, pour effrayer la Russie, rassurer la Porte, armer la Pologne, et rallumer la guerre entre la Suède et la Russie.

On ne pouvoit concevoir aucun espoir de

[1] *Voyez* le Traité, *Pièces justificatives.*

substituer le Danemarck à la Suède, et de faire
renoncer le prudent ministre Bernstorf à son
système d'alliance défensive avec la Russie.
Tandis que ces intrigues occupoient les cours
de Londres et de Berlin, d'autres événemens
partageoient leur soin et leur attention. La
France, après une courte hésitation, se décida,
malgré le désordre de ses finances, à soutenir
l'Espagne contre les Anglais : la générosité nationale l'emporta sur la passion des démagogues,
qui vouloient rompre l'alliance des nations,
parce que le traité qui les unissoit avoit le titre
de pacte de famille. Et le cabinet de Londres.
intimidé par cette résolution énergique et inat-
tendue, ajourna ses projets ambitieux, se con-
tenta de la restitution des navires qu'on lui avoit
pris, et convint avec la cour de Madrid d'un
désarmement réciproque.

Le congrès belgique, abandonné par ses protecteurs et affoibli par l'anarchie qu'il n'avoit
pas su contenir, céda sans résistance aux menaces du maréchal Bender, et laissa rentrer le
Brabant et la Flandre sous la domination de
Léopold. Liége, qui avoit changé de prince, se
vit contrainte de renvoyer Rohan qu'elle avoit
élu, et de se soumettre aux décrets de la chambre de Wetzlaer et à l'autorité de son évêque.

1791.

Léopold, par quelques concessions pruden-
tes, appaisa les troubles de Hongrie et fut,
comme il le désiroit, élu empereur sans opposition. Délivré de toute inquiétude sur ses intérêts personnels, il s'occupa de ceux de l'Empire.
La diète de Ratisbonne reçut les plaintes des
princes possessionnés en Alsace, que l'assemblée constituante avoit dépouillés de leurs droits;
et quoique la France leur offrît des indemnités
en argent, on poursuivit le redressement de ces
griefs, qui furent le prétexte dont les rois cou-
vrirent constamment leurs projets contre l'indépendance française.

Au milieu de ces mouvemens politiques, la
diète polonaise, qui voyoit avec effroi le désarmement des Autrichiens, celui des Suédois et
l'épuisement des Turcs, resserra ses liens avec
Frédéric-Guillaume, qui l'assura de sa protection : elle hâta ses travaux constitutionnels ; et
sacrifiant la vanité individuelle à l'intérêt public, elle résolut, pour mettre un terme à l'a-
narchie, de rendre le trône héréditaire, et choisit l'infante de Saxe pour commencer cette dynastie à la mort de Stanislas-Auguste. L'électeur de Saxe, prince pacifique et prudent, adoré
par ses sujets et respecté par ses voisins, ne fut
point ébloui par cette offre brillante, qui devoit

armer la Russie contre lui et pouvoit mécon-
tenter l'Autriche. Il connoissoit la foiblesse des
Polonais, l'inconstance de Frédéric-Guillaume
leur protecteur : attendant les événemens pour
s'éclairer et pour se déterminer, il répondit
poliment et vaguement à la diète, et ne refusa
ni n'accepta cette succession éventuelle, qui
promettoit plus de dangers à ses états que d'é-
clat à sa famille. L'événement prouva sa sagesse
et justifia sa prévoyance.

Les Polonais firent, dans cette occasion, une
faute grave : ils vouloient éviter, par le choix
de la princesse de Saxe, de se faire de grands
ennemis, et ils s'enlevoient par-là tout appui.
Si, par une politique plus habile, oubliant toute
prévention, ils avoient donné le trône à un prince
autrichien, russe ou prussien, ils se seroient,
à la vérité, attiré l'inimitié de deux cours, mais
ils auroient au moins divisé leurs adversaires,
une grande puissance les auroit protégés, et
peut-être leur valeur bouillante, encouragée
par cet appui solide, auroit sauvé leur pays de
la honte et du malheur de ce démembrement
total, qui détruisit peu de temps après leur puissance, anéantit leur liberté, et effaça leur nom
de la liste des nations.

Les succès rapides des Russes et le découra-

1791. gement des Turcs excitèrent de si vives alarmes en Angleterre et en Prusse, que Frédéric-Guillaume fut au moment, en 1791, de revenir au système d'Hertzberg, et de déclarer la guerre à la Russie.

Ses menaces avoient produit peu d'effet ; et tandis que des négociateurs assemblés à Sistow, perdoient un temps précieux en projets aussitôt rejetés que proposés, en difficultés qu'on ne levoit que pour leur en substituer d'autres, Potemkin, Repnin et Suwarow conquéroient les provinces turques en les traversant.

La prise d'Akerman et de Kilia les rendoit maîtres de l'embouchure des fleuves ; les escadres de la Porte étoient battues aussi souvent qu'elles paroissoient sur la mer Noire.

Le Grand-Seigneur, suivant cette absurde politique orientale, qui croit réparer des revers en ôtant la vie aux généraux que la fortune abandonne, venoit d'enlever à l'Empire ottoman l'un de ses plus fermes appuis, Hassan pacha. Ce vieux guerrier, vaincu par Nassau, mais dont l'intrépidité fabuleuse luttoit depuis quinze ans contre la décadence de son pays, avoit souvent réparé, par des prodiges de valeur, les fautes d'un gouvernement imprévoyant et barbare. Nommé au commandement des troupes, il s'oc-

cupoil, pour les disposer à combattre, à y rétablir l'ordre et à punir les séditieux. Il ne pouvoit, à la tête d'une armée révoltée, composée
de recrues indisciplinées, et dépourvue de munitions et de vivres, s'opposer aux progrès de
l'ennemi. Le sultan Sélim, successeur d'Abdul-
Hamet, lui fit couper la tête; d'autres disent
que le capitan-pacha mourut empoisonné. Cet
événement redoubla l'effroi des Turcs et l'audace de leurs ennemis.

Yusuph pacha, qui avoit été chassé du ministère au milieu de ses succès, après l'invasion
du Bannat et la dispersion du cordon autrichien,
occupa, pour la seconde fois, la place de grand-
visir, et prit le commandement de l'armée. Il
ne fut pas plus heureux que les généraux qui
l'avoient précédé. Repnin le battit complètement. Suwarow, aussi rapide dans ses opérations que prodigue du sang des hommes, prit
Ismaïl d'assaut; quinze mille hommes y furent
égorgés. Cet affreux carnage prouva l'opiniâtreté de la résistance et la férocité des vainqueurs.

Varna étoit ménacée; le grand-visir couroit
le danger de voir les Russes couper, comme ils
l'avoient fait dans la guerre précédente, toute
communication entre Constantinople et l'armée

1791. destinée à la défendre. Le roi de Prusse, effrayé de cette crise, avoit rassemblé des troupes, et se préparoit à s'avancer sur les frontières de la Russie; la Pologne venoit de stipuler les secours qu'elle devoit fournir à la Porte, et il sembloit que l'Orient alloit devenir le théâtre d'une guerre nouvelle, et subir de grandes révolutions, lorsque tout-à-coup la scène changea et fit évanouir tous les rêves des politiques qui voyoient déjà Suwarow à Constantinople, les Anglais à Cronstadt, et les Prussiens en Livonie.

Les victoires des Russes, et l'assaut meurtrier d'Ismaïl, avoient autant épuisé les vainqueurs que les vaincus. Catherine II, au milieu de sa gloire, connoissoit le peu d'étendue de ses ressources; elle étoit sans argent et sans crédit; le roi de Suède s'armoit de nouveau; Frédéric-Guillaume paroissoit décidé à la guerre, malgré son penchant au repos; les Polonais étoient parvenus, à force de sacrifices, à créer une artillerie et à se donner une armée. Le ministère britannique, quoique retenu par l'opposition et les plaintes du commerce, partageoit les dispositions hostiles de la Prusse, et pouvoit se déterminer à les appuyer efficacement; toutes les têtes couronnées reprochoient à Catherine une opiniâtreté qui seule les empêchoit

pêchoit de se réunir pour s'opposer au système 1791.
menaçant des révolutionnaires de l'Occident.

D'après toutes ces considérations, cette habile princesse crut nécessaire d'ajourner les projets de son ambition pour éloigner l'orage qui la menaçoit. Elle espéra probablement que, si les puissances germaniques rassurées s'engageoient dans une guerre contre la France, elle pourroit avec plus de facilité et de liberté, conquérir la Pologne ou la Turquie ; et sacrifiant, pour le moment, ses anciens ressentimens à la politique, elle cessa de décliner l'intervention des cabinets de Londres et de Berlin, leur fit part des conditions modérées auxquelles elle vouloit conclure la paix, répondit à leurs notes avec douceur et confiance, et donna de telles instructions à ses plénipotentiaires, que les négociations, jusque-là si lentes, n'éprouvèrent plus de difficultés, et que la paix fut conclue à l'instant où la Porte devoit le moins s'y attendre.

Le 4 août, cette paix fut signée à Yassy, et les Turcs, qui devoient craindre d'être chassés d'Europe, ne se virent condamnés qu'à la perte définitive d'Oczakow et du territoire situé entre le Bog et le Dniester. Ce sacrifice de la Porte fut si disproportionné à son effroi , que , loin de conserver du ressentiment contre les puissances qui l'avoient entraînée dans cette guerre désastreuse, elle ne songea qu'au service qu'elles venoient de lui rendre en la sauvant d'une ruine totale. Le roi de Prusse, particulièrement , fut regardé comme un sauveur par cette puissance, dont il avoit si imprudemment compromis les destinées.

Ce monarque perdit encore une fois les frais que lui avoient coûté ses préparatifs hostiles contre la Russie ; mais il regretta peu cette dépense : on lui avoit fait craindre , s'il attaquoit l'Impératrice', que l'Empereur n'annullât le traité de Reichenbach.

Le ministère anglais , au moment de déclarer la guerre à la Russie , s'étoit vu arrêté dans sa marche par une opposition plus forte qu'il ne l'avoit prévu. Voyant la majorité du parlement contre lui, il avoit cédé aux représentations du commerce ; et au lieu de faire partir les escadres promises, il avoit envoyé M. Fawkener à Pétersbourg pour négocier la paix. Frédéric-Guillaume , privé du secours de.cet allié , n'osa pas seul tenter la fortune ; et l'entens de ses courtisans l'aveuglant sur le tort que son inconstance politique pouvoit faire à sa considération, il se livra sans trouble aux 1791. plaisirs qu'il n'abandonnoit qu'à regret, et dont l'empire devenoit de jour en jour plus irrésistible pour lui. Il n'éprouvoit que des velléités de gloire militaire ; et dès qu'on lui présentoit le repos sous le nom de sagesse et d'humanité, on le ramenoit sans peine à l'oisiveté. Son amour pour la comtesse d'Enhof dominoit alors toutes ses autres affections sans les éteindre ; il l'épousa, sans répudier la reine, à laquelle il ne pouvoit faire aucun reproche, et sans quitter madame Rietz, sa maîtresse, qui conserva toujours trop de pouvoir sur ses sens et trop de part à sa confiance.

Les favoris avoient obtenu la disgrace du comte d'Hertzberg ; mais comme Frédéric-Guillaume, malgré ses défauts, étoit toujours guidé par d'assez droites intentions, il lui donna pour successeurs des ministres éclairés, le comte Schulenbourg et Alvensleben, qui méritoient leurs places par leurs talens ; et il est à croire que le règne de Frédéric-Guillaume auroit été plus glorieux s'il n'avoit écouté que leurs conseils, et si ces ministres n'avoient pas été forcés de soumettre souvent leurs plans au crédit de Bischofswerder, aux rêves décevans des émigrés français, à

1791. la politique de la cour de Vienne , et à la foiblesse du Roi pour ses courtisans.

La fermentation de la révolution française,
qui avoit si vivement alarmé les puissances
monarchiques , et si efficacement contribué
à éteindre leurs querelles , faisoit cependant
toujours de nouveaux progrès. Le pape, comp-
tant sur le zèle d'une partie des Français , rejetoit impolitiquement tout moyen de conciliation ; il avoit refusé de recevoir Ségur , que
le roi Louis XVI lui envoyoit comme ambassadeur ; il avoit déclaré schismatiques tous
ceux qui reconnoissoient les décrets de l'assemblée nationale ; et tel étoit l'aveuglement
de ses conseillers , qu'ils espéroient allumer
une guerre religieuse au sein d'une nation
qui achetoit sans scrupule tous les biens qu'on
venoit d'enlever au clergé. La France , pour
punir le pape , s'empara , malgré l'opposition éloquente et érudite de l'abbé Maury ,
du Comtat Venaissin , sur lequel les rois de
France s'étoient toujours politiquement réservé des droits. La résistance des habitans
du pays , et la férocité de leurs ennemis ,
ensanglantèrent et désolèrent cette malheureuse contrée. Le pape perdit définitivement
Avignon, et Maury gagna le chapeau de cardinal.

Peu de temps après la rupture entre le Saint-Siége et la France, on apprit en Allemagne l'évasion de Louis XVI et son arrestation. Toutes les cours alarmées ressentirent un effroi d'autant plus vif de cet événement, qu'elles voyoient le tiers-état de tous les pays disposés à recevoir les principes de liberté et d'égalité, et sourire à l'espérance de la chute universelle du système féodal. Leurs craintes n'étoient pas sans fondement; et s'il avoit été possible que les révolutionnaires français, en ouvrant à toutes les ambitions un champ sans limites, eussent réprimé les jacobins et l'horrible délire des anarchistes; s'ils avoient au moins empêché la guerre du pauvre contre le riche, il est probable que l'enthousiasme de la France se seroit rapidement propagé, et que les résultats utiles ou dangereux de la révolution se seroient universellement étendus.

Mais les malheurs de la France furent une barrière bien plus forte contre les idées nouvelles, que les armées toujours renaissantes et toujours battues, qu'on rassembla pour canonner des opinions et pour éteindre une ardeur que cette lutte fit dégénérer en fanatisme.

Léopold, alarmé de la position de Louis XVI, craignoit d'aggraver ses malheurs en voulant le

1791. sécourir. Cependant, pressé par la circonstance, il convint avec Elgin et Bischofswerder, que les rois d'Angleterre et de Prusse lui envoyèrent à Mantoue, de concerter les moyens de rendre au roi de France sa liberté, et de s'opposer aux progrès de la démocratie. Il écrivit à cet effet une lettre circulaire à toutes les puissances de l'Europe, pour les engager à s'unir à cette ligue, et à se rendre médiateurs entre le peuple français et son monarque. Voilà ce qui est le plus généralement connu de cette convention éventuelle; le temps en couvre encore de son voile les détails, et n'offre à l'histoire que des conjectures [1].

Léopold, après avoir installé l'archiduc François en Toscane, revint à Vienne. Enfin, le 4 août, il se rendit à Pilnitz, où il eut cette célèbre entrevue avec le roi de Prusse, qui donna tant

[1] Voyez *Pièces justificatives*, Extrait du Publiciste, sur le traité de Mantoue, d'après les Mémoires de Bertrand de Molleville.

Cette pièce qu'on a citée prouve bien le concert qui régnoit entre la cour de France et les puissances étrangères; mais on doit remarquer que le traité de Mantoue étoit éventuel, qu'il étoit antérieur à l'acceptation de la constitution, et que, depuis cette acceptation, Louis XVI écrivit à Léopold pour annuller l'effet de cette convention.

d'espérances aux uns et tant de craintes aux autres , dont le résultat fut aussi nul que l'appareil en avoit été imposant , et dont les mystères n'ont pas encore été éclaircis. L'electeur de Saxe y assista ; le comte d'Artois s'y trouva sans y avoir été invité. L'on n'y conclut point de traité formel , et le seul acte public que produisit cette conférence théâtrale , fut une note [1] assez vague dans ses expressions , par laquelle on faisoit espérer aux princes français émigrés l'appui des puissances germaniques , si les malheurs du roi de France se prolongeoient. Cette note qui, aux yeux des politiques, prouvoit plus d'incertitude que d'énergie , redoubla l'ardeur, le nombre des émigrés , ainsi que leur aveugle confiance, et aigrit les esprits des révolutionnaires français, qui n'étoient que trop disposés à la crainte et à la méfiance. L'enthousiasme de la nation française pour l'indépendance en devint plus vif, et la position de la cour de France plus critique.

Tandis que Léopold et Frédéric - Guillaume donnoient à l'aristocratie française de si frivoles consolations, Catherine II l'assuroit hautement de sa protection, et sembloit cependant prévoir sa destinée en lui faisant promettre par le comte

[1] Voyez *Pièces justificatives.*

1791. Roumanzow, en cas de revers, un asile dans ses états.

Gustave, plus bouillant, moins politique, et dont le caractère étoit chevaleresque, ne pouvant offrir beaucoup de troupes, et n'ayant point d'argent, promettoit de se mettre à la tête de la noblesse française, et de lui rendre une autorité dont il avoit récemment dépouillé celle de son propre royaume.

Toutes les cours de l'Europe étoient bien effectivement animées de la même haine contre le système révolutionnaire des Français ; mais la différence de leurs positions et de leurs intérêts empêchoit qu'elles ne fussent d'accord sur les moyens et le temps à prendre pour l'attaquer. Leurs rivalités subsistoient, leurs querelles assoupies plutôt qu'éteintes, pouvoient se réveiller, et la foiblesse du roi de France augmentoit leur incertitude.

Louis XVI, après avoir été forcé de quitter Versailles, avoit déclaré sa résolution d'exécuter les loix nouvelles ; il s'étoit dit libre, quoique gardé à vue dans son palais : une troupe factieuse, résistant aux ordres de la Fayette, s'étoit opposée avec violence au départ du monarque pour Saint-Cloud. Au mois d'avril, deux jours après, ce prince avoit fait écrire par le ministre

Montmorin [1] à tous ses ambassadeurs, que la 1791. révolution n'étoit que la réforme nécessaire des abus ; qu'il en adoptoit librement les principes, et qu'il ordonnoit à ses représentans dans toutes les cours, de manifester ses sentimens à cet égard.

Le 21 juin, le roi, s'échappant de son palais pour se rendre à Montmédy, avoit envoyé un mémoire fort détaillé, dans lequel il se plaignoit de sa captivité, des outrages faits à sa famille, des atteintes portées à son pouvoir, et de l'illégalité des décrets qu'il avoit été forcé de sanctionner. Il ne rejetoit pas en totalité les loix nouvelles ; mais il annonçoit le dessein de les modifier, et d'accepter librement celles qui lui paroissoient compatibles avec sa dignité et le bonheur de ses sujets.

Arrêté dans sa marche et ramené à Paris, il reçut les lettres de ses frères et de son cousin le prince de Condé [2], qui l'exhortoient à ne pas accepter la constitution, à soutenir la majesté du trône, et qui cherchoient très-inutilement à le rassurer sur ses dangers personnels qu'ils ne partageoient pas.

Le Roi, plus intimidé par sa position qu'en-

[1] *Voy.* la Lettre de M. de Montmorin, *Pièces justif.*
[2] *Voyez* les Lettres des princes, *Pièces justificatives.*

1791 couragé par les promesses d'une délivrance illusoire, ou d'une vengeance tardive, avoit depuis
excité momentanément l'enthousiasme national, en acceptant l'acte constitutionnel, avec
des formes qui ressembloient à un consentement libre, puisqu'il insistoit dans sa lettre
sur les défauts de cette constitution, dont il
espéroit la réforme légale et juroit l'exacte observation.

Toutes ces variations dans sa conduite et dans
son langage, jetoient du vague dans les résolutions de ceux qui s'intéressoient à son sort ; on
craignoit de nuire à ses plans et de compromettre sa sûreté en le servant avec trop de zèle.
Gustave par impétuosité, Catherine par politique, appuyoient l'avis des princes français qui
vouloient la guerre, et regardoient la victoire
comme facile et certaine. Léopold, plus pacifique, et moins ennemi des principes d'une vraie
liberté dont il croyoit encore l'établissement en
France compatible, comme en Angleterre, avec
la royauté, suspendit ses desseins hostiles, dès
que Louis XVI eut, d'après ses conseils secrets,
accepté la charte constitutionnelle.

L'Espagne partagea sa modération : l'Angleterre, pour qui les troubles de la France étoient
plus avantageux que redoutables, n'avoit point

été d'avis de la guerre; et le cabinet de Berlin, de 1791.
jour en jour plus influencé par celui de Vienne,
se résolut comme lui à suspendre le concert
d'opposition projeté, et à observer la marche
qu'alloit prendre, par la suite, la révolution
française.

L'Empereur et le roi de Prusse convinrent
seulement de soutenir la constitution germanique et les droits des princes de l'Empire possessionnés en Alsace, et de faire de leurs réclamations, ou l'objet d'une négociation, si le sort
de Louis XVI s'amélioroit, ou le prétexte de la
guerre, si l'on cherchoit à détruire les débris de
son pouvoir. La nouvelle constitution française
faisoit prévoir une lutte inévitable entre les
pouvoirs législatif et exécutif, et les puissances
germaniques vouloient attendre l'événement
pour se décider.

On croit généralement aussi que les affaires
de Pologne furent un des principaux objets qui
fixèrent à Pilnitz l'attention de Frédéric-Guillaume et de l'Empereur.

Les Polonais, effrayés du danger dont ils se
voyoient menacés par la paix que Catherine
venoit de conclure avec tous ses ennemis,
avoient redoublé d'efforts et d'activité pour
créer leur armée, achever leur constitution,

1791, et se mettre à l'abri de la vengeance de l'Impératrice. Jamais peut-être , dans aucune époque de son existence , cette nation infortunée ne développa plus de patriotisme , de sagesse et d'énergie qu'au moment qui précéda sa ruine. La diète , abjurant les préjugés sans détruire trop subitement les institutions antiques , et réformant les abus sans attaquer les propriétés , profitant des lumières de la philosophie sans manquer aux calculs de la politique , relevant le peuple opprimé sans sacrifier les classes supérieures , préparant graduellement à la liberté les hommes qu'un affranchissement trop rapide auroit portés à l'anarchie , proclama , le 3 mai 1791 , la constitution qu'elle venoit de décréter , et qui fut reçue par tous les citoyens avec d'autant plus d'enthousiasme qu'elle sembloit assurer et la gloire et le bonheur des générations futures , sans coûter de larmes ni de sang à la génération qui existoit.

Par cette charte constitutionnelle les dynasties étoient électives , et le trône héréditaire ; le roi, revêtu de la puissance nécessaire pour faire le bien , n'avoit aucun pouvoir pour faire le mal ; aucun acte émané de lui n'étoit valable sans la signature d'un de ses cinq mi-

mistres, qui étoient responsables. Les décrets 1791.
proposés par le Roi devoient, pour avoir force
de loi, être approuvés par la chambre des
nonces élus et par le sénat. Il est vrai que,
ne pouvant renverser tout-à-coup le préjugé
enraciné qui ne rendoit citoyen que le noble,
les nobles seuls devoient composer les deux
chambres législatives. Mais pour obvier à cet
inconvénient, d'après l'avis de Sulchowsky,
on accordoit à la bourgeoisie l'admission à tous
les emplois militaires et aux places d'administration civile, qui anoblissoient. Chaque diète
étoit de plus obligée d'anoblir trente bourgeois; et il étoit évident que, d'après ce plan,
en peu d'années tout propriétaire seroit citoyen, et que ce mot et celui de noble devien-
droient synonymes, ce qui effaceroit sans
secousse tout ce qu'il y avoit d'injuste dans ces
distinctions.

Par l'acte constitutionnel la religion catholique étoit respectée, mais la tolérance de tous
les cultes étoit établie. Le pouvoir judiciaire
étoit indépendant des autres; et quoique l'i-
gnorance des paysans et leur existence sans
propriété empêchassent de parler encore de
leur affranchissement subit, on s'y préparoit
par des essais prudens et par de sages loix

1791. sur une éducation publique , rédigées par des hommes plus moralistes que métaphysiciens.

Aussi, quoiqu'un très-petit nombre de nobles, entêtés de la prérogative qui leur donnoit à la fois , par des élections, l'espoir chimérique du trône et la certitude d'être opprimés par leurs voisins , protestassent contre cette nouvelle constitution , dont ils calomnioient les auteurs , et qu'ils les accusassent d'être démagogues et anarchistes , ils ne furent d'abord écoutés que par Catherine II, dont l'ambition ne vouloit pas que la Pologne devînt une puissance , et par ces aristocrates français passionnés , qui , confondant tout dans leur ressentiment, frémissoient au mot de liberté prononcé dans un pays libre. Ces aristocrates ne s'apercevoient pas que les Polonais, qu'ils regardoient comme des jacobins, ne faisoient au contraire, par cette révolution, que substituer une royauté héréditaire à une royauté élective , l'ordre à la licence , et une constitution monarchique à une anarchie féodale.

Leur aveuglement enfin fut tel que , malgré le discours éloquent et public du maréchal Potocki [1] au sujet de la vente des starosties , qui condamnoit si hardiment les atteintes

[1] *Voyez* ce Discours, *Pièces justificatives.*

portées en France aux droits de la propriété, 1791.
on vit les partisans de la royauté absolue se
livrer à des transports de joie, lorsque Catherine fit entrer ses troupes en Pologne pour y
rétablir, disoit-elle, l'ancienne constitution
républicaine.

Léopold, le Pape, et presque toutes les
têtes couronnées, félicitèrent Stanislas-Auguste sur l'achévement heureux d'une constitution si sage. Frédéric-Guillaume lui-même
écrivit à ce Prince ; il loua pompeusement
le choix que les Polonais avoient fait de
l'infante de Saxe pour lui succéder. Et cette
démarche lui fut hautement rappelée, lorsque,
peu de temps après, par une contradiction
honteuse, réfusant de secourir les Polonais
contre la Russie, il écrivit au roi de Pologne
une autre lettre, dans laquelle il prétendoit
n'avoir jamais approuvé la conduite de la
diète.

On voit, par l'adhésion des grandes puissances à la nouvelle constitution de Pologne,
quel avoit été leur système au mois de mai
1791 : au mois de juin leurs dispositions étoient
déjà changées. La fuite et l'emprisonnement
du roi de France, les déclamations des jacobins,
le fanatisme de leurs apôtres, l'ardeur non

 moins bouillante des émigrés, qui se rassem-
bloient et s'armoient à Worms et dans l'électorat de Trèves, la propension des universités
et des habitans des villes en Allemagne à favoriser l'abolition du régime féodal, avoient
rempli les cours de crainte, terminé leurs
querelles, et les décidoient à former une ligue
contre tous ceux, sans distinction, qui mani-
festoient des vœux pour la liberté. Cette révolution politique non-seulement affoiblit, mais
même éteignit tout intérêt pour les Polonais,
dont on avoit jusqu'alors excité le zèle. On
alloit, en attaquant la France, abandonner la
Pologne au ressentiment de l'Impératrice :
l'acceptation de la charte constitutionnelle par
Louis XVI, éloigna pour quelque temps encore cet orage; et comme le monarque français, remis en liberté, consentoit à rendre
l'expérience juge d'une constitution qu'il ac-
ceptoit, quoiqu'il n'y trouvât pas assez d'énergie dans les moyens d'administration pour
assurer la prospérité d'un vaste empire, Léopold écrivit une nouvelle lettre circulaire aux
puissances qu'il avoit invitées à se liguer, et
leur proposa de suspendre l'effet de cette
ligue. Il convint aussi probablement avec le
roi de Prusse et l'électeur de Saxe d'ajourner
leurs

leurs déterminations sur les affaires de la Po- 1791.
logne. Nous verrons dans le Chapitre suivant
l'influence de ces négociations, de ces mouvemens et de ces dispositions menaçantes sur
les troubles de la France, et comment, de
part et d'autre, la crainte et l'esprit de parti,
aveuglant tous les yeux, allumèrent la guerre
générale et contribuèrent à l'explosion d'une
seconde révolution plus formidable que celle
dont on vouloit arrêter le cours.

CHAPITRE IX.

Mésintelligence entre l'Assemblée Législative et le Roi. Influence de la Paix de l'Orient, du Traité de Pilnitz et de l'Armement des Émigrés, sur les troubles intérieurs. Embarras de la Cour. Espérances des Aristocrates. Méfiance des Patriotes. Décret contre les Prêtres et les Émigrés. Refus de sanction. Alliance entre l'Autriche et la Prusse. Négociateurs envoyés à Trèves, à Londres, à Berlin et à Vienne. Préparatifs hostiles. Division entre le parti Modéré et le parti Jacobin. Narbonne, qui conservoit la majorité au Corps Législatif, est imprudemment renvoyé. Lessart est en arrestation. Dumouriez lui succède. Le Roi déclare la guerre au Roi de Hongrie, François II. Gustave III est assassiné. Régence du Duc de Sudermanie. Le Roi de Prusse marche à la tête de cinquante mille hommes. Erreurs des Puissances étrangères et des Émigrés. Puissance des Jacobins et foiblesse de la Cour. Le Palais du Roi est forcé le 20 Juin. Il refuse les Demandes du Peuple, mais il prend le Bonnet rouge. On dissout sa Garde. Brissac à Orléans. La Fayette prend la défense du Roi. Intrigues pour faire échouer les opérations militaires. Changement de Ministres. Déchéance du Roi et Accusation de la Fayette rejetée. Manifeste de Brunswick. Conjuration contre la Cour. Révolution du 10 Août. La Fayette est obligé de s'expatrier. Son arrestation. Convoca-

tion d'une Convention Nationale. Invasion des Étrangers. Armement universel des Français. Faute du Roi de Prusse. Prise de Longwy et de Verdun. Massacre de Septembre. Puissance de la Commune de Paris. La République est décrétée. Négociations. Retraite imprévue de Frédéric - Guillaume. Succès de Custines. Tyrannie en France. Terreur en Europe.

Les députés constituans, s'étant déclarés iné- **1791.** ligibles, espéroient en vain jouir paisiblement de la reconnoissance du peuple, pour les sacrifices qu'ils lui avoient faits, et pour les droits qu'ils lui avoient rendus ; ils se trompoient encore plus en croyant que leurs successeurs, n'ayant plus rien à conquérir pour une sage liberté, ne s'occuperoient qu'à en assurer la jouissance, et ne feroient consister leur gloire qu'à travailler, de concert avec le pouvoir exécutif, à perfectionner le code civil, à encourager le commerce, et à faire fleurir l'agriculture.

L'assemblée législative, composée en grande partie d'hommes qui s'étoient fait remarquer plutôt par leur ardeur que par leur prudence, contenoit moins de propriétaires que la première assemblée ; il n'y existoit point de zélés partisans du gouvernement qui pussent opposer

1791. l'esprit de parti aristocratique à l'esprit de parti démocratique; et dès les premières délibérations, il fut facile de prévoir combien la session seroit orageuse.

Cependant une forte majorité d'hommes éclairés s'y montroit disposée à maintenir la balance des pouvoirs constitués, contre une minorité turbulente qui vouloit en détruire l'équilibre. Mais cette majorité n'avoit pour elle que le froid langage de la raison, tandis que ses adversaires avoient pour eux l'éloquence des passions, l'apparence d'un patriotisme plus prononcé, et la disposition du peuple à regarder le fanatisme comme zèle et la modération comme perfidie. Cette lutte étoit d'autant plus inégale, que le côté droit lui-même, en défendant le gouvernement, n'étoit pas exempt de méfiance, et craignoit les arrière-pensées d'une cour qui ne pouvoit pas avoir perdu tant de puissance sans regret, et se rappeler tant d'outrages sans ressentiment.

Les bulles foudroyantes du Pape, dédaignées par les incrédules, mais respectées par les dévots; les protestations des prêtres et de leurs disciples, la conclusion subite de la paix entre les puissances germaniques et les princes du

Nord, l'appui donné aux émigrés, leur armement, leurs espérances follement répandues,
leurs menaces impolitiquement publiées, les
conférences de Padoue et l'entrevue de Pilnitz,
répandoient l'alarme dans l'esprit de tous ceux
qui s'étoient prononcés pour la révolution, et
justifioient aux yeux du peuple toutes les fureurs du parti des jacobins.

Ceux qui vouloient l'armer contre ces périls
menaçans lui paroissoient des amis fidèles ; ceux
qui lui conseilloient d'éloigner ces dangers par
une conduite plus sage, n'étoient à ses yeux que
des traîtres qui vouloient l'aveugler sur sa position. Les harangues violentes à la tribune,
les pamphlets injurieux pour les rois sur toutes
les presses, les discours incendiaires dans tous
les groupes se multiplioient de jour en jour, et
par-là on redoubloit l'animadversion des puissances étrangères, que la crainte de la propagation des principes révolutionnaires avoit seule
armées.

Un effroi réciproque alimentoit les haines,
et la peur, qui avoit présidé à toutes les fautes
politiques de la cour de France et de l'assemblée
constituante, étendit bientôt son funeste règne
sur l'Europe entière ; de sorte que, par les plus
fausses mesures, des deux côtés les patriotes

1791. armèrent contr'eux tous les monarques dont ils devoient désirer la neutralité ; et les rois, pour punir de vaines déclamations et éviter des périls chimériques, se précipitèrent dans un danger réel, réunirent contr'eux les partis qui s'étoient divisés, hâtèrent la chute du trône qu'ils vouloient soutenir, changèrent en fanatisme l'ardeur des opinions, qui auroit pu s'affoiblir, complétèrent la ruine d'une noblesse dont ils avoient égaré le courage, provoqué l'émigration et trompé l'espérance, et furent enfin au moment de voir leurs états universellement embrasés par le volcan dont ils avoient alimenté les feux et accéléré l'explosion.

L'assemblée législative voulut donner à son président, dans son sein, la préséance sur le roi, et fut forcée, par la clameur publique, à révoquer ce décret. La garde nationale étoit irritée contre les hommes à piques, qui avoient promené en triomphe dans Paris les Suisses du régiment de Château-Vieux, justement condamnés, l'année précédente, pour la révolte de Nancy. Les chefs des trois régimens de ligne qui étoient à Paris, avoient la ferme intention de soutenir la constitution que la faction jacobine attaquoit. Tous les patriotes honnêtes et éclairés, tous les hommes modérés, qui formèrent en tout temps l'immense majorité des Français, étoient indignés qu'une minorité inquiète et turbulente voulût éterniser les malheurs publics, en protégeant par-tout les libelles, les désordres, les délations, l'indiscipline des troupes et les séditions de la populace ; ils voyoient clairement qu'en prolongeant la tourmente révolutionnaire, on détruisoit la liberté au lieu de l'affermir, et que l'on couroit le risque même de rendre universellement odieux des principes qui ne seroient jugés que par leurs funestes conséquences.

Dans cette disposition des esprits, on peut croire que si les étrangers avoient cessé de vouloir s'immiscer dans les affaires de la France, et si les nobles, sacrifiant leurs illusions à la réalité, avoient voulu faire cause commune avec ce qu'on nommoit la bourgeoisie, on auroit aisément comprimé les factions, et prévenu la seconde révolution qui se préparoit. Il falloit voir que la question étoit changée, que l'objet des nouveaux révolutionnaires n'étoit pas de combattre le pouvoir arbitraire qui n'existoit plus, et des priviléges abolis, mais d'établir une guerre entre le riche et le pauvre, et de parvenir par cette lutte, sur les débris du trône, à une démocratie absolue, qui, sous le faux nom de

1791. liberté, ouvriroit à ses fondateurs l'arène de la licence, la source des richesses, et le chemin de la tyrannie.

Tous les hommes de la minorité n'étoient pas animés par de si perverses intentions ; dans tous les partis il existe des hommes de bonne foi, et plusieurs députés de la Gironde, remarquables par leurs talens et leur philosophie, n'étoient égarés que par la crainte des puissances étrangères et des intrigues de la cour, de la noblesse et du clergé.

Ceux-ci, plus zélés que politiques, croyoient qu'il n'existeroit pas de liberté tant qu'on laisseroit quelque moyen de résurrection et de vengeance au trône et aux ordres privilégiés ; ils pensoient que tous les moyens étoient bons pour soutenir une cause qui leur sembloit si juste ; et il leur arriva ce qui arrive toujours lorsqu'on emploie des armes si dangereuses : la faction qu'ils secondoient les immola dès qu'elle fut victorieuse, et qu'ils voulurent en arrêter les fureurs.

De toutes parts, à cette époque, les passions opposées aveugloient les partis. Les émigrés et les étrangers haïssoient également, sans distinction, tout ce qui ne partageoit pas leurs ressentimens, leurs vues et leurs espérances, et les patriotes enthousiastes confondoient dans leur

méfiance et leur haine les politiques sages, les 1791.
philosophes éclairés, les amis de l'ordre et de
la propriété avec les partisans de la contre-
révolution.

Le club des jacobins alimentoit le feu de la
discorde; une grande partie des sections étoit
fanatisée par leurs discours, et aigrie par les
soupçons qu'il leur inspiroit; et la commune de
Paris, présidée par Pétion, partageoit cette animosité, que son devoir étoit d'éteindre.

La noblesse, aveuglée par son intérêt, croyoit
que la continuation de ces désordres dégoûteroit
le peuple d'une liberté si orageuse; le clergé,
alarmant les consciences, se flattoit que ses partisans lui rendroient son pouvoir et sa fortune;
les émigrés, ne doutant pas de l'appui désinté-
ressé de tous les rois, n'imaginoient pas que des
paysans, aidés par des marchands, des subalternes et des légistes, pussent leur opposer la
moindre résistance, si la guerre qu'ils désiroient
pouvoit éclater; et la cour, incertaine, mécon-
tente de tous les partis, environnée de dangers
de tout genre, et flottant entre les conseils de
toutes les factions, se livroit alternativement à
la crainte et à l'espérance, et perdoit le fruit de
sa résistance par sa foiblesse, et de ses sacrifices
par sa versatilité.

Dans cet état d'exaltation de toutes les passions, et d'aveuglement de tous les esprits, la raison devoit par-tout être réduite au silence; aussi ne fut-elle nulle part consultée. Jamais l'histoire d'aucun temps ne présenta une plus étonnante succession de fautes., de folies et de contradictions, et chaque parti sembla, dans son délire, déterminé à prendre les moyens les plus propres à l'écarter du but qu'il se proposoit. L'assemblée législative, loin de représenter la volonté nationale, et d'entretenir l'enthousiasme par la pureté des principes et la sagesse des loix, se flétrit en protégeant les assassins et les brigands d'Avignon, et en les dérobant à la vengeance salutaire des tribunaux. Dans le même temps où une partialité aveugle lui faisoit excuser les crimes commis au nom de la révolution, elle se décida, pour prévenir la contre-révolution qu'elle redoutoit, à adopter le système absurde et cruel des punitions en masse, et des proscriptions de classes, et donna ainsi, par cette funeste erreur, le signal des atrocités qu'elle n'auroit pas commises, mais qui furent la conséquence inévitable de cette première déviation des règles de l'équité.

Au lieu d'ordonner que les prêtres qui troubleroient l'ordre public, et que les Français

qui seroient pris les armes à la main contre 1791.
leur pays, fussent individuellement punis, elle
lança un décret contre tous les prêtres qui n'a-
voient pas adopté la constitution civile du
clergé, et qu'on nomma *réfractaires*, quoique
la loi leur eût laissé la liberté de prêter ou de
refuser ce serment.

Elle promulgua, au mépris du texte de la
constitution, un autre décret contre tous les
émigrés, sans distinguer l'âge, le sexe, ni les
motifs de leur absence. Le roi fit alors l'essai
de sa prérogative constitutionnelle, et refusa
de sanctionner ces décrets. Les hommes passionnés des partis extrêmes furent également
mécontens de cette résistance du monarque;
les démagogues, parce qu'ils la regardoient
comme l'effet d'une intention contre-révolutionnaire, et les aristocrates, parce qu'ils vouloient que le Roi ne fît aucun acte qui pût faire
croire à sa liberté.

Cependant le désordre et l'effervescence alloient toujours en croissant. Les émigrés s'armoient à Coblentz; leurs amis en France ne
déguisoient point leurs espérances; les puissances étrangères intriguoient et prenoient des
mesures alarmantes; la cour craignoit pour
elle les conséquences du zèle imprudent et exa-

 géré que les Français, à l'abri du danger, déployoient au dehors pour la cause royale ; et en même temps, par une inconséquence qu'expliquent les passions, elle traitoit avec distinction les hommes de ce parti, et donnoit par-là créance aux accusations des jacobins. .

Sa foiblesse augmentoit en proportion de ses périls ; et tous ceux qui auroient voulu constitutionnellement la secourir, savoient qu'on ne pouvoit lui faire adopter aucune de ces mesures vigoureuses, qui seules peuvent sauver les états dans les crises politiques.

Montmorin quitta le ministère, Ségur et Barthelemy le refusèrent ; Lessart, qui l'accepta, éprouva promptement que ce poste n'avoit d'issue que la fuite ou l'échafaud.

En vain une grande partie des hommes qui s'étoient montrés les plus populaires dans l'assemblée constituante, se réunirent pour soutenir le monarque et la constitution ; l'un et l'autre manquoit de force, et le courant révolutionnaire, dont le lit avoit été mal nivelé, étoit devenu si rapide, qu'il entraînoit sans peine toutes les foibles digues qu'on vouloit si tardivement lui opposer.

Louis XVI, pour prouver que son refus de sanctionner les décrets du corps législatif, n'a-

voit été dicté que par des intentions droites et 1788.
pacifiques, écrivit aux princes français pour
les inviter à quitter les armes, et à revenir près
de lui. Cette démarche, qui ne parut ni sincère
aux démocrates, ni libre aux princes, fût inutile : l'armement des émigrés ne cessa point ;
l'Empereur continua à insister avec chaleur
sur le redressement des griefs des princes
de l'Empire possessionnés en Alsace ; l'assemblée législative, effrayée de l'approche
d'un orage que grossissoient ses alarmes, se
prépara à la guerre qu'elle craignoit, et que
son ardeur alloit rendre inévitable ; et elle voulut que le Roi exigeât le désarmement des émigrés, et l'obtînt par les armes.

Narbonne venoit alors d'accepter le ministère
de la guerre. Il avoit beaucoup d'activité, d'esprit, d'adresse, de grâce et de courage ; ses opinions et ses sentimens l'attachoient au trône, sa
place l'assuroit du côté droit de l'assemblée ; ses
liaisons lui donnoient des partisans dans le parti
populaire. Negociant avec finesse, soutenant les
menaces des démagogues avec fermeté, répon-
dant aux interpellations imprévues avec la facilité que donne le sang froid, et pourvu de l'audace nécessaire pour prendre un parti décisif
dans un moment de crise, il étoit, malgré l'ai-

1791. mable légéreté qu'on lui reprochoit, et peut-
être par cette légéreté même, bien plus propre
que tout autre à se maintenir dans une circonstance si difficile. Mais la cour manqua de confiance en lui; de son côté, il commit la faute
de ne pas rester uni avec les autres ministres,
Duport-Dutertre, Bertrand [1] et Lessart; et

[1] Cet ex-ministre a publié des Mémoires sur la Révolution.

Tout lecteur honnête et impartial lui reprochera
sévèrement d'avoir adopté l'absurde et calomnieuse
accusation dirigée contre la Fayette, l'estimable la
Rochefoucauld et Duport, en disant qu'ils avoient, de
concert, médité l'assassinat de Foulon et de Berthier.
Par une singulière contradiction, dans un autre endroit
il affirme que la Fayette fit tout ce qui dépendoit de lui
pour sauver les jours de Berthier.

Tous ceux qui regrettent M. de Montmorin, et
qui rendent un juste hommage à la mémoire de ce
ministre honnête et éclairé, trouveront que M. Bertrand, en avouant qu'il étoit son ami, en parle plus
mal que ses ennemis.

Les défenseurs de Louis XVI verront avec surprise
un des ministres de ce monarque, divulguer sans nécessité des secrets dont ses oppresseurs seuls pouvoient
désirer la publicité. On ne lira pas sans étonnement
les discours *composés* par *M. Bertrand* pour montrer
ce qu'auroit dû dire M. Necker s'il eût été (comme il
le dit naïvement) *un grand homme;* enfin, dans ces

trouvant la froide vertu du premier trop stérile,
le caractère du second trop roide, et les moyens
politiques du dernier trop médiocres, il affoiblit le gouvernement en le désunissant : il perdit son crédit auprès du Roi, tandis qu'il avoit
l'adresse utile de conserver son influence sur la
majorité des députés, et il ne jeta sur le pouvoir constitutionnel du monarque qu'un éclat
brillant et court.

Ce ministre, pour se conformer au vœu
du corps législatif et calmer ses craintes, se
disposa à rassembler des armées ; il en fit
donner le commandement à Luckner, connu
par des succès dans la guerre de sept ans ; à
Rochambeau, dont l'expérience militaire étoit
respectée, et que la prise d'Yorck en Amérique avoit rendu célèbre ; et à la Fayette,
qui sembloit destiné à combattre pour la cause
populaire aux deux extrémités du monde.

Narbonne parcourut ensuite avec rapidité
toutes les frontières, fit la revue de toutes
les troupes ; et voulant en imposer aux puissances étrangères et rassurer la nation française, il présenta la force et les moyens des
armées sous un aspect si formidable, que

Mémoires qui contiennent beaucoup de faits importans et d'anecdotes curieuses, on remarquera certainement plus de passion que de vérité.

1791. les démocrates , qui craignoient le plus la guerre , commencèrent à la souhaiter, et que les puissances germaniques , craignant d'être prévenues , s'occupèrent plus sérieusement à établir entr'elles un concert intime contre l'indépendance des Français.

Le maintien de la paix en Europe devenoit ainsi de jour en jour moins probable. L'Empereur venoit de déclarer que, si les Français entroient dans l'électorat de Trèves pour y désarmer les émigrés, il regarderoit cette hostilité contre un membre de l'Empire comme une déclaration de guerre. Le roi de Prusse, qui avoit récemment conclu avec la cour de Vienne un traité d'alliance qu'on ignoroit encore à Paris, manifesta la même intention.

Les orateurs du corps législatif, furieux , ne montoient à la tribune que pour y prononcer des philippiques contre tous les rois. Au milieu de cette crise politique, le conseil de Louis XVI le détermina à tenter un dernier effort pour éloigner une guerre si funeste; et ce prince envoya Sainte-Croix à Trèves, Ségur à Berlin, et Marbois à Vienne, pour engager toutes ces puissances à ne point s'immiscer dans les affaires intérieures de la France, pour leur proposer d'indemniser en argent ou

en

en terres les princes germaniques possession- 1791.
nés en Alsace, et pour obtenir qu'on fît cesser
l'armement des émigrés, dont le rassemblement protégé rendroit la guerre inévitable, et en-
traîneroit des malheurs impossibles à calculer.

Tous ces envoyés connoissoient les difficul- 1792.
tés, et pressentoient le peu de succès d'une
négociation si tardive ; mais ils rencontrè-
rent encore plus d'obstacles et trouvèrent des
passions plus exaspérées qu'il ne leur avoit
été possible de le prévoir. Il n'étoit point sur-
prenant que, dans un pays bouleversé par
les orages révolutionnaires, le peuple fanatisé,
et des démagogues environnés d'écueils, fussent troublés par des fantômes, et laissassent
guider leur marche fougueuse par la peur, la
haine et la crédulité. Mais il étoit difficile de
s'attendre à voir des gouvernemens anciens,
paisibles et puissans, aveuglés par les mêmes
passions, effrayés par les mêmes chimères,
et croyant aux mêmes fables que le peuple
ignorant des faubourgs de Paris. Il est cependant trop vrai que le mot *révolution* troubloit leur imagination, comme celui de *contre-
révolution* égaroit celle des Parisiens.

La chute rapide du pouvoir royal, nobi-
liaire et sacerdotal en France, avoit frappé

1792. de terreur les monarques de l'Europe et leurs
favoris. Ils oublioient la différence qui existoit entre la discipline de leurs armées et l'insubordination de l'armée française, entre leur
position et celle de Louis XVI, entre leurs
caractères et le sien, entre la population de
leurs capitales et celle de Paris, entre leur
économie presque parcimonieuse et la funeste
prodigalité de la cour de France ; enfin,
entre la froideur et la soumission de leurs
peuples et la turbulente activité des Français.

Les hommes ardens qui vouloient porter
les rois à prendre les armes, profitèrent de
leur effroi. La peur est une passion qu'on
peut flatter comme les autres ; on la dirige à
son gré, en épaississant les nuages qui l'a-
veuglent et en variant les rêves qui l'égarent.
Aussi les ministres chargés de demander la
paix, furent par-tout représentés comme des
missionnaires choisis pour propager le fléau
des révolutions : par-tout ils se virent pré-
cédés par la méfiance, entravés par la haine
et poursuivis par la calomnie.

On ne regardoit alors comme attachés à
l'ordre social et à l'honneur, que les Français qui avoient abandonné leur pays, et qui

espéroient d'y rétablir l'ancien régime par la force des armes étrangères. Tous ceux qui trouvoient ce projet humiliant pour la France, dangereux pour le Roi, et propre à exaspérer une nation fière et belliqueuse, étoient confondus dans l'opinion avec les jacobins, dont ils cherchoient à prévenir les excès ; et parce qu'ils ne voyoient d'autres moyens, pour sauver leur patrie et le Roi, que d'éviter la guerre et de laisser au temps la réforme des défauts évidens de la constitution, on les accusoit d'ingratitude, et on les recevoit en ennemis perfides de ce trône dont ils vouloient écarter les périls et sauver les débris.

S'ils cherchoient à ramener à des idées pacifiques les hommes opposés à leurs opinions, on prétendoit qu'ils prêchoient la révolution ; s'ils gardoient un silence prudent, on les soupçonnoit de conspirer. Telles étoient les dispositions générales de tous les gouvernemens, avec la seule différence du plus ou moins de passions et de lumières des hommes qui les dirigeoient.

L'envoyé français à Coblentz obtint de l'électeur de Trèves des promesses vagues, dictées par la crainte, et il fut traité en ennemi par les royalistes qui, loin de voir dans la guerre leur

1792. propre destruction, y plaçoient alors toutes leurs espérances.

Le ministère britannique, quoiqu'aigri par la correspondance fanatique et impolitique des clubs anglais et français, étoit et devoit être rassuré par l'esprit public de la nation anglaise, et par l'attachement de tous les propriétaires à la constitution. On croit qu'il affecta plus d'alarmes qu'il n'en éprouvoit réellement, afin d'avoir un prétexte d'augmenter son pouvoir; mais comme il étoit plus familiarisé avec les orages de la liberté, et savoit mieux qu'un autre que ce n'est point en la combattant qu'on la détruit, il modera le ressentiment du roi George III, et l'engagea à ne prendre, pour le moment, aucune part à la guerre qui paroissoit près d'éclater.

Léopold, aigri comme les autres princes, mais plus à portée de connoître la véritable situation du roi de France, son beau-frère, et moins éloigné par ses opinions personnelles de tolérer les principes d'une constitution mixte, n'étoit encore décidé ni à commencer la guerre, ni à cesser de s'immiscer dans les affaires de la France. Il ajournoit sa détermination, vouloit régler sa marche sur les événemens, donnoit des réponses pacifiques mais vagues, insistoit avec un ton menaçant sur la satisfaction due 1792. aux princes de l'Empire, faisoit, pour se dé- fendre, des préparatifs qui pouvoient servir à attaquer, se plaignoit en même temps avec amertume de l'armement des Français, et don- noit cependant à l'électeur de Trèves le conseil sage d'accueillir comme lui les émigrés, sans leur permettre de s'armer.

Son projet sembloit être d'ouvrir un congrès pour y traiter les intérêts du pape et des princes allemands, de soutenir cette mesure par un ar- mement général et formidable, et d'essayer, sans risquer une guerre périlleuse, d'intimider la France par l'appareil d'une ligue menaçante, pour la décider à laisser discuter dans le con- grès les modifications que l'intérêt des rois de- mandoit à la constitution française.

Cet espoir chimérique fut bientôt détruit, comme on auroit dû le prévoir, par un décret violent de l'assemblée législative : ce décret dé- claroit traître à la patrie tout Français qui con- sentiroit à soumettre l'indépendance française à la décision d'un congrès.

On ignore quels auroient été les effets de ce dé- cret sur la politique de Léopold. Ce monarque mourut : les médecins attribuèrent sa mort aux voluptés, et l'esprit de parti en accusa les ja- cobins.

1792. Frédéric-Guillaume, plus franc et plus aveuglé, plus irrité par les malheurs de Louis XVI,
plus alarmé par les déclamations jacobines contre les trônes, plus enflammé par les émigrés,
et plus séduit que Léopold par l'espoir d'une
conquête rapide, regardoit la guerre comme
nécessaire. Il reçut avec plus de méfiance le
négociateur français qui lui en exposoit les suites
et les dangers, et contre lequel il étoit fortement prévenu.

Bischofswerder et les favoris du Roi, qui
avoient cru de leur intérêt de le détourner
d'une guerre longue et périlleuse contre l'Autriche, parce qu'ils avoient craint de voir le
crédit des généraux remplacer le leur, regardoient, sur la foi des émigrés, l'invasion de la
France comme prompte et facile; elle ne leur
paroissoit qu'une promenade militaire, et ils
donnoient au Roi, sur cet objet, tous les conseils qui pouvoient entretenir et flatter ses
passions.

« On avoit soumis le Brabant en quinze jours;
» la contre - révolution de Hollande n'avoit
» coûté que trois semaines; celle dè France
» devoit être au plus l'ouvrage de deux mois »;
et ceux qui prévoyoient à cette expédition plus
d'obstacles et un autre dénouement, n'étoient

à leurs yeux que des partisans secrets du jaco-
binisme.

Les ministres de Frédéric-Guillaume étoient probablement trop éclairés pour se faire de pareilles illusions ; mais ils auroient été suspects s'ils avoient eu l'imprudence de se montrer trop prévoyans, et ils ne pouvoient lutter à la fois contre la passion du monarque, le crédit des favoris, et les espérances séduisantes donnees par les émigrés, sur-tout lorsque les fureurs des démagogues, les harangues injurieuses des orateurs, et les menaces des jacobins, augmentoient chaque jour l'exaspération du roi de Prusse, et déjouoient le langage pacifique de ceux qui vouloient éviter les malheurs d'un embrasement général.

Cependant le prince Henri, avec plus de sagesse que de crédit, manifestoit la crainte de voir commencer une guerre qui devoit, selon son opinion, aigrir le mal au lieu de le guérir. On prétend même que le duc de Brunswick, qui depuis fut séduit par la gloire de commander les armées de la ligue, opinoit encore pour le maintien de la paix.

Boufflers eut le courage rare, au milieu de passions si violentes, de braver leur fougue, de dire la vérité au Roi, et de lui dévoiler l'ave-

1792. nir. Il lui prédit « qu'il exaspéreroit le peuple
» qu'il vouloit calmer, qu'il compromettroit la
» vie du monarque qu'il espéroit de sauver, et
» qu'il ne pourroit forcer la nation française à
» recevoir des loix dictées par l'étranger ».

Il est probable que ce langage, la connoissance des vues du cabinet britannique, les représentations adroites de quelques ministres,
les efforts de l'envoyé de France, et les conseils temporiseurs de Léopold, ébranlèrent la
résolution de Frédéric-Guillaume, et ralenti-
rent son ardeur sans l'éteindre; car il consentit
à écrire à l'électeur de Trèves pour lui conseiller de ne plus permettre l'armement des
émigrés dans ses états. Ses ministres se montrèrent disposés à suivre une négociation pour
indemniser en terres les princes allemands possessionnés en Alsace ; et il déclara en même
temps qu'il ne combattroit la France, que si
elle attaquoit l'Empereur ou quelque prince
de l'Empire.

Cette détermination pacifique pouvoit n'être
pas bien sincère ; mais aucune démarche osten-
sible ne la démentoit, et le négociateur français, en quittant la cour de Berlin, auroit pu
croire sa mission pénible terminée avec succès,
si la découverte des intrigues imprudentes qui

déjouoient les pacificateurs, et si la connoissance 1792.
douloureuse, récente et complète des passions
fougueuses et inconciliables des différens partis
au dedans et au dehors de la France, ne l'a-
voient pas convaincu que l'orage n'étoit que
suspendu, qu'un esprit de vertige général alloit
bientôt le faire éclater, et que l'Europe entière deviendroit inévitablement un théâtre de
proscriptions et une arène sanglante où lut-
teroient long-temps, sur des millions de victimes, l'ambition des rois, la frénésie des peuples, le délire de l'orgueil et les fureurs de
l'anarchie.

Le succès passager des négociations entamées
pour prolonger la paix, ne calma point la fermentation des esprits en France ; les jacobins
redoubloient d'audace lorsqu'ils croyoient inspirer quelques craintes, comme ils redoubloient
de fureur lorsqu'ils étoient frappés d'effroi. Le
corps législatif, dont la majorité tremblante se
laissoit souvent entraîner par une minorité hardie, avoit fait un décret qui prononçoit la déchéance des princes français absens de leur
pays, et venoit d'en promulguer un autre pour
rappeler en France tous les émigrés, sous peine,
en cas de désobéissance, de voir leurs biens sé-
questrés.

S'ils s'étoient soumis à cet ordre, les anarchistes auroient rencontré plus d'obstacles dans
leurs funestes projets ; ils auroient eu moins de
prétextes pour égarer le peuple, pour changer
de mains les propriétés, et pour accuser de complicité avec l'étranger toutes les victimes innocentes qu'une tyrannie sanglante dévoua depuis
à la proscription.

Mais en même temps que la loi rappeloit les
Français expatriés, les factions multiplioient
par-tout les désordres et les dangers qui forçoient les propriétaires à fuir leurs foyers ; et
d'un autre côté, les puissances étrangères, par
une fausse politique et des promesses séduisantes, enflammoient l'enthousiasme des royalistes
aveuglés, et leur faisoient envisager, comme
un point d'honneur, d'accourir sous leurs drapeaux pour reconquérir les droits de la royauté
et les priviléges de la noblesse.

Les Français, qui ne croyoient pas que le
moyen de défendre le Roi fût de l'abandonner,
et qui ne pensoient pas qu'on pût servir son pays
en se mêlant aux bataillons de ses ennemis naturels, furent placés, depuis cet instant, dans
la position la plus critique : accusés au dehors
de manquer à l'honneur, soupçonnés au dedans
de s'entendre avec le parti qu'ils avoient refusé

de suivre, leur courageuse sagesse fut constamment la victime des fureurs de la démagogie et
de l'aveugle haine des préjugés. Le temps a trop
complètement justifié leur prévoyance ; et les
leçons cruelles qu'il a données, doivent prouver
éternellement aux hommes de tous les pays, à
combien de malheurs on expose sa patrie lorsqu'on l'abandonne, et à quelles erreurs on se
livre lorsqu'on se fie aux promesses trompeuses
et à la protection intéressée de l'étranger.

Malgré l'agitation violente des partis, les clameurs des jacobins, l'effervescence des sections,
les imprudences des émigrés, les intrigues des
mécontens, et les préparatifs militaires des puissances germaniques, Louis XVI, soutenu par
un ministère sage, une garde fidelle, et la majorité du corps législatif, sembloit pouvoir encore tenir quelque temps, au milieu de ces
écueils, le gouvernail fragile que la constitution
avoit remis dans ses foibles mains, lorsqu'effrayé tout-à-coup par de nouveaux périls qu'un
peu d'audace auroit dissipés, il changea subitement de ministère, et donna, par ce moyen, à
la minorité une force qu'elle n'auroit peut-être
pas pu conquérir.

Le Roi, mécontent de la conduite de Narbonne avec ses collègues, le renvoya ; Brissot,

1792. profitant du mécontentement que cette démarche inspiroit au côté droit de l'assemblée, fit décréter d'accusation Lessart, ministre des affaires étrangères : l'utile modération de son langage dans ses négociations avec la cour de Vienne, fut le crime qu'on lui reprocha. Le monarque, effrayé de cet événement, et craignant de voir dénoncer la reine, comme on l'en avoit secrètement averti, crut éviter l'orage en y cédant, et remplaça tous ses ministres par des hommes que leur ardeur ou leur politique avoient rendus très-influens dans le club des jacobins [1].

Dumouriez fut à la tête de ce nouveau ministère : connu depuis long-temps par son activité en intrigues, par ses aventures en Pologne, par la fermeté avec laquelle il avoit résisté à la toute-puissance du ministre duc d'Aiguillon, ambitieux, habile, entreprenant et téméraire, il avoit tour-à-tour favorisé et comprimé les factieux dans quelques provinces. Envoyant des mémoires et des conseils au Roi ; se couvrant sans scrupule du bonnet rouge à la tribune des

[1] De Grave fut le seul ministre constitutionnel qui resta par attachement auprès du roi ; et parmi les nouveaux ministres, Duranthon et Lacoste doivent être distingués, par leurs principes modérés, de leurs collègues dévoués à l'opposition.

jacobins ; marchant, par tous les chemins qu'il rencontroit, au pouvoir et à la célébrité, il étoit également disposé à relever le trône s'il en avoit la force, ou à profiter de sa chute s'il ne pouvoit l'empêcher.

La cour pouvoit tirer un grand parti de ses talens, de son audace et de sa popularité ; mais elle ne savoit ni résister, ni dissimuler, et elle aigrit, par sa méfiance, les ministres qu'elle avoit pris par foiblesse.

Dès que Dumouriez vit qu'il n'y avoit plus d'espérance de ce côté, il paroît qu'il ne s'occupa plus que du désir de s'illustrer à la tête des armées ; et cessant de garder, dans les négociations, la mesure et les ménagemens qui pouvoient conserver la paix, il prit le ton impérieux qui devoit nécessairement amener la guerre.

Il est vrai qu'il crut, en la faisant éclater, n'avoir à combattre que le roi de Hongrie et de Bohême. Jugeant la politique du roi de Prusse d'après les intérêts de ce Prince, et non d'après son caractère, il ne put jamais se persuader que le cabinet de Berlin fût sincère dans ses liaisons avec l'Autriche ; et son aveuglement sur ce point fut tel, qu'il chargea le jeune Custines de faire au ministère prussien des propositions d'al-

1792. liance, dont le refus ne put encore dissiper son erreur.

Le sage Léopold n'existoit plus. François II, qui lui avoit succédé, étoit plus ardent et plus disposé à suivre les conseils des partisans de la guerre ; il fit répondre avec aigreur aux dépêches menaçantes du ministre français, et Louis XVI, pressé par son conseil, fut bientôt obligé de se précipiter dans l'abîme qui devoit se refermer sur lui pour toujours.

Sa position devenoit en effet de plus en plus critique : en combattant, il lui étoit aisé de prévoir qu'au moindre revers il seroit accusé d'avoir appelé les ennemis de l'état dans le sein de la France ; d'un autre côté, s'il refusoit de céder à l'ardeur de ses ministres, on lui reprocheroit de s'entendre avec les étrangers et d'avilir la dignité nationale. Dans cette perplexité, il fit ce qu'il faisoit toujours ; il céda à l'orage le plus prochain, et vint, au milieu des acclamations de l'assemblée nationale, déclarer la guerre au roi de Hongrie et de Bohême.

Cette déclaration de guerre soudaine produisit en Europe une surprise générale, et la satisfaction qu'elle donna aux ennemis de la révolution française, ne fut mêlée, dans les premiers momens, d'aucune crainte grave : à cette épo-

que, on n'étoit effrayé que de la contagion des 1792.
principes de la France, on ne redoutoit point
la force de ses armes.

L'épuisement des finances de ce royaume,
qui avoit été la cause des premiers troubles,
étoit augmenté. Ce pays, divisé par mille factions, sembloit hors d'état de résister à une
ligue puissante, et ses troupes insubordonnées
ne paroissoient pas propres à soutenir le choc
des légions disciplinées de la Germanie.

Les émigrés se voyoient, par cette rupture,
au comble de leurs vœux ; ils se flattoient d'a-
voir en France de nombreux partisans ; ils
croyoient que l'armée française, abandonnée
par eux, et commandée par des sous-officiers
ou des hommes inexperts au métier des armes,
n'opposeroit aucun obstacle à leur marche
triomphante. Persuadés, dans leur malheureuse illusion, que l'enthousiasme des Français
pour le mot *liberté* n'existoit pas, et que le
royaume étoit opprimé par un petit nombre de
factieux, ils assuroient le roi de Prusse que le
peuple entier se lèveroit à son approche, que
tous les cœurs voleroient au devant de lui,
et qu'en relevant le trône et l'autel, il verroit
toute la nation empressée d'expier les fautes
des coupables ambitieux qui l'avoient égarée.

Il n'étoit pas nécessaire, disoient-ils, de suivre la prudente méthode et de prendre les précautions qu'exige la sagesse dans les autres guerres ; les villes se rendroient sans siége, l'armée seroit nourrie sans magasin, et cette courte campagne ne devoit être qu'un voyage dont on pouvoit d'avance régler les journées.

L'amour-propre de Frédéric-Guillaume lui fit adopter, sans réflexion, les idées qui flattoient sa gloire, et il partagea l'erreur des Français expatriés, parce qu'il partageoit leurs passions et leurs ressentimens. Si quelques généraux habiles, si quelques ministres expérimentés doutèrent de la possibilité d'un succès si rapide, les premières opérations des Français, la mollesse de leurs attaques, les querelles de leurs chefs, la terreur de leurs soldats, et le désordre de leurs déroutes, imposèrent silence à la raison, et donnèrent, pendant quelques momens, aux brillantes illusions du roi de Prusse, toute l'apparence de la réalité.

Frédéric-Guillaume ne porta d'abord dans cette grande querelle aucune vue intéressée : vivement blessé des attcintes portées à l'autorité royale, et haïssant franchement les démocrates, il s'arma loyalement pour rendre à Louis XVI son pouvoir, sans aucun projet de
s'agrandir

s'agrandir à ses dépens. La cour de Vienne , 1792.
moins désintéressée , comptoit probablement
faire payer un peu cher au roi de France le service qu'elle prétendoit lui rendre.

Aussi, quoiqu'elle fût dans la même erreur
que ses alliés sur la facilité de la conquête, elle
crut devoir rassembler plus de forces contre la
France , qu'elle vouloit plutôt démembrer que
régénérer ; et laissant à Frédéric-Guillaume
l'honneur chevaleresque de briser les fers d'un
monarque au centre de ses états , et de le re-
placer sur son trône , elle se chargea modeste-
ment et politiquement de la guerre des frontières et de l'attaque de la Flandre et de l'Alsace,
objets constans de son ambition.

Tous les gouvernemens de l'Europe étoient
alors aussi irrités que ces deux puissances, contre le système désorganisateur et le zèle apostolique des jacobins : ils ne prévoyoient pas
plus qu'elles la défense vigoureuse des Français,
et les prodiges de valeur par lesquels cette nation énergique devoit maintenir son indépendance ; mais leur politique , guidée par des intérêts différens , faisoit craindre à quelques-uns
d'entr'eux des progrès trop rapides et l'agrandissement de l'Autriche aux dépens de la France.
Ils auroient désiré que les succès de la cour de

1792. Vienne fussent assez décisifs pour rendre à Louis XVI son autorité, sans être assez faciles pour amener des conquêtes qui changeroient la balance de l'Europe.

Ainsi, lorsque les cours de Vienne et de Berlin invitèrent, à Ratisbonne, les princes de l'Empire à fournir leur contingent contre les Français, cette déclaration fut assez froidement accueillie. Peu de co-états se prêtèrent à ce qu'on leur demandoit, et les électeurs de Saxe et d'Hanovre se déclarèrent neutres.

Le Danemarck ne prit aucune part active à la guerre. La cour de Stockholm, qui étoit peu de temps avant, plus ardente que toutes les autres, avoit changé de chef et de système. Gustave III venoit de périr victime du ressentiment de quelques nobles. Ce prince, qui mérite, par son active ambition, son éloquence, ses actions courageuses, sa valeur impétueuse, ses défauts nombreux et ses qualités brillantes, d'obtenir dans l'histoire une place distinguée, vouloit, après avoir abaissé la noblesse de Suède, relever celle de France ; et on assure que son projet étoit de se mettre à la tête des émigrés français, dont il avoit soutenu l'espérance et enflammé l'enthousiasme.

Quelques conspirateurs, les uns pour rétablir

l'autorité du sénat, les autres pour venger de
légères injures personnelles, résolurent de le
tuer au milieu du désordre d'un bal masqué.
Lilien-Horn, un des conjurés, pressé par ses
remords, voulut sauver la vie au roi, sans trahir
ses complices; il l'avertit par un billet de ne
point aller à cette fête, parce qu'il y trouveroit
la mort. Gustave III méprisa cet avis : sourd aux
instances, insensible aux larmes d'un ami qui
le supplioit de ne pas s'exposer à ce péril sans
gloire et sans nécessité, il se rendit témérairement au bal. Ankarstroem, choisi par le sort,
entre les conspirateurs, pour exécuter ce complot, lui tira un coup de pistolet qui le blessa
mortellement. Le Roi vécut encore quelques
jours, et développa, dans son malheur, un courage constant et une héroïque fermeté. En vain
quelques conjurés, pour voiler leur secret,
essayèrent de faire tomber les soupçons sur les
Français. L'assassin fut bientôt découvert et
arrêté; il nomma deux conjurés, et reçut sur
l'échafaud la punition de son crime : ses deux
complices furent condamnés à mort; mais le
duc de Sudermanie, qui prit la régence, commua
la peine en exil, par clémence ou par politique.

Le Régent, qui s'étoit distingué à la tête des
armées navales, étoit moins ambitieux, moins

1792. ardent que son frère ; son courage l'avoit fait
briller dans la guerre, mais sa prudence lui
faisoit sentir le prix de la paix ; la Suède en avoit
besoin. Il s'occupa du soin de réparer ses pertes,
ne voulut pas l'engager dans de nouvelles querelles, et prit le parti de rester spectateur paisible de ces sanglans débats. La puissance de la
France importe à la sûreté des Suédois, et le
duc de Sudermanie étoit trop éclairé sur les
vrais intérêts de son pays, pour ne pas craindre
la ruine ou l'affoiblissement de son antique alliée.

L'Angleterre, qui désiroit la prolongation des
malheurs et l'anéantissement du commerce de
la France, ne voulut d'abord ni empêcher la
guerre par sa médiation, comme Chauvelin, ministre français, le lui proposoit, ni s'en mêler,
comme la ligue l'en pressoit. L'anarchie intérieure et la guerre extérieure, en épuisant la
France, sans qu'il en coûtât d'argent au cabinet
de Saint-James, remplissoient les vœux du ministère britannique. Si, comme on le croyoit,
la France étoit écrasée, il profiteroit de sa chute
et prendroit alors sans peine, dans les colonies,
des équivalens aux conquêtes que les autres
puissances voudroient garder sur le continent.
Si, par un hasard difficile à prévoir, la France
étoit victorieuse, alors l'Angleterre, arrêtant

ses progrès, s'uniroit à ses ennemis pour l'ac- 1792.
cabler. Dans tous les cas, en alimentant le feu
qui venoit de s'allumer, l'épuisement certain des
Français et la chute de leur marine, devoient
venger les Anglais de la révolution d'Amérique.

Par suite de ce système, la Hollande, dont
l'intérêt réel étoit de rester neutre, fut quelque
temps après déterminée à entrer dans la coalition ; le Stathouder, haïssant personnellement
la France, n'eut aucune peine à prendre ce parti
impolitique.

Les princes d'Italie, consultant plus leurs
passions que leur sûreté, accédèrent à la ligue
avec imprudence et sans utilité. Le roi d'Espagne, redoutant presqu'également pour la
France le délire de ses démagogues et l'ambition
des Anglais, craignoit d'aggraver les malheurs de
Louis XVI en voulant le secourir, et il garda jusqu'à la mort de ce monarque une sage neutralité.

Le Portugal suivit l'impulsion anglaise ; et la
prise de quelques-uns de ses navires le fit à
peine apercevoir au rang des ennemis de la
France.

La Suisse, au sein de ses montagnes, jouit
long-temps des douceurs de la paix ; mais l'or
qui l'inonda l'amollit : son repos ne fut ni assez
ferme, ni assez impartial, et elle devint, quelques

1792. années après, un théâtre affreux de désordre et de carnage, parce qu'elle ne sut ni défendre ses loix, ni faire respecter son indépendance.

L'impératrice de Russie, victorieuse des Ottomans, et tranquille du côté de la Suède, avoit échauffé l'ardeur des émigrés par de magnifiques promesses qu'elle n'avoit ni la possibilité, ni la volonté de remplir. Les feux de l'Occident étoient trop éloignés pour l'atteindre; et tandis que les puissances germaniques, selon les vœux de son ambition, s'engageoient avec la France dans une lutte sanglante qui devoit occuper toutes leurs forces, elle se préparoit à se venger sans obstacles, par d'utiles conquêtes, des humiliations qu'elle avoit éprouvées en Pologne.

Dès que l'incendie qu'elle attendoit eut éclaté, ayant fait entendre aux cabinets de Vienne et de Berlin que leur intérêt étoit de s'opposer à tout changement de forme quelconque dans les gouvernemens de l'Europe, elle déclara aux Polonais que leur constitution, contre laquelle une vingtaine de nobles tout au plus avoit protesté, étoit illégale et dangereuse, qu'ils devoient revenir à leurs anciennes loix, qu'elle les y contraindroit par la force s'ils vouloient résister à ses conseils, et qu'elle obtiendroit par les armes une juste réparation des griefs dont elle se plaignoit avec autant d'aigreur que de mauvaise foi. 1792.

La diète polonaise, plus indignée qu'effrayée, ne connoissoit pas la révolution qui s'étoit opérée dans la politique des rois; elle ne pouvoit pas croire que ceux qui avoient dirigé ses opérations et aiguillonné son courage, l'abandonnassent aux vengeances de Catherine, et consentissent à voir agrandir sur leurs ruines la puissance colossale de la Russie. On résolut de défendre la liberté et de courir aux armes.

Stanislas-Auguste implora le secours du roi de Prusse, et réclama l'exécution du traité d'alliance de 1790, qui l'unissoit à lui. Mais il fut déplorablement trompé dans son espérance. Frédéric-Guillaume, feignant d'oublier qu'il avoit fomenté l'insurrection des Polonais, qu'il les avoit excités à se rendre indépendans, qu'il avoit voulu les armer contre la Russie, et que son ministre Goltz avoit, en son nom, donné l'approbation la plus complète à leur sage constitution, répondit au roi de Pologne qu'il avoit toujours prévu les suites funestes des changemens qui s'étoient opérés dans le gouvernement polonais; qu'il lui conseilloit de céder à l'Impératrice, pour éviter de grands malheurs; et que le pacte constitutionnel étant postérieur au traité d'alliance, il n'étoit plus obligé d'en exé-

1792. cuter l'article par lequel il avoit promis des secours, si quelque puissance étrangère attaquoit
la Pologne, et s'immisçoit dans ses affaires intérieures.

Ce manque de foi et ce lâche abandon n'a-
néantirent point l'espoir de cette nation infortunée ; elle crut que son courage lui tiendroit
lieu de force, d'argent et d'allié. Elle mérita ,
par sa vaillance, un roi plus ferme, des ennemis plus généreux , des amis plus fidèles et un
meilleur sort.

Mais sa résistance fut inutile et courte ; Sta-
nislas l'abrégea par sa foiblesse : intimidé par
les menaces de Catherine , trompé par ses promesses , il fit retirer son armée que le célèbre
Kosciusko avoit déjà , en quelques rencontres,
illustrée par sa valeur. Il céda honteusement
à son ennemi , et l'Impératrice , abusant de la
victoire , opprima et démembra le pays qu'elle
vouloit , disoit-elle , protéger, et punit avec
cruauté cette république de s'être changée en
monarchie, tandis que le roi de Prusse et le roi
de Hongrie se préparoient à châtier une monarchie qui prenoit la forme d'une république.

Il étoit nécessaire de retracer rapidement
les dispositions de toutes les puissances euro-
péennes , au moment où la guerre éclata. On

voit à présent quelle étoit leur erreur , puis-que l'esprit révolutionnaire , qui leur sembloit si redoutable pendant la paix , leur paroissoit en même temps si facile à détruire à coups de canon.

On ne calculoit pas les ressources que le papier-monnoie devoit donner aux Français pendant plusieurs années ; on ne s'apercevoit pas que la garde nationale , instituée par la Fayette , avoit créé quatre millions de soldats , animés par l'attrait de la nouveauté , l'enthou-siasme de la liberté , formés à l'exercice fré-quent des armes , et plus redoutables que les combattans soldés qui faisoient la guerre par obéissance et sans passions ; on oublioit que la France possédoit le corps d'artillerie le plus instruit de l'Europe ; on ne savoit pas que la troupe nombreuse des officiers restés à leur poste , et des sous-officiers , remplie d'instruc-tion , enflammée par la perspective brillante d'avancement et de gloire que la révolution ouvroit devant eux , alloit développer les talens des Hoche , des Menou , des Desaix , des Kle-ber , des Macdonald , des Moreau , des Piche-gru , des Massena , des Brune , et de tant d'autres guerriers qui devoient renouveler , dans ces temps modernes , les exploits des hé-

1792. ros antiques, et dédommager la France, en
quelque sorte par leur gloire, de la honte d'une
tyrannie atroce. Cependant, quoique la ligue
se trompât sur les moyens de défense des
Français, sur la possibilité de changer, par
la force, les opinions que la compression alloit
rendre plus énergiques, et qu'elle commît une
grande imprudence en approchant ses soldats
d'un pays dont elle disoit les principes si contagieux, elle pouvoit encore obtenir quelques
succès dans son entreprise, si elle avoit su
ménager les esprits au lieu de les aigrir, et diviser les partis au lieu de les réunir.

La France étoit déchirée par quatre factions : les royalistes absolus, qui vouloient l'ancien régime ; leur nombre étoit foible, et leur
puissance étoit au dehors : les monarchistes
constitutionnels ; c'étoit la majorité immense
de la Nation ; leur vœu général étoit l'alliance
du trône avec la liberté : les républicains ; ce
parti foible encore, composé de quelques pen-
seurs hardis, ne prévoyoit pas ses triomphes :
enfin, les anarchistes ; c'étoit la lie de toutes
les classes en minorité dans chaque partie de la
France, mais profitant des troubles pour exciter la fermentation de la populace des grandes villes. Cette faction détestable, universel-

lement haïe et méprisée, ne pouvoit prendre 1792. quelqu'empire que dans les momens où le peuple en danger se livroit à la méfiance et à la terreur.

Si la coalition avoit paru soutenir le parti constitutionnel, elle auroit pu croire que la confiance et la paix replongeroient dans le néant ces factieux absurdes et cruels, qui n'en auroient jamais dû sortir. Mais puisque tous les rois, aveuglés par leurs passions, vouloient combattre une constitution que l'expérience seule auroit corrigée, au moins dévoient-ils donner des soldats aux princes émigrés, et ne point se présenter en conquérans de la France ; alors une guerre civile, après des succès balancés, auroit probablement terminé la querelle des partis, en modifiant la charte constitutionnelle au profit du trône et de la vraie liberté. Mais la ligue royale, intéressée dans ses projets, passionnée dans ses ressentimens, traînant à sa suite les émigrés, lorsqu'elle envahissoit leur patrie, excita contr'eux l'indignation générale, et força tous les partis divisés à se réunir pour la défense commune.

En les réduisant au désespoir par l'excès de leurs périls, elle créa l'affreuse puissance que l'anarchie jacobine exerça sur une nation éga-

1792. rée, et qu'on fut au moment de voir régner, dans tout l'univers, sur les ruines de l'ordre social.

La cour de Vienne, dans son Manifeste, rappeloit les griefs des princes de l'Empire, la fausse interprétation donnée à la protection accordée aux émigrés, le rassemblement d'une armée française près des Pays-Bas, la capti-vité du Roi, l'anarchie des Français, le danger des trônes, et la nécessité de rendre à la France son ancien gouvernement monarchique.

Le Manifeste [1] de Berlin, mieux rédigé, quoique plus étendu, appuyoit davantage sur les droits des princes allemands, sur le danger de la propagation révolutionnaire, et sur l'a-gression des Français contre son allié et contre l'Empire.

Les deux cours, dans leurs déclarations, montroient qu'elles ne croyoient pas à la sin-cérité de l'acceptation de la constitution par Louis XVI. Cette imprudence augmentoit cruellement les dangers de ce monarque, l'em-barras de ses défenseurs et la fureur de ses ennemis.

Le roi de Prusse, qui avoit fait marcher cin-quante mille hommes, fut reçu à Coblentz.

______

[1] *Voyez* ce Manifeste à la fin du volume.

comme un sauveur par les émigrés, qui se 1792.
croyoient déjà à Paris et au terme de leur malheur. Le duc de Brunswick, nommé général
des armées de la coalition, commit à son début
la plus grave faute, en publiant volontairement, ou contre son gré, ce célèbre Manifeste
qui révolta tous les Français, et leur fit sincèrement jurer de vaincre ou de mourir.

Jamais on ne connut plus mal les esprits
qu'on vouloit ramener, et les hommes qu'on
alloit combattre ; jamais, avant la victoire, on
ne dicta des loix plus impérieuses ; jamais on
ne réveilla la vaillance et l'honneur d'un peuple
indépendant, par des menaces plus outragean-
tes. Le duc de Brunswick, dans cet impolitique écrit, après avoir rappelé les Manifestes
des puissances germaniques, après avoir annoncé qu'il vient les armes à la main relever le
trône et l'autel, et détruire l'anarchie, déclare
« qu'il punira comme rebelles tous les Fran-
» çais qui défendront leur pays ; les rend indi-
» viduellement responsables des attentats des
» jacobins contre le Roi ; et menace toutes les
» autorités constituées, tous les citoyens, de
» mort, et toutes les villes et villages d'exécu-
» tion militaire et de pillage, en cas de résis-
» tance ou de désordres ».

 Les effets de cette insolence furent une indignation générale, un armement universel, et malheureusement aussi une méfiance alimentée par l'indiscrétion des Français expatriés, qui se vantoient d'avoir des intelligences par-tout. Cette méfiance eut principalement la cour pour objet. En vain Louis XVI exprima, dans une lettre à l'assemblée nationale, le mécontentement que lui inspiroit ce Manifeste, dont il sentoit tout le danger pour sa personne. Sa lettre fut mal accueillie ; et bientôt le maire Pétion et quelques députés de sections, égarés par les jacobins, osèrent demander son exclusion du trône.

L'effervescence excitée par la guerre et par les manifestes étrangers, dans tous les esprits, produisit deux effets fort contraires : un grand accord dans les volontés pour courir aux armes, et une funeste disposition à la discorde qui devoit paralyser les premiers efforts.

L'assemblée nationale déclara, par un décret, la patrie en danger. De pareilles déclarations augmentent presque toujours le péril au lieu de l'éloigner, et font naître les troubles intérieurs par les mesures rigoureuses que la crainte emploie pour les prévenir.

De ce moment les jacobins, voyant ou fei-

gnant de voir des traîtres parmi tous les offi- 1792.
ciers dont ils haïssoient le rang, ou dont ils convoitoient les places, empoisonnèrent par leurs soupçons l'esprit des soldats, qui marchoient aux combats avec l'incertitude que donne la méfiance. Soit que le ministère partageât de bonne foi ces inquiétudes, soit que Dumouriez, par une ambition coupable, eût formé, comme on l'a prétendu, le projet de perdre la Fayette et Rochambeau pour leur succéder, ces généraux se plaignirent de la foiblesse des moyens qu'on leur donnoit, de l'insuffisance des munitions qu'ils recevoient, de l'insubordination qu'on protégeoit, de la publicité des instructions qu'on leur adressoit. Aussi les premières opérations furent lentes, sans succès, et l'on perdit en marches inutiles, en tentatives infructueuses, les trois mois qu'on s'étoit donnés pour agir, en prévenant l'Empereur qui ne s'étoit pas préparé à une rupture si prompte.

Les généraux Rochambeau, Luckner et la Fayette, avoient fait le plan d'envahir les Pays-Bas. La Fayette devoit être chargé de l'exécution avec cinquante mille hommes. Rochambeau devoit le soutenir par une seconde armée; une troisième étoit destinée à s'emparer de Mayence. Le ministre Dumouriez fit des chan-

1792. gemens à ce plan. Biron, qui avoit plus de bravoure et d'esprit que de talent militaire, obtint le commandement d'un corps détaché de l'armée de Rochambeau; il reçut l'ordre d'attaquer Mons, tandis que Théobald-Dillon faisoit du côté de Tournay une diversion. L'attaque de Mons ne produisit qu'une déroute ridicule et la perte de beaucoup d'équipages. Ce revers fut l'effet du défaut d'ensemble des troupes et de la trahison de quelques hommes qui crièrent *qu'on étoit coupé*, et répandirent dans l'armée une terreur panique. On ne sait jusqu'où la désorganisation se seroit portée, si le maréchal de Rochambeau n'étoit venu avec quelques régimens recueillir et rassurer les fuyards, que personne ne poursuivoit. Le corps de Théobald-Dillon [1] s'enfuit au premier coup de canon et massacra son chef.

[1] Le ministre de la guerre, de Grave, assure que Théobald-Dillon ne devoit faire qu'une fausse attaque avec une colonne de cavalerie, et qu'il n'exécuta pas ses instructions. Ce même ministre, qui n'étoit pour rien dans les intrigues de Dumouriez, répond aux plaintes de la Fayette en citant tous les rapports officiels faits à cette époque; qu'en arrivant au ministère il trouva que Narbonne avoit été trompé sur l'état de l'armée; qu'il y existoit un incomplet de cinquante mille hommes; que les deux tiers des emplois d'officiers

Dans

Dans le même temps, on avoit ordonné à la Fayette de se rendre avec dix mille hommes à Givet, pour attaquer Namur : on ne lui avoit donné ni tentes, ni moyens de transports, ni vivres, ni fourrages ; il sembloit qu'on vouloit faire retomber sur lui le mauvais succès de son expédition. Ses instructions, avant de lui être parvenues, étoient connues dans les cafés de Paris. Malgré les obstacles qui devoient l'arrêter, il arriva au jour fixé, et il ne trouva aucune mesure prise pour exécuter son attaque : il apprit à Givet le désastre de Mons, et reçut du ministre l'ordre de ne point continuer une opération dont la principale partie venoit d'échouer. Un corps de trois mille hommes, sous les ordres de Gouvion, fut attaqué près de Bouvines par les Autrichiens, se défendit courageusement, et se retira sous le canon de Philippeville, sans être entamé. Rochambeau, fatigué par les intrigues qui le poursuivoient, quitta le commandement de l'armée. Le ministre Dumouriez, qui venoit de faire renvoyer Roland, Clavière et Servan, ses collègues, après une querelle scandaleuse, qui s'étoit élevée entr'eux sur l'emploi secret de six millions, se fit nommer

étoient vacans, et qu'on manquoit totalement de munitions et d'effets de campement.

II.   Q

1792. lieutenant-général, sous les ordres de Luckner
qui entra dans les Bays-Bas. L'avant-garde
de la Fayette fut placée à Grisvelle, en avant
de Maubeuge. Les troupes du camp retranché devoient se porter sur le flanc droit de
l'ennemi : les ordres furent lentement exécutés ;
les colonnes arrivèrent lorsque les Autrichiens
se retiroient sur Mons. Le corps de Grisvelle
fit sa retraite sur Maubeuge. Gouvion, qui le
premier avoit prouvé que l'ardeur française
pouvoit résister à la discipline allemande, fut
tué dans cette affaire. La Fayette prit ensuite
une position à Bavay, et Luckner entra dans
Menin. L'armée étoit encore troublée par les
déroutes de Mons et de Tournay. Valence à la
tête des bataillons de grenadiers, se voyant attaqué par les Autrichiens, rallia les Français,
leur rappela leur antique valeur, repoussa avec
perte les ennemis, prit quelques batteries, et
s'empara de Courtray. Ce premier avantage
avoit ranimé la confiance des troupes ; mais les
troubles intérieurs qui annonçoient l'approche
d'un nouvel orage révolutionnaire, empêchèrent le ministère d'autoriser les généraux à profiter de leurs succès.

La Fayette qui croyoit que les intrigues des
jacobins étoient plus dangereuses pour la France

que les canons de la coalition, écrivit, le 16 juin,
à l'assemblée nationale pour dénoncer la conduite perfide de ces désorganisateurs; mais tandis qu'il attaquoit inutilement de loin cette faction redoutable, elle se fortifioit dans l'opinion
publique, par les malheurs mêmes dont elle
étoit la cause. Le parti républicain, par une
fausse politique, se joignit momentanément à
ces démagogues factieux ; il ignoroit encore
qu'une pareille alliance se paie nécessairement
par beaucoup de honte et de sang.

Le 20 *juin*, une multitude féroce, poussée
par les magistrats, dont le devoir étoit de la
contenir, se porta au château des Tuileries, le
força, et vint accabler le roi d'injures et de menaces. Le prétexte de ce mouvement étoit d'obtenir par la peur la sanction de quelques décrets; mais son but réel étoit de faire reprendre
au roi les ministres républicains qu'il avoit ren-
voyés, en le forçant à chasser les ministres
constitutionnels qui les remplaçoient. Les ins-
trumens anarchiques dont on s'étoit servi dans
cette occasion, auroient probablement voulu
pousser plus loin cette entreprise, et tout annonçoit qu'on alloit voir renouveler, aux Tuileries, les scènes sanglantes de Versailles. Mais
le peu d'accord des chefs du complot, l'antique

1792. habitude du respect pour le trône, et la froide fermeté de Louis XVI, suspendirent encore, ce jour-là, les fureurs des séditieux; ils se retirèrent sans avoir rien obtenu, mais après avoir placé sur la tête du monarque le bonnet rouge, emblème fatal du sang qui devoit bientôt couler.

L'administration départementale, composée d'hommes attachés à l'ordre et à la constitution, destitua le maire Pétion, pour avoir favorisé le désordre qu'il auroit du prévenir. Le roi confirma cette destitution. Pétion vint avec audace plaider sa cause au sénat, et le corps législatif, effrayé par l'effervescence populaire, annulla l'arrêté du département. Pétion, à qui cette lutte parut alors donner quelqu'éclat, éprouva bientôt combien il est dangereux de confondre la populace avec le peuple, et avec quelle rapidité la multitude aveugle passe de l'enthousiasme à la haine. Lorsque les rues retentissoient à son passage de ce cri de triomphe : *Pétion ou la mort !* il ne prévoyoit pas que, peu de mois après, ce même peuple, égaré par des scélérats, crieroit avec la même frénésie : *Pétion et ses amis à la mort !*

Les événemens du 20 juin annonçoient évidemment une seconde révolution ; en vain les

constituans et les amis de l'ordre espéroient 1792.
de l'empêcher. L'insubordination des armées,
l'approche des ennemis, leurs premiers succès, la foiblesse de la cour, la méfiance qu'elle
inspiroit, la division du corps législatif, le fanatisme populaire excité par les clubs dont
la France étoit couverte, et dont la constitution autorisoit l'existence, tout contribuoit
à rendre cette catastrophe inévitable.

La Fayette cependant voulut tenter un dernier effort, pour s'opposer à un bouleverse-
ment qui sembloit devoir livrer les débris de
la France à l'étranger. Chargé d'adresses si-
gnées par une foule d'officiers et de soldats,
qui se plaignoient avec force de l'atteinte portée à la constitution par des factieux, il osa
venir seul à Paris, et se présenta au corps
législatif ; il y parla avec fermeté, mais avec
le peu de succès qu'obtient la sagesse lorsqu'elle plaide contre les passions : ceux qui
les ont long-temps enflammées perdent leur
puissance lorsqu'ils veulent les éteindre.

Il comptoit sur l'empressement mérité et
l'entourage imposant de la garde nationale :
cette garde, intimidée par les dispositions de
la populace, trompa son espoir ; elle n'osa
pas venir seconder, par sa présence, un cou-

 rage que des vœux stériles et secrets rendirent inutile. La popularité que la Fayette
avoit conservée, et qu'on ne put jamais lui
faire perdre, ne lui servit alors qu'à paralyser la furie des jacobins qui vouloient le
proscrire. Il retourna a son armée, et fit proposer au Roi de le mener à Compiègne, en
en prévenant l'assemblée, et d'y faire protéger
sa personne et la constitution par des troupes braves et fidelles. Le Roi refusa de suivre
ce conseil, soit qu'il eût conservé des pré-
ventions contre les hommes qui avoient commencé la révolution, soit que sa foiblesse naturelle lui fît regarder l'inaction comme moins,
dangereuse que tous les partis qu'on lui proposoit de prendre.

La reine alors étoit si persuadée que toutes
les démarches de la cour paroîtroient criminelles aux démagogues soupçonneux, qu'elle
fit cette réponse à l'aide-de-camp de la Fayette :
*Peut-être la position la plus heureuse pour
nous, au milieu de cette grande fermentation,
seroit d'être enfermés dans une tour jusqu'au dénouement de cette crise.*

Peu de temps après, la Rochefoucauld-
Liancourt, sincèrement affligé des excès qui
souilloient et, des égaremens qui compromet-

toient la liberté qu'il avoit désirée et servie, 1792.
trouva, dans les dispositions des habitans de
Rouen, le moyen d'offrir à Louis XVI un asile
qu'il croyoit sûr contre la fureur des démagogues. Le monarque rejeta aussi cette proposition : sa destinée sembloit ainsi le porter à
fuir tous les secours qui s'offroient à lui, et
l'entraîner vers l'abîme qui s'ouvroit sous ses
pas.

Cependant les colonnes prussiennes s'avançoient, et leurs progrès vers les frontières du
royaume accroissoient chaque jour la fermentation intérieure. Sous prétexte d'avoir une
armée de réserve en cas de revers, l'assemblée législative avoit voulu qu'on rassemblât
près de Paris vingt mille patriotes ardens.
Roland, homme impétueux, avoit soutenu
cette mesure avec chaleur, sans s'apercevoir
que le but secret des auteurs de ce projet,
qui depuis le proscrivirent, étoit de grossir
leur parti pour se rendre les maîtres de Paris,
et braver à la fois les magistrats courageux
et les armées fidelles.

La cour, éclairée par la peur qui n'a-
veugle pas toujours, ne vouloit pas consentir
à ce rassemblement. Roland, en quittant le
ministère, avoit publié une lettre écrite au

1792. Roi, dans laquelle il exhaloit sa méfiance et son mécontentement, et il acheva par-là de perdre le monarque dans l'esprit du peuple et de ses représentans soupçonneux. Tout, depuis quelque temps, annonçoit, par des signes certains, l'écroulement de la constitution. L'assemblée avoit renvoyé de Paris trois régimens de ligne, décrété d'accusation le commandant de la garde constitutionnelle du Roi, et forcé ce prince à licencier ce corps, seule barrière qu'il pouvoit opposer aux factions.

Les clubs, les lieux publics, les sections retentissoient de déclamations fougueuses et de dénonciations violentes contre le monarque et sa famille. Dans les comités du sénat, on délibéroit sur sa déchéance ; dans les carrefours, des orateurs en haillons la demandoient à grands cris. Les gardes-suisses, ces vieux alliés de la France, n'étoient plus regardés que comme les satellites d'un tyran ; on exigeoit leur éloignement.

Les nobles, les propriétaires, les négocians, étoient désignés à la populace comme des auxiliaires de la coalition, comme des soutiens du despotisme, comme des ennemis éternels d'un peuple qui devoit enfin partager

leur fortune. Les bandes furieuses des hom-
mes ardens du Midi venoient en foule , par
leur présence redoutable et leur énergique ac-
cent , enflammer la multitude avide de nouveautés, et effrayer les hommes paisibles.

Le Roi, les officiers de sa maison, les ministres, les courtisans , les constitutionnels attachés à leurs loix , et les aristocrates effrayés,
prenoient pour se défendre des mesures inef-
ficaces , que l'on interprétoit en projets d'attaque et de contre-révolution. Les royalistes,
ennemis des loix nouvelles , mais hors d'état
de les renverser , donnoient quelqu'apparence
à ces soupçons , en formant au Prince une
garde illégale , plus dangereuse qu'utile , et
en refusant dédaigneusement de se mêler dans
les rangs de la garde nationale.

Cet·état violent de fermentation ne pouvoit
durer long-temps , et le 10 août on vit enfin
éclater cet orage annoncé depuis deux mois
par tant de craintes , d'intrigues , de fautes et
de passions.

Toute la nuit qui précéda cette journée,
fut employée, de part et d'autre, aux préparatifs d'attaque et de défense , et des deux
côtés il régnoit beaucoup de désordre dans les
combinaisons et d'incertitude dans les mou-

1792. vemens. Le château des Tuileries étoit protégé par une garde nationale bien disposée
mais méfiante, et par des Suisses intrépides ;
les appartemens étoient remplis d'une foule
d'officiers et de courtisans dont l'ardeur indiscrète et le zèle imprudent servoient ,
sans qu'ils s'en doutassent, la cause de leurs
ennemis. Les émissaires des jacobins profitoient de la présence de ces royalistes *coupables de fidélité*, pour verser le soupçon dans
l'esprit de la garde nationale.

Pourquoi, disoient-ils, *rassembler ainsi
cette troupe d'aristocrates armés ? S'ils vouloient défendre la constitution , ils seroient
à leurs places de citoyens , dans les rangs
de nos bataillons ; ils en porteroient l'uniforme ; mais ils détestent la révolution et
nous méprisent. Tous ces bruits de sédition
sont supposés par eux ; ils nous trompent ; ils
veulent nous faire attaquer le peuple : et nous
serions , en les suivant , les aveugles instru-
mens de la contre-révolution qu'on prépare !*

Ces propos, écoutés par la garde nationale,
excitoient son inquiétude , ébranloient sa résolution ; et répétés avec adresse dans les faubourgs
de Paris, ils y répandoient la fermentation et la
crainte.

La majorité immense des députés n'étoit point 1792.
dans la confidence du complot tramé contre la
cour. Les conjurés avoient peu de partisans dans
l'assemblée : le côté droit étoit décidé à soutenir le roi ; et dans le côté gauche, un grand nombre d'hommes les plus ardens, n'entrevoyant
l'espoir d'établir une république en France que
dans un avenir éloigné, ne s'étoient proposés,
dans leurs efforts, que de parvenir à enchaîner,
par des ministres de leur choix, un roi dont
ils se défioient. Ainsi l'assemblée, effrayée par
l'orage qui l'entouroit, troublée par les différentes nouvelles qui lui parvenoient, étoit presqu'aussi tremblante que la cour, et attendoit
en frémissant cette explosion, dont elle ne connoissoit pas entièrement l'objet et dont on ne
pouvoit prevoir la fin.

D'un autre côté, les conjurés qui avoient à
leur tête Danton, Robespierre, Marat, Collot-
d'Herbois, Barbaroux, Fabre d'Églantine,
Chabot, n'étoient pas sans inquiétude ; ils
avoient contr'eux la constitution, les autorités constituées, les gardes – suisses, la plus
grande partie des bataillons parisiens ; et ils
connoissoient trop la populace qu'ils animoient,
pour ne pas savoir qu'elle est toujours esclave du
succès, et que d'un moment à l'autre les guides

1792. de sa furie pourroient en devenir les victimes.

Leurs tentatives pour donner à leur conjuration une forme légale, avoient échoué; l'assemblée législative ne vouloit pas prononcer la déchéance du Roi, et la majorité s'étoit récemment prononcée pour la Fayette, lorsqu'on avoit voulu le décréter d'accusation. Un trait suffit pour peindre à la fois la violence et l'embarras des conspirateurs. Après la victoire, la vanité est indiscrète; et Chabot, oubliant qu'il justifioit par son aveu la cour qu'il avoit accusée d'agression, déclara publiquement que les conjurés ne sachant quel prétexte trouver pour rendre le roi odieux et pour animer le peuple, lui, Chabot, avoit dit à ses collègues : *Coupez-moi la tête ; dites qu'elle est tombée sous le coup de la tyrannie royale ; placez-la sur une pique , et marchez avec cet étendard sanglant contre le palais.*

Des hommes si déterminés ne pouvoient être arrêtés par aucun obstacle : aussi, quoiqu'ils ne pussent compter que sur sept ou huit cents Marseillais intrépides, et une troupe désordonnée de gens sans aveu, plus effrayans par leur figure féroce que par leur courage, ils tentèrent de changer le sort d'un empire, et ils y parvinrent.

Couverts des ombres de la nuit , quelques jacobins ardens , se disant députés des sections ,
volent à la commune , destituent la municipalité et la remplacent ; ils font venir au point du
jour et massacrent Mandat , le commandant de
la garde nationale, dont la probité étoit inébran-
lable , et par sa mort, ôtent tout point de rallie-
ment aux bataillons de la garde nationale.

Ils suspendent de ses fonctions Pétion , suspect à leurs yeux par son incertitude, et coupable d'avoir donné l'ordre à Mandat de défendre
le palais. Cet homme célèbre sans gloire, factieux sans caractère, désiroit une république,
mais ne la vouloit pas acheter par tant de dangers et de sang.

Tandis qu'ils prenoient ces mesures violentes,
leurs adroits émissaires répandent au château
que le complot est éventé, que l'attaque n'aura
pas lieu, et par cette ruse, ils endorment leurs
adversaires et les plongent dans une funeste sécurité. Enfin le tocsin sonne, les Marseillais marchent, les bataillons de la garde nationale courent aux armes, mais sans ordre ; ils ne savent
quel danger les appelle et quel ennemi les attend.

Cependant la garde du château et les Suisses
étoient sous les armes ; l'administration du dé-

1792. partement, fidelle aux loix, lui avoit donné l'ordre de repousser la force par la force ; et si Louis XVI avoit tiré l'épée, il auroit vaincu avec rapidité, ou péri avec gloire. Mais, par un mélange inconcevable de fermeté et de foiblesse, il pouvoit supporter stoïquement toutes les souffrances, et ne savoit repousser courageusement aucun péril. Doué de toutes les vertus d'un saint, et privé totalement de celles d'un général et d'un monarque, il avoit autant d'horreur pour l'effusion du sang des autres, qu'il montra d'indifférence lorsqu'on alloit répandre le sien.

En vain la reine, lui présentant des armes, le pressa de défendre son trône, sa tête et sa famille. Un des administrateurs qui connoissoit son caractère, et qui le voyoit décidé à se livrer sans résistance, comme le 20 juin, aux furieux qui, cette fois, étoient décidés à l'immoler, lui conseilla de chercher, au sein du corps législatif, un asile qu'il croyoit sacré. Le Roi étoit trop disposé à adopter cet avis pour hésiter ; il s'y rendit, et sa retraite enleva tout espoir à ses défenseurs et toute crainte à ses ennemis.

A peine le Roi fut-il placé dans une des tribunes d'un sénat aussi incertain que lui, qu'on entendit le canon, dont le bruit redoutable for-

moit un contraste frappant avec le silence pro- 1792.
fond qui régnoit dans l'assemblée.

Les bataillons de la garde, après le départ du
Roi, s'étoient trouvés sans chefs, sans ordre et
sans plan : les uns étoient sortis pour regagner
leurs sections, et avoient été ramenés par la
foule, contre le château qu'ils avoient voulu
défendre ; d'autres arrivoient au secours du palais, et étoient reçus en ennemis par les troupes
qu'ils venoient secourir. Les Marseillais, d'a-
bord repoussés par les Suisses, reprirent courage en voyant qu'ils n'étoient pas poursuivis ;
ils entraînèrent à leur suite et les bataillons
qu'ils rencontroient, et une foule immense qu'ils
animoient, en lui disant que les royalistes avoient
attaqué le peuple et vouloient l'égorger.

Bientôt le château fut forcé, les Suisses massacrés, les royalistes-immolés ou dispersés ; le
sang inonda rapidement le palais, les rues, les
places publiques ; et tous ceux qui, par leur nom,
leur place, leur uniforme ou leur rang, étoient
connus pour tenir au trône, furent, ou fusillés,
ou forcés de chercher quelqu'asile obscur qui
pût dérober leur tête à la fureur d'une populace
égarée [1].

[1] Les hommes le plus attachés au roi furent arrêtés
et massacrés peu de temps après. Les ex-ministres

1792. L'assemblée législative, instruite avec promptitude de ces événemens, n'eut point le courage noble, mais périlleux, de soutenir le Roi et de résister aux conjurés triomphans ; le canon dicta ses décrets : le vaincu fut coupable, les vainqueurs furent approuvés. Et pour sauver seulement les formes constitutionnelles, autant que la circonstance et la crainte le permettoient, Louis XVI, qu'on suspendit de ses fonctions, fut enfermé avec sa famille dans la tour du Temple.

On établit un gouvernement provisoire ; et l'on convoqua une convention nationale, pour décider définitivement du sort du monarque. Depuis ce moment, la puissance n'exista plus dans le corps législatif ; la commune de Paris s'en empara totalement, et l'usage sanglant et

Narbonne, Bertrand et quelques autres, se cachèrent pendant plusieurs jours à Paris : leurs amis firent courir le bruit de leur mort, et ils échappèrent par miracle à ceux qui les poursuivoient, ainsi que le ci-devant prince de Poix, dont on mit la tête à prix. Quoiqu'ami de la liberté, sa reconnoissance et son attachement pour Louis XVI l'avoient décidé à ne jamais l'abandonner.

Dans ces temps malheureux, presque tous les hommes modérés se sont vus à la fois proscrits des deux côtés, pour la fidélité de leurs sentimens et la liberté de leurs opinions.

barbare

barbare qu'elle en fit, remplit encore l'ame de 1792.
tristesse et d'horreur.

Ce qui dut surprendre les rois coalisés, et tous ceux qui ne calculent ni l'influence des opinions politiques sur le caractère des nations, ni la violence de la passion naturelle de l'homme pour l'indépendance, c'est l'énergie soutenue des Français contre les ennemis du dehors, dans les momens où ils ont montré le plus de foiblesse contre les factieux qui ensanglantoient et déchiroient le sein de leur patrie.

Après la journée du 10 août, la méfiance régnoit par-tout, et l'autorité légale ne se trouvoit nulle part. La nation française avoit fortement exprimé son vœu de vivre sous la forme d'une monarchie libre, et ses représentans venoient de violer la constitution et d'emprisonner le monarque qu'elle déclaroit inviolable. Le corps législatif, se reconnoissant incompétent pour faire une constitution nouvelle, osa, en appelant une convention, livrer la France aux orages des élections au milieu du désordre de mille factions, et au bruit effrayant du canon des puissances étrangères qui venoient envahir la France.

Ce sénat si rigoureux contre le Prince, et si

1792. timide contre la multitude , ne pouvant gouverner, avoit nommé un conseil exécutif provisoire , qui étoit dominé lui-même par cette redoutable commune de Paris , écume des clubs et foyer de crimes , dont la tyrannie se voyoit appuyée par la fureur des jacobins et le fanatisme de la populace.

Le même trouble , le même désordre , les mêmes divisions qui agitoient la capitale , régnoient dans les armées. Une grande partie des généraux et des officiers étoient indignés des événemens du 10 août , et beaucoup de subalternes , espérant de leur succéder , se dévouoient aux nouveaux maîtres de la France , et affectoient de regarder comme des traîtres ceux qui n'approuvoient pas la révolution de Paris.

La foule des soldats , d'abord soumise à ses chefs , avoit renouvelé le serment constitutionnel ; mais , comme il arrive toujours à la multitude , la nouveauté , le succès , les séductions et les soupçons répandus avec adresse , ébranlèrent bientôt sa fidélité.

Cependant , au sein de cette agitation qui donnoit tant d'espoir aux ennemis , l'ardeur pour repousser leur invasion ne cessa pas un instant d'être unanime. Les Français , divisés

d'opinion sur tout le reste, s'accordoient sur ce 1792.
seul point ; et prêts à se battre pour les différentes formes de gouvernement qu'il falloit
adopter, ils étoient tous réunis pour défendre
leur indépendance et pour se soustraire au joug
humiliant de l'étranger.

La désorganisation de l'état, l'anarchie des
clubs, la méfiance du nouveau gouvernement et
la jalousie des généraux, paralysèrent les efforts
des armées, et empêchèrent tout accord dans
les opérations. Les ennemis en profitèrent ;
mais de succès passager, qui fit naître tant de
brillantes illusions dans l'esprit des coalisés,
n'étoit qu'un phare trompeur qui les séduisit
en leur inspirant une folle confiance, et qui
hâta leur chute en précipitant leur course.

La connoissance du pays et les mouvemens
de l'ennemi avoient facilement fait prévoir
aux généraux français que les Prussiens vouloient pénétrer dans le royaume par Longwy,
et l'on avoit résolu de porter tous les moyens
de défense sur les frontières de Champagne
et du pays Messin. Le commandement général
des troupes avoit été partagé entre Luckner et
la Fayette. Le premier devoit couvrir les frontières depuis Montmédy jusqu'au Rhin, et le
second depuis Dunkerque jusqu'à Montmédy.

On avoit fait beaucoup de recrues en soldats de ligne et en volontaires ; mais le parti qui vouloit perdre la Fayette ne lui avoit donné, dans la distribution de ces secours, que le tiers des recrues, quoiqu'il eût la moitié du terrain à défendre.

Luckner étoit particulièrement chargé de s'opposer au front de l'attaque des Prussiens , et la Fayette devoit les inquiéter sur leur flanc. Le duc de Saxe-Teschen , pour diviser les forces françaises , s'étoit porté avec un corps de troupes autrichiennes en Flandre, du côté de Bavay ; la Fayette et Luckner, qui ne furent pas trompés par cette fausse attaque, avoient ordonné à Dumouriez de quitter le camp de Maulde, où il entassoit ses troupes sans utilité, et de venir joindre Luckner. Dumouriez, exagérant le danger de la marche des Autrichiens et l'importance du camp de Maulde, désobéit et y resta. Les jacobins de Paris approuvèrent sa conduite, et crièrent que la Fayette étoit un traître. Celui-ci ordonna au général Dillon d'arrêter Dumouriez. Dillon n'osa pas exécuter cet ordre, et les armées de Luckner et de la Fayette , privées des moyens sur lesquels on avoit compté, ne se trouvèrent plus en force suffisante pour combattre une armée de soi-

xante-dix mille hommes qui s'avançoit sous les 1792.
ordres du roi de Prusse.

Ainsi, ce fut en partie cette désobéissance
de Dumouriez qui rendit les premiers progrès
de l'ennemi si faciles et si rapides. Il ne resta
plus de voile, sur ses motifs quelque temps
après; car lorsque son ambition fut satisfaite,
et qu'il eut remplacé la Fayette dans le commandement de l'armée, non-seulement le camp
de Maulde qu'il fit évacuer, n'eut plus d'importance à ses yeux, mais ne se croyant même pas
en état de résister avec ses forces et celles de
Luckner réunies, il fit venir d'Alsace Kellermann avec les troupes qu'il y commandoit.

Cependant le corps législatif, convaincu qu'il
étoit de la plus haute importance pour lui de
s'assurer des troupes, avoit envoyé à toutes
les armées des commissaires chargés de les
instruire de la révolution du 10 août. Rapports infidèles, relations mensongères, dénonciations absurdes, déclamations pompeuses,
étalage charlatanique de principes déjà violés,
promesses séduisantes d'avancement, corruption adroite, rien ne fut oublié pour répandre
dans le cœur du soldat la haine contre le Roi
captif, l'enthousiasme pour les législateurs, la
méfiance contre les généraux fidèles à la cons-

1792. titution, et l'ardeur pour le maintien d'un nouvel ordre de choses qui devoit donner les biens du riche au pauvre, et les places des supérieurs aux subalternes.

L'approche des ennemis, les soupçons que l'armement des émigrés inspiroit contre les hommes de leur caste qui étoient restés dans l'intérieur, l'indignation causée par les manifestes des rois, le mécontentement produit par le peu de succès des premières opérations de la guerre, et l'impulsion générale qui avoit été donnée aux esprits depuis 1789 contre le trône et la noblesse, secondèrent puissamment les efforts des commissaires de l'assemblée.

Inutilement quelques généraux voulurent opposer la raison aux passions, la fidélité à l'intrigue et la résistance à la révolte : leurs partisans, tièdes et peu nombreux, furent bientôt entraînés par le délire général. Quelques officiers émigrèrent ; d'autres, protestant contre l'incompétence du corps législatif, déclarèrent qu'ils attendroient la décision de la convention.

Bureau de Puzy [1], Latour – Maubourg et

---

[1] Bureau de Puzy, connu par son instruction, s'étoit fait estimer par la douceur de son caractère, et par la

Alexandre Lameth , montrèrent vainement 1792
plus de fermeté. La Fayette , bravant les menaces du nouveau gouvernement; et résistant

sagesse avec laquelle il avoit présidé l'assemblée. Latour-
Maubourg, patriote franc, ami fidèle , citoyen probe
et ferme, avoit à la fois excité la haine des jacobins
dont il détestoit les principes , et des aristocrates passionnés , qui ne lui pardonnoient pas d'avoir été un
des trois commissaires nommés pour veiller à la sûreté
de Louis XVI lorsqu'il revint de Varennes à Paris.
Alexandre Lameth , avoit déployé dans le cours de
l'assemblée beaucoup de talens, et trop d'ardeur dans
le commencement de la révolution. Doué d'un esprit
insinuant et d'un fort caractère, ami chaud , adver-
saire redoutable , s'il se laissa entraîner d'abord trop
vivement par l'enthousiasme qui agitoit toutes les
têtes, et que redoubloit une opposition foible mais
menaçante , il chercha de bonne foi et courageusement à réparer le mal qu'on avoit fait. Il voulut
rendre au trône la force et la popularité nécessaires. A
l'époque du départ du roi, exerçant avec son frère , Barnave et Duport, une utile influence sur l'assemblée, influence que le courage a de droit dans le moment du
danger, il se réunit à la Fayette pour s'opposer à la déchéance du monarque et à son jugement. Depuis cet
instant, consulté par la cour, il travailla activement à
lui faire éviter le double danger dont la menaçoient le
délire des factieux et l'ardeur irréfléchie des émigrés.
*A Vienne on ne pouvoit ignorer tout ce qu'il avoit fait
pour empêcher une révolution intérieure et une guerre*

1792. aux offres séduisantes qu'on lui prodiguoit, fit d'abord arrêter à Sedan, par la municipalité, les commissaires de Paris, et voulut défendre jusqu'au dernier moment la constitution qu'il [avoit jurée. Mais, bientôt abandonné par son armée séduite, et averti qu'on alloit exécuter le décret d'accusation qui venoit d'être lancé contre lui, il se vit obligé de s'expatrier pour éviter l'échafaud qu'on lui préparoit.

Dès qu'il eut franchi la frontière, accompagné des constituans qu'on vient de nommer, et de quelques officiers, il fut arrêté par un poste autrichien. Quoiqu'ils déclarassent qu'ils avoient cessé de combattre, qu'ils se rendoient en Hollande et qu'ils étoient déterminés à s'éloigner, et des ennemis de la France, et de ceux qui déchiroient intérieurement son sein, ils furent traités en prisonniers d'état, conduits à Luxembourg, pour y attendre la décision de la cour de Vienne, exposés aux in-

extérieure. Lorsque des fautes de tout genre curent fait éclater une seconde révolution, il aima mieux s'éloigner que de se soumettre ou de participer à cette sanglante tyrannie qui couvrit la France de deuil ; et proscrit par les jacobins, il fut emprisonné par les défenseurs du Roi qu'il avoit voulu sauver.

sultes des émigrés, qui les haïssoient comme les premières causes de leurs malheurs , et bientôt après livrés au roi de Prusse , qui les fit transporter en charrette comme des criminels, de cachot en cachot, de Wesel à Magdebourg, les privant de toute correspondance, de toute communication entr'eux, de tout exercice, et ne soutenant, dans ces prisons infectes, leur existence infortunée que dans le dessein de donner à leur châtiment et à leur supplice plus de solennité , lorsque la conquête dont on se flattoit seroit consommée.

Cet acte cruel de despotisme sur des hommes, dont la plus grande partie de la nation française avoit partagé les opinions avec enthousiasme, étoit une grande faute en politique, sur-tout dans le moment où ces hommes n'étoient proscrits que pour avoir voulu défendre les débris d'un trône qu'ils avoient sans doute trop affoibli, mais qu'enfin ils s'efforçoient de sauver.

Les conséquences de cette absurde injustice étoient faciles à prévoir : elles montroient évidemment la violence des passions des rois coalisés; elles annonçoient à quelles vengeances on devoit s'attendre , si la contre-révolution s'opéroit ; elles confirmoient le peuple dans la

1792. crainte que les révolutionnaires lui inspiroient sur les projets des Français expatriés.

De ce moment tous les hommes qui, par conviction, par fanatisme, par ambition ou par crainte, avoient servi la cause de la liberté dans les législatures, dans les armées, dans la diplomatie, dans les administrations, dans les tribunaux, dans les sociétés populaires, dans la garde nationale, c'est-à-dire peut-être dix millions d'hommes, quoique saisis d'horreur pour les scènes sanglantes et coupables qui souilloient la capitale, détournèrent leurs regards de ces orages qu'ils croyoient peu durables, pour s'occuper du soin d'écarter un danger plus général, plus pressant, et qui remplissoit leurs ames d'un plus grand effroi et d'une indignation plus profonde. La tyrannie de la commune de Paris ne sembloit qu'une explosion passagère; elle n'effrayoit d'ailleurs encore personnellement ni le petit marchand, ni les hommes de bureau, ni les artistes, ni les cultivateurs, ni les soldats : l'invasion des étrangers, au contraire, leur avidité, leurs menaces, les vengeances des émigrés, dont on avoit maltraité les familles, détruit le pouvoir et séquestré les biens, excitoient les alarmes de chaque individu; le nouveau gouver-

nement profitoit habilement de cette disposi- 1792.
tion des esprits pour enflammer leur ardeur,
et les associer à ses périls. Aussi, l'embrasement qu'il vouloit produire, fut aussi rapide
que l'inflammation des matières les plus com-
bustibles. Tous les généraux qui avoient hésité, adhérèrent aux décrets de l'assemblée,
tous les soldats jurèrent de vaincre ou de mourir, et tous les citoyens, courant aux armes,
se précipitèrent dans les rangs des bataillons
nombreux qui se préparoient à chasser l'ennemi.

Les révolutionnaires du 10 août, quoique
rassurés sur la soumission des troupes, ne l'é-
toient pas encore sur celle de la nation : ils
savoient que la majorité du corps législatif
et de Paris n'avoit cédé qu'à la force ; ils
craignoient que la convention ne fût composée d'hommes opposés à leur système, et
qu'elle ne retablît la constitution en ordonnant le châtiment de ceux qui l'avoient ren-
versée.

La composition même du conseil provi-
visoire les effrayoit. Roland, homme ardent
et ferme, exalté par une femme qui jugeoit
plus avec ses sentimens qu'avec son esprit,
mais qui aimoit la liberté en Spartiate et mou-

1792. rut en Romaine ; Roland avoit repris le ministère : intrigant contre une cour dont il se
méfioit, opposé pendant la législature à l'autorité royale, il aimoit la révolution avec
ivresse, mais il détestoit les assassins.

Une partie des députés de la Gironde qui,
comme lui, avoient été factieux, trouvoient
qu'on alloit trop loin ; et se flattoient chimé-
riquement d'arrêter le mouvement révolutionnaire. Dumouriez, raccommodé avec ce parti,
étoit placé à la tête de l'armée, et pouvoit
trouver sa gloire et sa fortune dans le rôle
de Monk. Danton, Robespierre, Marat et
leurs amis, pour éviter tous ces écueils, résolurent alors de rejeter sur leurs adversaires
la crainte qu'ils leur inspiroient, de frapper les
esprits d'épouvante par d'effrayantes proscriptions, et de dominer les volontés par la terreur.

Ils profitèrent, pour exécuter ce funeste
projet, du trouble qu'excita dans tous les esprit de la capitale la marche rapide du roi
de Prusse. Dumouriez, qui avoit succédé à
la Fayette dans le commandement de l'armée,
n'avoit pu, à la tête de dix-sept mille hommes,
opposer aucune résistance aux premiers progrès des Prussiens ; il s'étoit retiré afin d'o-

pérer sa jonction avec Luckner, de se donner le temps de recevoir les renforts qu'on
lui envoyoit, et de se réunir à Kellermann.

Frédéric - Guillaume et le duc de Brunswick, ne rencontrant aucun obstacle, dûrent
croire alors que les émigrés ne s'étoient point
trompés dans leurs espérances, et que cette
campagne décisive ne seroit qu'un voyage court
et brillant. Longwy se rendit sans résistance ;
la garnison de Verdun capitula aussi honteusement que promptement. Beaurepaire, qui la
commandoit, ne pouvant déterminer les habitans et les troupes à se défendre, se donna
la mort pour se conserver l'honneur. L'armée
coalisée, enivrée de ses succès rapides, crut
qu'il étoit inutile d'observer les règles que la
prudence prescrit dans toutes les guerres. Laissant sur ses flancs et derrière elle toutes les
places fortes dont elle ne s'étoit pas emparée,
elle s'avança témérairement en Champagne ;
jusqu'à peu de distance de Châlons, sans avoir
formé de magasins, sans s'être assurée d'aucuns moyens de subsistance, et sans que le
silence et la solitude qui l'entouroient, l'éclai-
rassent sur le peu de disposition du peuple à
se déclarer pour elle.

A Verdun, à Longwy, on avoit, à la vérité , prodigué au monarque prussien et à ses alliés ces hommages que la multitude ne refuse jamais aux vainqueurs ; mais personne ne s'étoit armé pour eux , et cette inertie seule auroit dû suffire pour dessiller leurs yeux.

Dès qu'on sut à Paris la prise de Verdun, les hommes qui vouloient établir par le crime, cimenter par le sang, et étendre par la terreur leur infernale puissance , dispersèrent dans la ville leurs fougueux émissaires, qui cherchèrent de tous côtés à répandre dans le peuple l'effroi , la méfiance et la fureur. Depuis le 10 août , les barrières étoient fermées ; on avoit entassé dans les prisons tous les prêtres , tous les nobles , tous les riches qu'on avoit pu saisir ; on avoit sur-tout arrêté tous les citoyens qui , dans la garde ou dans les sections, avoient montré un attachement ferme à l'ordre et à la constitution.

Les orateurs forcenés de la municipalité conspiratrice disoient par-tout *que ces prisonniers étoient des scélérats , des chevaliers du poignard , qui avoient voulu faire la contre-révolution sous les ordres d'un roi parjure , et de concert avec l'ennemi qui envahissoit la France ; que déjà les pha-*

langes barbares de la Germanie, introduites
par la perfidie de la Fayette, s'avançoient
vers la capitale, ravageant les champs,
pillant les villes, immolant les hommes,
outrageant les femmes ; qu'il étoit temps
que tous les citoyens se levassent en masse,
pour les repousser : mais qu'avant de quitter
leurs foyers pour courir aux armes, il falloit se délivrer de cette foule de conspirateurs
qui n'attendoient que le moment d'égorger
les familles des patriotes pendant leur absence.

Ces nouvelles désastreuses, ces discours violens glaçoient d'épouvante les habitans paisibles, versoient une rage aveugle dans l'ame,
d'une populace ignorante, et frappoient de stu-
peur le corps législatif, ainsi que les membres
du conseil provisoire qui ne partageoient pas
les fureurs du ministre Danton, et qui redoutoient ses sinistres projets.

Tout étant disposé, comme le souhaitoient
les proscripteurs, le tocsin sonne ; des assassins
féroces, payés par la commune, et suivis d'une
foule de misérables égarés et enivrés par eux,
se portent à toutes les prisons, les forcent ;
et d'après les arrêts prononcés sur-le-champ,
par de prétendus juges qui n'étoient que de vils

 bourreaux, ils égorgent au nom du peuple, ils assomment, ils mutilent, ils déchirent, sans égard pour l'âge, pour le sexe, pour la foiblesse, toutes ces malheureuses victimes qui demandoient inutilement quel étoit leur crime, et qui vainement imploroient leur pitié.

La populace, attirée par les cris des mourans, par les flots de sang qui couloient dans les rues, croyoit qu'on étouffoit une conspiration réelle, et qu'on immoloit des coupables. Pour la confirmer dans son erreur, on prenoit au hasard quelques prisonniers qu'on rendoit à la liberté, en les déclarant innocens, et la foule trompée par cet acte apparent de justice, reconduisoit en triomphe ces malheureux échappés à la mort.

Le massacre dura trois jours; trois jours l'air retentit des cris des mourans; trois jours la terre fut inondée du sang de l'innocence, sans qu'aucune autorité constituée voulût ou bien osât mettre un frein à cet exécrable carnage. Roland seul eut le courage de dénoncer ces crimes au sénat, qui voulut en vain faire quelques efforts tardifs pour les réprimer. L'ex-ministre Montmorin fut égorgé, malgré la présence de quelques députés envoyés pour rétablir l'ordre. Des scélérats atroces, suivis de
femmes

femmes enivrées de sang et de rage, portèrent 1792.
sur des piques, au Temple, sous les fenêtres
du Roi, la tête de la malheureuse princesse de
Lamballe : sa fidélité pour la reine fut son crime ;
ses grâces ne purent désarmer ses assassins féroces ; son innocence ne trouva ni soutiens, ni
vengeurs.

Si le maire fit quelques tentatives pour arrêter le crime, elles furent foibles et impuis-
santes. Santerre, commandant de la garde
nationale, étoit trop lié au parti terrible qui
dominoit, pour s'opposer à ses proscriptions.
Le corps législatif, voulant échapper à la tyrannie de la commune, l'avoit enfin destituée
par un décret; la crainte fit bientôt taire l'indignation : le décret fut rapporté, et les chefs
triomphans de cette commune rebelle, crurent
alors qu'ils pourroient étendre sur toute la
France leur criminel empire, et qu'ils y trou-
veroient par-tout des complices, des bourreaux
et des victimes.

Jamais une nation ne s'étoit vue menacée
d'un péril plus affreux et d'une plus sanglante
tyrannie : les maux soufferts et les crimes commis pendant la durée de la convention, n'em-
pêcheront point de croire que cette convén-
tion, au moment où elle se rassembla, sauva la

1792. France de la crise la plus terrible où jamais un pays se soit trouvé.

Pour peindre l'étendue de ce danger, la cruauté des projets de cette commune conspiratrice et l'audace de ses chefs, il ne faut que transcrire la lettre que ces proscripteurs écrivirent, après les massacres de septembre, à tous les départemens, pour les enchaîner sous leurs loix, par la contagion de la peur et par les liens du crime. On trouvera cette lettre terrible dans les Pièces justificatives [1].

On voit, par ce monument affreux, que le comité de salut public avouoit audacieusement qu'il s'étoit emparé de la puissance souveraine; qu'il traitoit avec un mépris insultant le corps législatif, dont il inculpoit et menaçoit déjà la majorité; qu'il employoit les cris de la sédition et les fureurs de ses satellites, pour le contraindre à rapporter ses décrets, et qu'il espéroit que, dans toutes les communes de la France, le peuple obéissant immoleroit l'innocence et s'attacheroit à lui par l'horrible lien des forfaits.

[1] *Extrait du Moniteur, du 27 septembre 1792.*
Cette circulaire fut dénoncée à la convention par Vergniaud. Quelques jours après, la commune envoya déclarer qu'elle n'avoit pris aucune part aux actes tyranniques de son comité de surveillance.

Son infernal espoir ne fut pas rempli. Deux 1792.
ou trois municipalités seules se déshonorèrent
en imitant l'exemple de celle de Paris. Meaux
vit couler le sang par la main des mêmes hommes qui avoient été payés dans la capitale pour
cet infame ministère. Brissac, Lessart et tous
les prisonniers d'Orléans, qui devoient être
jugés à la haute-cour nationale, furent amenés
à Versailles et massacrés par les assassins de la
commune de Paris. En Normandie, des émissaires de cette même commune, égarant une
foule insensée, égorgèrent le vertueux la Rochefoucauld, qui avoit soutenu l'éclat de son
nom par sa philosophie, par son désintéressement et sa franchise dans ses opinions.

Mais si l'on excepte quelques villes épouvan-
tées et quelques clubs furieux, la France entière
apprit avec horreur les événemens de septembre, reçut avec mépris l'odieuse circulaire de la
commune, et appela par des vœux inutiles, sur
la tête des proscripteurs, le châtiment que la
justice leur devoit, et dont ils furent sauvés par
la politique et par la peur. Quelques années
après, une équité apparente et tardive ordonna
la recherche des auteurs et des acteurs de ces
scènes criminelles : les tribunaux ne trouvèrent
pas de coupables, et la lettre circulaire existe!

1792. Elle prouvera à la postérité, combien dans ce siècle le crime fut audacieux et la probité timide, ou plutôt elle attestera combien la tyrannie avoit inspiré d'horreur aux Français pour toute effusion de sang, puisqu'ils ne voulurent pas qu'on répandît même celui des hommes qui en avoient tant versé !

Tandis que des tyrans cruels, secondés par des clubs forcenés, saisissoient d'horreur, glaçoient de crainte tous les esprits et inspiroient à une foule de citoyens le funeste désir de fuir un pays où l'on ne voyoit que des prisons forcées, des échafauds sanglans et des magistrats bourreaux, le corps législatif, dominé par la crainte des ennemis extérieurs, et entraîné par l'impulsion des révolutionnaires terribles qui le menaçoient, achevoit de rédiger ce code de proscription, et ordonnoit la confection de ces fatales listes qui ruinèrent tant de familles, allumèrent tant de haines, excitèrent tant d'avidité et immolèrent tant de victimes.

Précédemment on avoit séquestré les biens des Français expatriés ; alors on les confisqua : on prononça la peine de mort contre tous ceux qui rentreroient en France ; on enveloppa dans ce terrible arrêt les vieillards, qui cherchoient le repos loin du volcan de la révolution, les

femmes, les filles, les enfans, dont la crainte 1792.
trop légitime justifioit assez l'absence, et que
les loix divines et naturelles obligeoient à suivre
leurs pères et leurs époux.

De ce moment, violant tous les principes
d'équité, et renversant toute idée de morale et
de jurisprudence, on ne fut pas obligé de prouver le délit, mais l'innocence : chaque Français,
étant pour ainsi dire présumé coupable, fut
forcé de se justifier par des certificats de rési-
dence; le plus léger retard dans l'expédition ou
l'envoi de ces actes le faisoit inscrire sur ces
listes que rédigeoient des jacobins furieux,
d'avides anarchistes ou des hommes ignorans
et grossiers, qui confondoient les noms, les do-
miciles, les familles, les propriétés, les absences
légitimes ou criminelles. De ce moment enfin,
sur toute la surface de la France, les sentimens
sacrés dictés par la nature devinrent des délits,
l'existence fut un tourment, la propriété un
crime, et la spoliation une vertu civique.

Voilà quels furent les effets des premiers succès de cette coalition impolitique, qui croyoit
intimider un peuple et qui l'exaspéra; qui se
vantoit de soutenir le Roi, et qui précipita sa
perte; qui vouloit relever la noblesse, et qui
l'anéantit; qui prétendoit enfin ramener l'ordre

1792. en France, et qui n'y fit régner que la plus sanglante anarchie.

Les législateurs ne luttoient plus que foiblement contre Robespierre et la commune; de
nouvelles proscriptions se préparoient encore.

Ire année de la Répub. Enfin, la convention nationale vint succéder,
au corps législatif, et par l'étendue de ses pou-
voirs elle parut en imposer quelque temps à
la commune usurpatrice; mais ses premières
séances prouvèrent évidemment l'ardeur des
membres impétueux qui la composoient. Sans
délibérer, et par acclamation, elle décréta l'abolition de la royauté et l'établissement de la république, et la coalition ne parut s'approcher
du trône français que pour entendre le bruit de
sa chute.

Si les premiers pas de Frédéric-Guillaume
furent rapides, bientôt il les vit arrêtés par des
obstacles qu'il n'avoit pas prévus, et son illusion fut aussi courte qu'elle avoit été brillante.
Le duc de Brunswick avoit négligé de s'emparer des hauteurs de Bienne; Arthur-Dillon s'y
étant posté, l'armée prussienne fut obligée de
faire un long détour qui lui fit perdre plus de
huit jours. Arrivée en Champagne, après avoir
passé les gorges de l'Argone, elle se trouva
dans un pays stérile, sans vivres, fatiguée par

des pluies continuelles, et minée par une maladie contagieuse qui tua ou mit près de vingt
mille hommes hors de combat.

Dumouriez, Kellermann, Luckner et Beurnonville réunis, lui opposoient des forces redoutables, et se préparoient, s'ils étoient vaincus, à retarder sa marche par des combats
continuels, et à lui enlever tout espoir de retraite s'ils étoient victorieux. A Paris, on formoit un camp retranché, dont la défense étoit
confiée à cent vingt mille hommes qui avoient
pris les armes. De tous les départemens on
voyoit accourir des bataillons nombreux de volontaires, dont une partie rejoignoit Dumouriez, et dont l'autre devoit former derrière les
Prussiens une nouvelle armée. Custines et Biron,
avec d'autres troupes, se portoient sur Mayence,
et pouvoient, s'ils le vouloient, couper toute
communication entre l'armée coalisée et l'Allemagne. Une lettre que Dumouriez écrivit au
général Biron à cette époque, peindra mieux
que tout autre récit, la position critique dans
laquelle Frédéric-Guillaume s'étoit placé, en
n'écoutant que les avis des passions les plus ardentes et les plus aveugles.

LETTRE

Du Général Dumouriez au Général Biron.

A Sainte-Ménéhould, le 28 septembre 1792,
l'an IV de la Liberté et le Ier de la Rép.

1792.

Ire
année
de la
Répub.

« Je suis fâché, mon cher Biron, que ma
» lettre vous soit arrivée trop tard pour chan-
» ger notre plan. Je voulois que vous m'aidas-
» siez tout d'un coup à accabler le roi de Prusse
» et à finir la guerre tout de suite. Votre expé-
» dition sur Mayence et Spire est plus brillante ;
» mais je la crois moins solide. La moindre com-
» binaison manquée, le moindre retard, le moin-
» dre accident peuvent déjouer tout notre plan
» et vous exposent à n'avoir plus même assez
» de troupes pour défendre l'Alsace. L'histo-
» rique très – court de ma campagne va vous
» mettre à portée de juger pourquoi je préfé-
» rois mon plan au vôtre.

» J'ai pris, le 28 août, le commandement de
» l'armée de la Fayette, et je ne peux pas vous
» peindre à quel point elle étoit désorganisée
» et foible. Dix-sept mille hommes qui la com-
» posoient étoient placés dans le camp de Vaux,
» au-dessus de Mouzon. Ce camp auroit exigé

» quarante mille hommes pour être tenu ; il n'y
» avoit ni vivres, ni chevaux, ni fourrage, ni
» moyen d'avancer, ni moyen de rester. J'avois
» en tête Clairfait avec vingt-cinq mille Autri-
» chiens. Les Prussiens assiégeoient Verdun ,
» et je n'avois pas pu y jeter un commandant :
» je ne doutois pas que cette place ne dût être
» bientôt prise, assiégée par cinquante mille
» Prussiens. C'est devant ces quatre-vingt mille
» hommes que j'ai entrepris, le premier sep-
» tembre, un mouvement très-hardi.

   » J'ai marché par Mouzon sur Stenay, où
» les Autrichiens venoient de passer la Meuse.
» Mon avant-garde les a un peu battus, et les
» a fait replier dans le camp de Brouchenu ;
» de là j'ai filé par-derrière, leur montrant tou-
» jours des têtes imposantes, et j'ai occupé les
» défilés de l'Argone : j'y ai reçu le 8 un ren-
» fort de cinq mille hommes des troupes de
» Flandre. J'attendois avec impatience Keller-
» mann d'un côté, et Beurnonville de l'autre.
» Verdun s'étoit rendu le 2 ; et si j'avois eu
» affaire au grand Frédéric, dès le 5 j'aurois
» été chassé jusqu'à Châlons.

   » Mais, mon ami, les Prussiens ne savent
» plus faire la guerre, et ne valent guère mieux
» que nous. Leur grande armée a paru devant

» moi le 10 , et pendant cinq jours je les ai
» battus à toutes les attaques de postes qu'ils
» m'ont faites.

» Les secours n'arrivoient pas, et je gardois
» quinze lieues de terrain , et cinq ou six dé-
» filés, dont un très-spacieux, celui de Grand-
» Pré, avec moins de vingt-cinq mille hommes.
» Le 13, le plus fort de mes défilés a été forcé ;
» il a été repris le lendemain , reforcé une se-
» conde fois, et j'ai été tourné sur mes der-
» rières par plus de vingt mille hommes, n'en
» ayant que dix-sept mille dans un camp de-
» venu détestable.

» Dans la nuit du 14 au 15, j'ai entrepris
» la retraite la plus hardie et la plus dange-
» reuse ; elle a été exécutée parfaitement. Tout
» étoit hors de danger, lorsque l'apparition de
» quinze cents hussards a renouvelé la déroute
» de Mons.

» J'ai très-peu perdu ; car une partie des
» équipages, et des corps entiers, avoient fui
» jusqu'à Rhetel, Reims, Châlons et Vitry.
» Les ennemis ont encore fait la sottise de ne
» pas me poursuivre , et le 17, j'ai encore été
» joint par Beurnonville.

» Le 19 au soir, Kellermann est venu se
» camper à ma gauche, sur les hauteurs de

(283)

» Valmies [1]. Le 20 , nous y avons été atta-
» qués , et l'ennemi a été vivement repoussé.
» Nous sommes à présent réunis soixante mille

1792.

Ire
année
de la
Repub.

[1] Cette affaire de Valmies mérite une place très-remarquable dans l'histoire militaire de la révolution, qui en consacrera certainement les détails. Et quoiqu'elle se soit terminée sans autre événement qu'une canonnade inutile, il n'est point de bataille sanglante dont les résultats aient été plus importans que ceux de cette journée célèbre qui fixa les destinées de la France, dissipa les illusions du roi de Prusse, et décida la retraite. Kellermann commandoit la gauche de Dumouriez, et n'avoit que dix-huit mille hommes. Le duc de Brunswick, par une manœuvre habile et digne de sa réputation, avoit tourné l'armée française et s'étoit placé entr'elle et Châlons. Si l'aile gauche de Kellermann, composée de quelques bataillons de grenadiers et des carabiniers, eût fait un mouvement rétrograde, elle auroit démasqué la foiblesse de sa position, que l'ennemi supposoit soutenue par des forces considérables. Le roi de Prusse comptoit sur la désertion d'une partie des Français, et sur l'effroi des autres. Il fut déconcerté par la fermeté de l'armée de Kellermann. La division du général Lynch soutint froidement le feu sans céder le terrain; et la contenance également courageuse des grenadiers et des carabiniers, commandés par Valence, détermina le duc de Brunswick à cesser son attaque. Cette résistance imprévue lui fit abandonner le projet de tourner complètement les deux armées et de leur couper la retraite en occupant la rivière d'Aune et le chemin de Sainte-Menehould.

» hommes au camp de Sainte-Menehould, te-
» nant en échec devant nous l'armée prussienne
» et les émigrés, avec un corps autrichien for-
» mant un peu plus de cinquante mille hommes.
» Ils meurent de faim, sont très-rebutés de la
» guerre, et ils n'ont pas osé avancer vers
» Reims ni Châlons, quoique m'ayant coupé
» l'un et l'autre, de peur que je ne les suive.
» *Depuis quatre jours nous avons arrangé*
» *une espèce de trève entre les Prussiens*
» *seulement et moi, et nous sommes entrés*
» *en espèce de négociation, qui n'a abouti*
» *qu'à une cessation de trève que je viens*
» *de leur notifier ce soir, parce que le duc*
» *de Brunswick a tout gâté en m'envoyant*
» *un manifeste insolent.* J'ai profité de ce
» temps pour rétablir ma communication, et
» voici ma position actuelle :
» Le général d'Harville arrive demain avec
» quinze mille hommes à Anbrive, sur la Suippe,
» où il se retranchera ; le général Sparre se
» retranchera, avec dix mille hommes, dans
» l'excellent poste de Notre-Dame-de-l'É-
» pine ; du Bouquet, maréchal de camp, est
» actuellement, avec dix-huit mille hommes,
» à Fresnes ; et la Barolière, avec cinq mille
» hommes, est à Dar, et je compte, sous peu

1792.

Ire
année
de la
Répub,

» de jours, faire un mouvement par ma gauche,
» qui débordera la droite des Prussiens et les
» forcera à changer de position. *J'ai donc*
» *réuni cent mille hommes, avec lesquels je*
» *mine cette armée et je la fais mourir de*
» *faim ; je ne doute pas qu'ils ne reviennent*
» *aux négociations. Je fais imprimer toutes*
» *les pièces de celle que je viens de lui noti-*
» *fier, et je vous les enverrai.* Si vos quinze
» mille hommes, au lieu d'aller courir les ha-
» sards en terre étrangère, étoient venus par-
» derrière ma droite, je les aurois fait marcher
» sur Verdun, et j'aurois pu répondre de ter-
» miner la guerre en trois semaines de temps
» par une capitulation, au lieu d'une négocia-
» tion. Voilà pourquoi je trouve que ce que
» vous avez entrepris, quoique très-utile en
» soi, n'est pas assez lié avec un plan général
» comme je l'aurois désiré. *Au reste, j'ai tou-*
» *jours l'avantage de la position, soit que les*
» *ennemis marchent en avant, soit qu'ils*
» *tentent une retraite, soit qu'ils veuillent*
» *risquer une bataille. Ils sont en général*
» *très-avares de leurs hommes, et ils ont rai-*
» *son, car ils ne se recruteront pas chez nous.*

» *Je vais les harceler plus que jamais, et*
» *tous les jours je ferai la petite guerre avec*

1792.

Ire
année
de la
Répub.

» *eux. Voilà, mon ami, le récit d'une cam-*
» *pagne que j'ai commencée avec dix-sept*
» *mille hommes, et que je finirai avec plus*
» *de cent mille. Les ennemis l'ont commencée*
» *avec plus de quatre-vingt mille hommes et*
» *en ont déjà perdu plus de vingt-cinq mille.*
» *Pour peu que cette progression arithméti-*
» *que aille toujours en augmentant pour moi*
» *et en diminuant pour eux, le roi de Prusse*
» *pourra s'en retourner à Potzdam tout seul,*
» *et n'arrivera pas à Paris que je ne l'y mène.*

» Votre diversion me sera toujours utile,
» en ce qu'elle fera marcher de votre côté les
» troupes qui auroient pu me gêner beaucoup
» si elles étoient venues à son secours. J'ai beau-
» coup vu les deux fils de M. *d'Orléans* ces
» jours-ci. Chartres a couché hier chez moi,
» et est parti ce matin pour Paris ; son voyage
» sera court, mais très-utile, parce qu'il voit
» bien et est bien intentionné.

» Adieu, mon ami, faites-nous de bonne
» besogne, et comptez toujours sur mon ten-
» dre attachement. Renvoyez-moi encore des
» imprimés allemands : portez-vous bien, et
» lisez Plutarque, pour apprendre à devenir
» républicain. Je vous embrasse ».

Signé, DUMOURIEZ.

Cette lettre, où la vérité se montre avec moins de voiles que dans une dépêche officielle, prouve suffisamment quelle étoit la foiblesse des moyens de défense des Français dans les premiers momens, et avec quelle rapidité leurs forces s'accrurent : elle doit démontrer encore que si le roi de Prusse n'avoit pas négligé plusieurs occasions, il auroit facilement battu Dumouriez, mais qu'après la victoire sa position n'en auroit pas été moins critique, puisqu'à mesure qu'il se seroit avancé, il se seroit vu entouré par les bataillons de volontaires qui se levoient et s'armoient dans toutes les parties de la France.

Quoi qu'il en soit, les négociations qui avoient été rompues, furent reprises ; et au moment où Frédéric-Guillaume, toujours irrésolu, avoit promis, contre l'avis du duc de Brunswick, de tenter le sort d'une bataille, l'armée coalisée, qui attendoit le signal du combat, reçut l'ordre de se retirer.

Cette retraite parut se faire paisiblement ; les troupes françaises escortoient plutôt qu'elles ne poursuivoient les troupes prussiennes. Verdun fut rendu sans siége, comme il avoit été pris. On promit, dans cette capitulation, d'évacuer Longwy. Valence nommé, à la place de

1792.

Ire
année
de la
Répub.

Dillon, au commandement de l'armée des Ardennes, fit cesser à l'instant de son arrivée la trève qui existoit entre cette armée et les Prussiens. Il les attaqua, leur enleva quelques villages et conclut une armistice, par laquelle on convint définitivement que Longwy seroit restitué aux Français, et que les Prussiens évacueroient sans délai le territoire de la république. On ouvrit bientôt après des conférences à Longuyon et à Etange, où l'on fit quelques propositions pour poser les articles préliminaires d'un traité de paix. Kellermann, Valence, le duc de Brunswick, M. de Luchesini, le prince de Hohenlohe et le prince de Reuss entamèrent cette négociation qui n'eut point d'effet. Dumouriez brûloit du désir d'attaquer les Pays-Bas autrichiens, et le roi de Prusse profita de cette disposition connue, et de son impatience, pour se retirer sur le Rhin. La crainte de voir sa retraite coupée remplaçoit l'espoir des conquêtes ; et il étoit aussi empressé de retourner en Allemagne, qu'il avoit montré d'ardeur pour entrer en France. Thionville, dont les ennemis avoient espéré de s'emparer par trahison, avoit trompé leur attente [1] : ainsi, en moins

[1] Lorsque les Prussiens voulurent faire le siége de Thionville, ils demandèrent au commandant de Lu-

de

de quinze jours , cette armée menaçante, qui 1792. —
prenoit les villes en passant, et qui devoit arriver à Paris sans obstacle , pour y rétablir la
monarchie absolue, la religion dominante et
le régime féodal , disparut. plus rapidement
qu'elle n'étoit arrivée, ayant aggravé tous les
maux qu'elle vouloit guérir , et n'emportant
que la honte qui suit une entreprise annoncée
avec tant de pompe , accompagnée de tant de
menaces , conduite avec tant d'imprudence ,
soutenue avec si peu de fermeté, et terminée
par un dénouement si imprévu [1].

Quoiqu'on fût accoutumé , depuis la con‑
vention de Reichenbach, la paix de Sistow , et
la réponse de Frédéric ‑ Guillaume au roi de
Pologne, à voir le roi de Prusse abandonner
xembourg des canons que cet officier leur refusa. Ce
refus, forçant le duc de Brunswick de laisser cette ville
de guerre derrière lui, dérangea son plan, et fut une des
premières causes de son découragement, et du refroi‑
dissement qui ne tarda pas à réguer entre la Prusse et
l'Autriche.

[1] L'armistice où l'on décida la restitution de Longwy
est remarquable : c'est le premier acte authentique qui
existe entre les rois et le *peuple français.* Valence, en
le signant, le fit terminer pas ces mots : *Pour donner à
la présente convention la plus grande authenticité, elle
sera revêtue du sceau du peuple français, et de celui de
S. M. le roi de Prusse.*

II.   T

avec facilité les projets qu'il avoit paru former avec le plus d'ardeur, sa fuite à l'instant où tout lui présageoit la victoire, ses négociations avec des jacobins lorsque son ardente passion l'avoit empêché de négocier avec des hommes royalistes, constitutionnels et modérés, et son retour en Allemagne lorsque tous les gazetiers le croyoient à Paris, étonnèrent toute l'Europe; et dans cette circonstance, la singularité de sa conduite parut un problème que la politique chercha vainement à deviner. On s'épuisa partout en conjectures, et le temps, qui ordinairement explique tout, n'a point encore pleinement dévoilé ce mystère.

Si le roi de Prusse venoit soutenir la cause de Louis XVI, dont on avoit ébranlé le trône, pourquoi l'abandonnoit-il au moment où on venoit de le renverser ?. S'il étoit conduit par la gloire, comment se décidoit-il à fuir sans combattre ? S'il étoit sûr de vaincre, quel motif pouvoit le faire renoncer à la victoire ? D'un autre côté, si son armée étoit aussi affoiblie par les maladies, aussi minée par la famine qu'on le prétendoit, comment les républicains soupçonneux n'accusoient-ils pas de trahison Dumouriez qui, à la tête de cent mille hommes, laissoit tranquillement retirer un ennemi qui n'avoit point fait la paix et qu'il pouvoit écraser ?

Les uns disoient que le gouvernement français avoit fait de grands sacrifices en argent
pour acheter cette retraite : la réputation du
duc de Brunswick, et le caractère personnel
du roi de Prusse, rendent cette hypothèse
absolument invraisemblable ; et en supposant
même cette avidité possible, la conquête auroit été certainement plus lucrative que la
fuite. D'autres soutenoient que Louis XVI
avoit écrit au roi de Prusse pour le conjurer
de s'éloigner, en lui persuadant que c'étoit le
seul moyen de lui sauver la vie. Malesherbes
voulut approfondir ce fait ; il demanda la vérité sur ce point au malheureux monarque, et
ce Prince l'assura qu'il n'avoit point écrit, et
que s'il existoit une pareille lettre, il falloit
qu'on eût contrefait son écriture. Il ajouta,
comme un fait certain, que le duc d'Orléans
savoit imiter son *caractère*, mais qu'il ne
pouvoit pas croire qu'il eût fait usage, dans
cette circonstance, de ce dangereux talent. On
tient cette anecdote de deux amis respectables
de Malesherbes. S'il étoit permis de les nommer,
leur nom ne laisseroit, aux plus incrédules,
aucune possibilité de doute.

D'un autre côté, Manuel, ex-procureur de
la commune, et député conventionnel, affir-
moit que le roi de Prusse avoit reçu une lettre

de Louis XVI ; mais il est difficile de croire qu'il en ait existé même une supposée ; car, après la mort de ce prince et de sa famille, quelle raison auroit pu empêcher Frédéric-Guillaume et le duc de Brunswick de publier cette pièce pour se justifier d'une retraite si honteuse et si peu prévue ?

Ces considérations et beaucoup de faits postérieurs portent à croire que le roi de Prusse s'étoit déterminé à renoncer à ses projets de conquêtes, par plusieurs motifs réunis : il voyoit évidemment qu'on l'avoit trompé, que ce n'étoit pas une faction, mais une nation qu'il devoit combattre. Il étoit possible de la vaincre, mais impossible de la soumettre. Plus il s'avançoit, plus il s'exposoit à se voir enlever toute possibilité de retraite.

Il éprouvoit une disette si réelle, qu'il écrivoit à madame Rietz, que depuis trois jours il étoit sans café ; et lorsqu'un roi manque de café, certainement son armée manque de pain. Une maladie contagieuse faisoit le plus funeste ravage dans ses troupes ; une victoire sanglante ne terminoit rien ; un échec le laissoit sans ressources. Ses progrès, loin de calmer les esprits, les avoient exaspérés : il avoit voulu relever la monarchie, et il avoit fait naître la république. Encore quelques pas, et peut-être il faisoit tomber la tête du Prince qu'il vouloit secourir. Probablement Dumouriez (et sa conduite ainsi que ses Mémoires confirment cette idée) fit secrètement valoir cette raison puissante pour arrêter la marche du monarque prussien ; il promit sans doute que, si l'on évacuoit le territoire français, il parviendroit, de concert avec une partie de la convention, sur laquelle il comptoit, à sauver Louis XVI ; et tout doit persuader à ceux qui connoissoient le caractère de Frédéric-Guillaume, et l'ame sensible et élevée du duc de Brunswick, que ce motif d'humanité les décida, plus que tout autre, à faire le sacrifice de leur gloire.

Le dépit de s'être laissé engager par la cour de Vienne dans cette malheureuse entreprise, fit sans doute aussi renaître d'anciens ressen—timens, plus assoupis qu'éteints, contre l'Autriche. Dumouriez l'indique dans sa lettre, qui prouve d'ailleurs que les Autrichiens n'étoient point consultés dans cette négociation, et que c'étoit avec les Prussiens seuls qu'on traitoit.

Il paroît constant qu'il exista une convention secrète, par laquelle le roi de Prusse s'engageoit à se séparer de la coalition et à ne plus combattre, pourvu que les Français bornassent leurs opérations à l'invasion des Pays-Bas autrichiens, et ne portassent point leurs armes

1792.

Ire
an 1ée
de la
Répub.

dans l'Empire ; mais ce traité secret ne fut point ratifié par le conseil exécutif qui étoit divisé, et qui n'auroit pas osé s'exposer à la fougue du parti jacobin de la convention, en paralysant les efforts de Custines, dont les succès inattendus enivroient le peuple d'orgueil et d'espérance.

Custines, par une marche rapide et hardie, s'étoit porté sur Spire, et depuis avoit pris Mayence qui ne lui avoit opposé aucune résistance ; et Frédéric-Guillaume qui exécutoit de bonne foi le traité, en évacuant la France et en laissant à Dumouriez le champ libre pour agir dans les Pays-Bas, voyant que le gouvernement francais ne ratifioit pas ce traité et poursuivoit ses conquêtes en Allemagne, se réunit de nouveau à la coalition pour faire une seconde campagne, qu'il termina en reprenant Mayence.

Si l'on pouvoit avoir quelques doutes sur la vérité du changement de système de Frédéric, sa conduite postérieure a dû les dissiper entièrement ; car, dès qu'il eut rempli son objet et délivré Mayence, il quitta ouvertement la coalition, et, comme on le verra bientôt, signant alors un traité public, assez conforme au traité secret dont on vient de parler, il abandonna l'Empereur à ses propres forces, se contentant d'assurer le repos du nord de l'Empire, dont il marqua les limites et garantit la neutralité.

PIÈCES JUSTIFICATIVES.

NOTES DU CHARGÉ D'AFFAIRES DE SUÈDE.

LE Roi a, pendant dix-sept ans de règne, donné trop de preuves de son amour pour la paix, et du soin avec lequel sa majesté a tâché de maintenir la bonne harmonie avec ses voisins, pour que le Roi croie nécessaire de justifier des sentimens aussi connus, et que tant d'années de repos et de tranquillité ont rendus évidens aux yeux de l'univers entier. Le Roi a sur-tout mis ses efforts à maintenir la paix avec la Russie, qu'il trouva conservée durant tout le règne du Roi son père; et quoique cette puissance donnât au Roi, dès son avénement au trône, les plus justes sujets de mécontentement, par les intrigues réitérées qu'elle se plaisoit à entretenir contre la personne même du Roi, comme elle l'avoit fait contre la personne du feu Roi, pendant les dernières années de la vie de ce Prince, sa majesté sacrifia son juste ressentiment à la tranquillité publique, et crut que l'Impératrice, égarée par des rapports faux et exagérés, éclairée par la conduite uniforme du Roi, et ouvrant les yeux sur ses vrais intérêts, rendroit enfin

justice aux sentimens de sa majesté, et cesseroit de
vouloir porter la division et le trouble dans le sein d'une
nation réunie par le courage du Roi, et qui avoit eu la
noble fermeté de briser les liens que son voisin étoit
occupé à lui donner par le soutien de l'anarchie et du
désordre.

L'époque où la Russie, accablée d'une guerre oné-
reuse, longue et sanglante quoique remplie de succès,
éprouvant les calamités de la disette et de la peste, déchirée dans son sein par la révolte qui menaçoit jusqu'au trône même de l'Impératrice; où Moscow, trem-
blant à l'approche du rebelle Pugatscheff, demandoit
un prompt secours, et où, pour le lui donner, l'Impératrice fut forcée de dégarnir sa frontière, de la laisser
ouverte et sans défense, suivit bientôt celle où elle paroissoit occupée d'ébranler le trône du Roi.

Si sa majesté n'eût consulté que les mêmes principes
qui déterminoient les démarches du cabinet de Pétersbourg, le Roi auroit pu porter des coups funestes à la
Russie, et qui auroient pu même rejaillir sur la personne de l'Impératrice. Loin de se livrer à des sentimens qui, par tout ce qui avoit précédé, eussent été
excusables, le Roi, dans une parfaite tranquillité, espéra, par une conduite aussi pure, de convaincre l'Impératrice de ses sentimens particuliers et des principes
qu'il s'étoit prescrit de suivre pendant tout le cours de
son règne. Non contente d'une conduite aussi pacifique,
et voulant ne rien négliger pour arracher jusqu'aux
moindres semences d'animosité, que les succès mêmes
du Roi pourroient avoir laissées dans l'esprit de l'Impératrice, et en même temps éteindre toutes les haines

nationales que tant de guerres avoient allumées, sa majesté chercha, par une connoissance personnelle, à convaincre l'Impératrice de son amitié et de son désir de maintenir la paix et la bonne harmonie entre la Suède et la Russie. Le Roi aimeroit à s'arrêter à cette époque, dont le souvenir, encore cher à son cœur, lui rappelle la douce et trompeuse illusion dont il fut pendant long-temps ébloui, pendant laquelle il croyoit pouvoir regarder l'Impératrice comme son amie personnelle. Si les circonstances qui se sont développées depuis, lui permettoient de se retracer ces momens de son règne, le Roi en appelle à l'Impératrice elle-même, si sa majesté a rien négligé pour lui témoigner, à elle personnellement et à l'empire de Russie, sa confiance et les sentimens pacifiques et amicals que le Roi regardoit comme si utiles aux deux Empires.

C'est cependant au milieu de ces soins, et tandis que le Roi ne cessoit de compter sur la constante union qu'il avoit cru si bien établie, que le ministre de l'Impératrice, au contraire, ne cessoit, par ses menées sourdes, ses propos et ses actions, de vouloir réveiller cet esprit de désunion et d'anarchie que le Roi avoit eu le bonheur d'étouffer au commencement de son règne, et qu'alors l'Impératrice avoit fomenté et soudoyé avec tant de soins; et tandis que le comte de Razoumowsky tâchoit ainsi de troubler l'intérieur de l'état et changeoit le sacré caractère d'un ministre de paix en celui d'un perturbateur du repos public, il osoit prêter au Roi, dans ses rapports, les desseins les plus hostiles contre la Russie.

Le Roi seroit cependant en droit de prétendre que

les offres répétées de bons offices et de médiation que sa
majesté avoit fait faire par son ministre, pour établir
la paix entre la Russie et l'Empire ottoman, auroient
dû convaincre l'Impératrice du désir du Roi de pacifier
les différends élevés; désir à la vérité bien différent de
celui de vouloir troubler son repos. Mais lorsque le
Roi ne peut pas connoître les vues et les secrets du cabinet de l'Impératrice, sa majesté ne peut aussi juger
que par les effets, des principes qui le guident; et lorsque le Roi a vu d'un côté les menées du ministre de
Russie dans son intérieur, et de l'autre les préparatifs
de l'Impératrice, et sur-tout les démarches de cette
Princesse pour semer la discorde entre lui et un de ses
voisins, démarche que sa majesté se réserve, dans une
autre occasion, de relever, le Roi n'a pu que prendre
les précautions que le devoir de sa place, la gloire,
l'intérêt de l'état et la sûreté de son peuple exigeoient,
et de déployer avec la célérité et l'énergie d'une grande
puissance, toutes les ressources que dix-sept ans de sa
propre administration lui ont procurées.

C'est dans ces circonstances et lorsque le Roi comptoit s'expliquer définitivement avec l'Impératrice, que
le comte de Razoumowsky, mettant le comble à ses démarches offensantes, dans une note ministérielle conçue
dans les termes les plus insidieux, sous les apparences
de l'amitié, a osé vouloir séparer le Roi de la nation,
en a appelé à elle, et a, sous le prétexte spécieux de
l'amitié de l'Impératrice pour la nation, voulu rompre
les liens sacrés qui unissent le Roi à ses sujets. Sa majesté n'a consulté que ce qu'elle se doit à elle-même, à
ses peuples et à la tranquillité publique, en écartant de

sa personne un particulier qui, en abusant du droit
des gens, cessoit d'avoir droit d'en jouir ; et lorsque sa
majesté, en respectant encore en lui le caractère dont
il mésusoit, a mis dans la démarche que le Roi devoit
à sa gloire, tous les ménagemens possibles, sa majesté
croit encore avoir donné une nouvelle preuve de ses
égards pour l'Impératrice et du respect que le Roi
porte au droit des gens.

C'est dans ces circonstances que le Roi s'est rendu en
Finlande à la tête de son armée, et qu'il demande une
réponse catégorique et définitive qui décidera de la
paix ou de la guerre ; et voici à quelles conditions le
Roi offre la paix à l'Impératrice :

1°. Que le comte de Razoumowsky soit puni d'une
manière exemplaire pour toutes les intrigues qu'il a
fomentées infructueusement en Suède, et qui ont troublé l'amitié, la confiance et la bonne harmonie qui
subsistoient entre les deux empires, pour que ses pareils soient à jamais dégoûtés de se mêler des affaires
intérieures d'un empire indépendant ;

2°. Que pour dédommager le Roi des frais que les
armemens que sa majesté a été forcée de faire, lui coû-
tent, et qu'il n'est pas juste que ses peuples supportent,
l'Impératrice cède au Roi et à la couronne de Suède,
à perpétuité, toute la partie de la Finlande et de la
Carélie, avec le gouvernement et la ville de Kexholm,
tels qu'ils furent cédés à la Russie par les paix de
Nistadt et d'Abo, en rétablissant la frontière à Sys-
terbeck ;

3°. Que l'Impératrice accepte la médiation du Roi
pour lui procurer la paix avec la Porte ottomane, et

qu'elle autorise sa majesté à offrir à la Porte la cession entière de la Crimée, et de rétablir les frontières d'après le traité de 1774; ou, si sa majesté ne peut engager la Porte à la paix, à ces conditions, d'offrir à cette puissance le rétablissement de ses frontières telles qu'elles étoient avant la guerre de 1768; et pour sûreté de ses offres, que l'Impératrice désarme au préalable sa flotte et rappelle les vaisseaux déjà sortis dans la Baltique, retire ses troupes des nouvelles frontières, et permette au Roi de rester armé jusqu'à la conclusion de la paix entre la Russie et la Porte.

Le Roi attend un oui ou un non, et ne peut accepter la moindre modification sans compromettre sa gloire et l'intérêt de ses peuples.

C'est ce que le soussigné a l'honneur de déclarer par ordre du Roi à son excellence M. le vice-chancelier, et qu'il supplie ce ministre de vouloir bien mettre au plutôt sous les yeux de l'Impératrice, pour qu'il puisse faire promptement parvenir la réponse au Roi son maître.

G. DE SCHLAFF, *Secrétaire de Légation, comme seul appartenant à la mission du Roi à la Cour impériale de Russie.*

Saint-Pétersbourg, le premier juillet 1788.

LETTRE

DE S. M. LE ROI DE POLOGNE

A S. M. PRUSSIENNE.

Monsieur mon frère,

Il est certainement déjà connu à votre majesté que la diète de Pologne s'est décidée unanimement à allier notre République à votre majesté, sans délai et sans prétendre régler au préalable les points de commerce qui sont en discussion entre votre majesté et nous. Plus ces points de commerce sont essentiellement importans pour nous, et plus votre majesté voudra bien apprécier l'empressement d'une nation libre et généreuse à s'unir avec vous, en se reposant uniquement sur l'équité personnelle du caractère connu de votre majesté. Avec un roi tel que vous, la voie la plus sûre doit être de s'adresser directement à lui, en le priant de peser dans la balance de son ame juste, les réclamations d'une nation qui lui donne toute son amitié, lorsqu'elle les fonde sur la lettre claire des traités, et sur dix-sept ans de souffrances. L'idée que cette nation s'est formée de Frédéric-Guillaume régnant, est que, fait pour égaler ses ancêtres dans tous les autres genres de gloire, il y en a un qu'il voudra se rendre plus particulièrement propre, en mettant sa grandeur au-dessus de cette maxime funeste, qui *croit ne voir jamais le bien de ses états que dans les maux de ses voisins.* — Vous ne pouvez pas ignorer, sire, tout ce qui faisoit prévoir les plus grandes difficultés qui devoient s'opposer à la résolution que la diète de Pologne a prise le 15 du courant, ou du moins la retarder : néanmoins tout a cédé à la seule pensée que c'est à vous, sire, que nous avons affaire. J'ai dit à ma nation « que je m'adresserai en personne à votre ma- » jesté; que je vous exposerai les droits, les plaintes » et les demandes de ma nation ». Et aussitôt la diète entière, sans partage de voix, a dit : *Procédons au plutôt à devenir les alliés de ce roi, trop loyal sans doute, trop véritablement grand pour vouloir prendre avantage contre nous de la confiance que nous mettons en lui : il ordonnera sans doute à ses ministres de remédier au plutôt aux justes plaintes des Polonais.* Il dira : « Je veux que les Polonais soient désormais » à l'abri de la gêne injuste et de la vexation; je veux » qu'ils soient contens, parce qu'ils se sont déclarés mes » amis ». Si, en parlant à ma nation, j'ai présumé le succès de ma lettre, j'ai cru par-là même rendre hommage à vos vertus.

C'est dans ces sentimens que je me ferai toujours gloire de me dire, sire, de votre majesté, le bon frère et allié,

STANISLAS-AUGUSTE.

Warsovie, le 17 mars 1790.

RÉPONSE

DE S. M. PRUSSIENNE

A S. M. LE ROI DE POLOGNE.

Monsieur mon frère,

Le prince Jablonowsky m'a remis la lettre que votre majesté m'a bien voulu écrire, en date du 17 mars, et par laquelle elle réclame ma *droiture personnelle* pour faire cesser les griefs du commerce que la nation polonaise croit avoir contre la Prusse. Je suis flatté de la confiance dont votre majesté m'honore, et je n'omettrai sûrement rien de mon côté pour la justifier : mais je prie votre majesté et sa nation d'observer aussi la même justice et impartialité qu'elle me demande, envers moi et mon État, et qu'on pèse dans une balance exacte les véritables circonstances de l'objet important dont il s'agit.

Si votre majesté veut se rappeler tout ce qui s'est passé depuis la cession de la Prusse occidentale, elle ne pourra pas méconnoître que les charges et les inconvéniens auxquels le commerce de la nation polonaise sur la Vistule et vers la mer Baltique, se trouve peut-être exposé, prennent uniquement leur origine et leur source de ce que, lors de la cession de la Prusse occidentale, les villes de Dantzick et Thorn en furent exceptées, quoique situées au milieu de la Prusse ; et

que les circonstances exigèrent de conclure, en 1775,
la convention du commerce entre la Prusse et la Pologne, par laquelle toutes les marchandises que la
nation polonaise transporte vers Dantzick où on ex-
porte, ont été chargées des mêmes droits de douze pour
cent qui ont *déjà existé du temps de la domination
polonaise.* S'il s'est glissé des abus dans la perception
de ces droits par la conduite des douaniers, ce que les
sujets prussiens n'éprouvent pas moins en Pologne,
moi, aussi-bien que le Roi mon prédécesseur, nous
avons tâché de les redresser au possible dans le cas
des plaintesportées. J'ai fait sur-tout réduire l'estima-
tion des productions polonaises à leur véritable valeur
dans la douane de Fordon, et j'ai fait diminuer jusqu'à
trois pour cent les droits de transit pour toutes les
marchandises que la nation polonaise fait venir de
l'étranger par terre et à travers mes états. J'ai fait
de plus ce qu'aucun souverain n'a encore fait, et que
la nation polonaise n'a pas même pu exiger; c'est que
j'ai aboli les droits de douane et de péage sur la plus
grande partie des productions et marchandises que les
Lithuaniens portent dans la Prusse orientale et à mes
ports de Konigsberg et de Memel, en ôtant les bureaux
de douane qui ont subsisté depuis des siècles aux frontières de la Prusse et de la Lithuanie. Je crois donc
avoir fait tout, et plus qu'on ne sauroit exiger de
moi, pour faciliter le commerce de la nation polonaise
par mes états. Il peut se faire sans aucuns droits vers
les villes de Konigsberg et de Memel, et à raison de
deux pour cent par mes villes maritimes d'Elbing, et
de Stetin. Si le commerce que les Polonais veulent

faire

faire à Dantzick est chargé d'un impôt de douze pour
cent, c'est la suite naturelle et nécessaire de l'existence
des anciennes douanes polonaises de la convention de
1775, et de la situation de la ville de Dantzick On
ne sauroit exiger de moi, avec équité, que j'accorde le
même tarif et les mêmes avantages dont jouissent mes
propres villes, à une ville qui est toute environnée de
mes états sans y appartenir, et qui leur fait tant de
mal par les contrebandes de ses habitans, et par les
chicanes de ses magistrats. Je sais bien que la nation
polonaise en souffre d'une manière indirecte ; mais
c'est sa *propre faute*, et non celle des souverains de
la Prusse ; et elle doit se souvenir qu'elle n'a pas été
moins maltraitée par le monopole du commerce de la
Vistule, que la ville de Dantzick avoit usurpé, du temps
de la domination polonaise, au préjudice des autres
villes prussiennes. Ce vice ne peut pas manquer de
rester inhérent au commerce que les Polonais veulent
faire par la Vistule et à Dantzick, aussi long-temps
que les villes de Dantzick et de Thorn restent séparées
de mon territoire, duquel elles sont absolument envi-
ronnées, sur-tout la première. C'est pour lever ce grand
inconvénient, d'ailleurs incorrigible, que j'ai fait proposer à votre majesté et à l'illustre diète, « de faire
» avec moi une nouvelle transaction, par laquelle je
» diminuerois les droits de péage établis sur la Vistule,
» à raison de douze pour cent, à un taux si médiocre
» que la nation polonaise pourroit en être entièrement
» contente ; et j'ai demandé qu'en compensation de la
» grande perte que j'en souffrirois dans mes douanes,
» on me cédât la souveraineté des villes de Dantzick

» et de Thorn, qui, par leur situation naturelle, appar-
» tiennent au territoire de la Prusse occidentale, et
» qui, lors de la cession de ce pays, n'en ont été ex-
» ceptées que par des *raisons particulières et peu va-*
» *lables* ». J'ai cru pouvoir faire ces propositions sans
pouvoir être taxé de *vues injustes d'agrandissement*
et d'ambition, parce que les deux villes de Dantzick et
de Thorn sont situées au milieu de mes états, *que*
leur souveraineté ne convient qu'au possesseur de la
Prusse occidentale et à l'allié de la Pologne ; parce
qu'elles ne rapportent absolument rien à la république
de Pologne, et rendent plutôt le commerce de la nation
polonaise difficile et onéreux par les droits conven-
tionnels, et parce qu'en diminuant ces droits j'aurois
perdu un revenu annuel, mais certain, de 200 mille
écus que la nation polonaise auroit gagnés sans faute
dans son commerce par la diminution de la douane
de Fordon, sans que je puisse m'en promettre aucun
équivalent proportionné par la possession des villes de
Dantzick et de Thorn. Si votre majesté y auroit perdu
quelques revenus casuels, je n'aurois pas manqué de
les lui bonifier.

Je ne devois donc pas m'attendre que ma susdite
proposition seroit reçue par la diète d'une manière si
contraire à mes vues innocentes et honnêtes, et au
véritable intérêt des deux états. Je devois encore moins
prévoir qu'un monarque aussi patriote et aussi éclairé
que votre majesté, pût s'en alarmer d'une manière aussi
forte comme elle l'a fait. J'avoue que je me suis attendu
à tout autre accueil de la part de la diète; mais dès que
j'ai appris que cette proposition, qui ne roule en effet

que sur un troc très-avantageux pour la Pologne, n'étoit
pas agréable à votre majesté et à la diète, j'ai ordonné
à mon ministre, le marquis de Luchesini, d'en faire
abstraction, et de se borner à la conclusion d'un simple
traité d'alliance. Je suis redevable à votre majesté d'avoir
recommandé à sa nation la conclusion de cette alliance;
j'y mets un très-grand prix, et je tiens à honneur d'être
le principal allié d'une nation aussi noble et aussi
brave: je ne doute pas qu'elle saura également apprécier mon alliance, et qu'elle reconnoîtra ce que j'ai
fait, et ce que j'aurai encore à faire pour la rendre utile
et convenable aux deux parties. Comme votre majesté
me demande encore des discussions et des arrange-
mens ultérieurs sur le commerce, je ne manquerai pas
de m'y prêter avec toute la bonne volonté et toute la facilité et équité qu'on peut exiger de moi; mais j'espère
qu'on y apportera aussi, de la part de la Pologne, les
mêmes dispositions, et qu'on n'exigera pas de ma part
des concessions qui ne sont pas praticables selon la nature des choses, ni même utiles à la nation polonaise. Je
ne me refuserai pas à une discussion du traité de commerce subsistant, ou à la conclusion d'un nouveau, pouvant prévoir avec certitude qu'on reconnoîtra bientôt
que la proposition que j'ai faite pour la compensation
d'une diminution considérable de mes douanes, est et
sera toujours *le seul moyen juste et praticable* pour
rendre le commerce de la nation polonaise aussi flo-
rissant que possible et un des premiers de l'Europe, et
dont le principal avantage est du côté de la Pologne,
qui ne feroit que diminuer mes revenus actuels, et qui
ne me seroit convenable que pour fermer l'entrée de

mon état, pour le fortifier intérieurement, et pour me faire devenir un allié d'autant plus utile pour la Pologne. — J'ai cru devoir entrer dans ce détail et exposer à votre majesté des considérations auxquelles on paroît n'avoir pas donné à Warsovie toute l'attention qu'elles méritent. Je me promets encore de l'amitié et des hautes lumières de votre majesté, qu'elle examinera et pèsera ces considérations avec cet esprit d'équité et de pénétration qui la caractérise, et qu'elle en fera usage pour continuer à éclairer sa nation, et pour faire disparoître des préjugés qui s'opposent jusqu'ici aux véritables intérêts mutuels des deux états. — Je suis avec les sentimens, amitié et estime parfaite, de votre majesté, le bon frère et allié,

FRÉDÉRIC-GUILLAUME.

Berlin, le 11 août 1790.

LETTRE

D U

GÉNÉRAL PRUSSIEN SCHLIEFFEN,

AU GÉNÉRAL LA FAYETTE.

Monsieur,

Ayant eu l'honneur de faite votre connoissance en Hesse, où je servois, lorsque précédé du nom que vous vous étiez déjà acquis, vous y passâtes pour aller à Berlin, et me trouvant actuellement officier prussien dans votre voisinage, au moment où l'état des choses de la Belgique semble toucher de si près nos deux nations, où par rapport à lui leurs intérêts pourroient bien être les mêmes, mais où faute de s'entendre, elles courent risque de se traverser, je prends la liberté, monsieur le marquis, de tenter de m'en éclaircir rondement avec vous de soldat à soldat.

Ma nation désireroit la redoutable Autriche moins puissante de cette province; la vôtre (pacte de famille à part) devroit la désirer telle.

La mienne, en s'occupant du sort de la Belgique, n'a d'autre objet : elle est indifférente à la forme de gouvernement que celle-ci voudra se donner; et si la vôtre est guidée du même esprit, pourquoi nos mesures s'entr'opposeroient-elles ?

M de la Marck agit-il ou non de l'aveu de votre nation ? Veut-il sérieusement l'indépendance de la Belgique, ou voudroit-il en amener la réconciliation avec ses anciens maîtres, du sein de la fermentation qu'il y excite ?

Voilà, monsieur le marquis, ce dont quelques renseignemens, dans la position où je me trouve, pourroit prévenir des méprises réciproquement préjudiciables.

Je ne vous parle pas de mon séjour à Liége : notre politique n'entre pour rien dans les affaires de ce pays-ci. Nous aurions bonnement voulu y rétablir le calme à des conditions équitables, que l'évêque-prince est assez aveuglé pour ne les pas agréer.

Rien n'égale, au reste, la haute considération avec laquelle j'ai l'honneur de me nommer, monsieur, votre, etc.

Signé, SCHLIEFFEN.

Liége, le 22 février 1790.

LETTRE

DU ROI DE PRUSSE,

AU PRINCE-ÉVÊQUE DE LIÉGE.

Du 9 mars 1790.

Monsieur,

J'ai exposé à votre altesse, dans une lettre du 31 décembre de l'année passée, mes sentimens francs et sincères sur les malheureux troubles qui se sont élevés dans le pays de Liége, et j'ai fait, dans cette lettre, des propositions d'accommodement que j'ai cru, et que je crois encore justes, modérées et seules propres à donner une issue raisonnable à cette fâcheuse affaire. J'ai ajouté à la fin de ma susdite lettre : « Que si votre altesse ne » vouloit pas accepter mes propositions, et si elle insis- » toit sur l'exécution plénière du décret de la chambre » impériale, j'étois prêt de rappeler mes troupes de la » principauté de Liége et d'abandonner cette commis- » sion que je *croyois ne pouvoir pas exécuter avec* » *justice et honneur* ». Je devois m'attendre que votre altesse répondroit à ma proposition claire et précise, et, à ce que je crois, juste de la même manière : mais elle a trouvé à propos de répondre à ma lettre du 31 décembre six semaines après, par une lettre du 8 février, dans la- quelle, au lieu d'une déclaration déterminée sur ma susdite proposition dilemmatique, je ne trouve que des

déclamations sur des points de droit aisés à réfuter si
j'en avois l'envie et le loisir, et un amas de faits non
prouvés, faciles à détruire, et en partie déjà réfutés
par ma susdite lettre; ce que trouvera tout lecteur impartial qui voudra comparer les deux lettres. La fin et
l'essentiel de cette déclaration se réduisent à ce que votre
altesse ne veut pas se prêter à aucune médiation ni composition avant que l'état des affaires de Liége ne soit
entièrement rétabli sur le pied où il a été avant la
déclaration de mon directoire du 26 novembre, ou plutôt et en effet avant la révolution du 15 août, et selon
le sens littéral des deux décrets de la chambre impériale. Je ne révoque pas en doute l'obligation des sentences respectables de ce tribunal suprême : je les exé-
cuterai, *quand cela est possible*, avec cette exactitude
et impartialité constitutionnelle, dont je me suis fait
une loi, et ai donné plus d'un exemple pendant le
cours de mon règne. Mais j'ai été convaincu, dès le
commencement de cette affaire, par les rapports de
mes délégués, à l'intelligence et à la droiture desquels
je dois me confier, et j'ai déclaré tant de fois, en conséquence, que je ne pouvois pas faire cette exécution
plénière avec un corps de six mille soldats contre une
nation dix fois plus nombreuse, belliqueuse et prête à
se joindre à ses voisins, les insurgens brabançons,
sans exposer l'honneur de mes armes et même la dignité
de la chambre impériale, et celle du triple directoire,
au risque d'un affront presque certain, n'ayant aucune
obligation ni vocation d'employer une plus grande partie de mes forces pour une affaire de cette nature, qui
me paroît très-équivoque dans le fond, mais dans la-

quelle je suis très-impartial, comme je puis protester
avec vérité.

Je crois bien que mes troupes pourroient faire à
présent une exécution plénière des décrets de Wetzlaer,
depuis qu'elles sont en possession de la ville et de la
citadelle de Liége, et qu'elles ont en quelque manière
désarmé les Liégeois : mais comme cela s'est fait par
une soumission volontaire et par une sorte de capitulation, les droits de l'honneur et de la droiture ne me
permettent pas que j'abuse de la confiance de la nation
liégeoise, et que j'exécute contr'elle, par la force, les
volontés arbitraires de votre altesse et de ses conseillers. Mais je me verrois obligé, en conscience, de leur
remettre la principauté de Liége dans l'état dans lequel je l'ai trouvée, lorsque mes troupes l'ont occupée.
Je pourrois le faire sans aucun reproche . je pourrois
aussi abandonner votre altesse et la nation liégeoise à
leur sort, à leurs résolutions réciproques et à leurs propres forces. Si votre altesse continue à douter de mes
suppositions, et si elle se croit sûre des sept huitièmes
de la nation liégeoise, et qu'on pourroit faire l'exécution plénière avec quelques bataillons des troupes du
cercle, elle pourroit en faire l'essai à son bon plaisir.
Mais comme j'ai quelque lieu de prévoir que cela ne
pourra pas réussir, et qu'il en résultera une guerre civile qui peut mener à ruiner totalement la principauté
de Liége et à la séparer même du corps de l'Empire
germanique, je veux encore, pour une fois, mais
pour la dernière, offrir à votre altesse des moyens de
conciliation, que je crois justes, raisonnables, modérés, et tels qu'ils pourront, à mon avis, servir à con-

cilier les intérêts de votre altesse et ceux des états de
Liége, ainsi que les droits, les prérogatives et l'autorité
de la chambre impériale et du directoire du cercle de
Westphalie, que je suis toujours prêt de respecter et
de maintenir, et particulièrement le recez de Dorsten,
dans tous les cas où l'exécution des sentences peut se
faire selon les règles de la justice ordinaire avec des
forces médiocres et sans des efforts guerriers, et où il
s'agit plutôt d'une médiation et composition, que les
circonstances de l'affaire rendent nécessaires, comme
c'est le cas présent de Liége. Je propose donc à votre
altesse le plan d'un arrangement général.

« Le haut-directoire du cercle du Bas-Rhin et de
»' Westphalie, informé de ces recez, a publié au con-
» traire (mais sans le concours de Clèves, comme il
» est naturel) le décret suivant :

» Le haut - directoire du cercle du Bas-Rhin et de
» Westphalie, ayant été informé par des plaintes à lui
» portées de différens endroits, que les chefs de la ré-
» volte de Liége, enhardis par l'impunité dont ils
» ont joui jusqu'à présent, ne mettent plus de bornes
» à leurs entreprises criminelles ; que, non contens
» d'avoir renversé toute autorité légitime, ils abusent
» 'du pouvoir arbitraire dont ils se sont emparés, pour
» violer la sûreté personnelle et les propriétés des
» personnes restées fidelles à leur souverain légitime,
» 'dans le criminel espoir d'attirer, par la crainte des
» violences, les habitans loyaux dans la révolte, et
» 'de retarder la juste punition de leurs crimes par le
» nombre des coupables ». — A ces causes, le haut-
directoire, etc., pour préserver le peuple d'une séduc-

tion ultérieure, qui ne peut qu'amener sa ruine totale, fait savoir par les présentes, que les décrets de la haute et sacrée chambre impériale, émanés le 27 du mois d'août et 2 décembre dernier, seront infailliblement exécutés. Ordonne à tous les habitans du pays de Liége en général, et aux magistrats des villes et bourgs existans de fait en particulier, de s'abstenir de tous attroupemens, violation de la sûreté personnelle, invasion des propriétés particulières; déclarant éventuellement nulle toute vente et aliénation quelconque, faite sans le concours des propriétaires ou possesseurs actuels, et de s'opposer de tout leur pouvoir à ces excès et dévastations, à peine d'être responsables tous, et un chacun en particulier, dans leurs personnes et biens, des dommages causés, soit à leur instigation ou par leur connivence.

Donné au Haut-Directoire du Cercle du Bas-Rhin et de Westphalie, à Aix-la-Chapelle, le 22 avril 1790.

Au nom et de la part de S. A. S. Electeur de Cologne, comme Prince-Evêque de Munster :

Signé, M. DE KEMPIS.

Au nom et de la part de S. A. S. Electorale Palatine, comme Duc de Juliers ;

Signé, J. H. DE GREIN;

Et plus bas, DE LEMMEN.

TRAITÉ DE PAIX

ENTRE

LA RUSSIE ET LA SUÈDE.

Au NOM DE LA TRÈS-SAINTE ET INDIVISIBLE TRINITÉ,

Leurs majestés le roi de Suède et l'impératrice de toutes les Russies, animées du même désir de mettre fin à la malheureuse guerre qui subsiste entr'elles, et de rétablir l'ancienne amitié, la bonne harmonie et le bon voisinage entre leurs états respectifs, s'étant mutuellement communiqué leurs vues salutaires à ce sujet, sont convenues pour les réaliser et les faire mettre à exécution, etc.

Article Ier. Il régnera désormais entre sa majesté le roi de Suède, ses états, pays et sujets d'une part, et entre sa majesté l'impératrice de toutes les Russies, ses états, pays et sujets de l'autre, une paix perpétuelle, un bon voisinage et une parfaite tranquillité, tant du côté de terre que de celui de mer. En conséquence on donné les ordres les plus prompts pour que toutes les hostilités cessent aussitôt de part et d'autre : on oubliera le passé, et l'on ne s'occupera des deux parts que du rétablissement de l'harmonie et de la bonne intelligence qui avoient été interrompues par la guerre présente.

Art. II. Les limites des états respectifs resteront sur

le même pied où elles étoient avant la rupture ou avant
le commencement de la présente guerre.

Art. III. Conséquèmment, tous les pays, provinces
et lieux qui, durant cette guerre, ont été conquis sur
les troupes de l'une ou de l'autre des parties contractantes, seront évacués dans l'espace de temps le plus
court possible, ou dans les vingt-cinq jours, à compter
de l'échange des ratifications du présent traité.

Art. IV. Tous les prisonniers et tous autres qui,
sans avoir porté les armes, auront été emmenés comme
tels durant la guerre par les troupes des parties belligérantes, seront échangés de part et d'autre sans rançon; et il leur sera permis de s'en retourner chez eux
sans qu'ils soient tenus de payer aucun dédommagement pour les frais de leur entretien durant leur captivité; mais ils seront obligés de payer les dettes qu'ils
auront pu contracter avec les particuliers des pays
respectifs.

Art. V. Pour obvier à tout sujet de dispute et de
mal-entendu qui pourroit survenir par mer entre les
parties contractantes, il a été arrêté, que lorsque des
vaisseaux de guerre suédois, soit un ou plusieurs,
grands ou petits, viendront dorénavant à passer devant
un fort appartenant à sa majesté l'impératrice de Russie, lesdits vaisseaux seront obligés de faire le salut
suédois, auquel il sera riposté aussitôt par le salut
russe. Il en sera de même des vaisseaux de guerre
russes qui, soit que leur nombre passe l'unité ou non,
seront tenus, en passant devant les ports de mer appar-
tenans à sa majesté suédoise, de faire le salut russe,
auquel il sera répondu aussitôt par le salut suédois. En

attendant, les hautes parties contractantes vont fixer et déterminer, dans une convention particulière, à conclure le plutôt possible, la manière dont les vaisseaux de guerre suédois et russes se rendront le salut en se rencontrant, soit en mer, soit dans les ports de mer ou ailleurs : jusque-là les vaisseaux respectifs ne se salueront point du tout en se rencontrant.

Art. VI. Il a été accordé par sa majesté l'impératrice de toutes les Russies, qu'il sera permis à sa majesté suédoise de faire exporter annuellement des ports de la Finlande et de la Baltique des blés pour la valeur de 50,000 roubles, à condition qu'il sera constaté que les achats se feront pour le compte du roi de Suède ou pour celui de ses sujets qu'il aura particulièrement autorisés à faire lesdits achats; et en ce cas, les exportations seront franches de tous péages, douanes ou autres droits de sortie, avec la seule restriction que les années de stérilité ne seront point comprises dans cette concession, durant lesquelles l'Impératrice, par de sages motifs, interdira l'exportation de cette denrée à toutes les nations en général.

Art. VII. Comme le désir ardent qu'ont eu les deux parties contractantes de mettre fin le plus promptement possible aux maux de la guerre, sous lesquels gémissoient leurs sujets respectifs, ne leur permettoit pas de régler plusieurs articles et points importans, et capables de rétablir et de fortifier le bon voisinage et la parfaite tranquillité des frontières, elles se promettent mutuellement de s'occuper incessamment de ces objets, et de les faire examiner et régler amicalement par des ambassadeurs ou ministres plénipotentiaires, qu'elles s'enverront réciproquement aussitôt après la conclusion du présent traité.

Art. VIII. Les ratifications du présent traité seront échangées dans l'espace de six jours, ou plutôt s'il est possible. En foi de quoi, etc.

Donné dans la plaine de Varela, sur les bords du Kymène, entre les deux postes avancés des deux armées, le 3 (14) août 1790.

Signé, Gustave-Maurice, Baron d'Armfeld;
Otto, Baron d'Ingelstrom.

POLITIQUE

SUR LE TRAITÉ DE PAVIE;

EXTRAITÉ DU PUBLICISTE.

Les observations suivantes sont traduites d'un Journal allemand, intitulé *Minerve*, publié à Hambourg par M. d'Archenholz, colonel au service de Prusse, connu en Europe par divers ouvrages estimés, et par son attachement aux principes de la révolution française.

Il existe toujours parmi les hommes d'état et les écrivains politiques, ainsi que dans les sociétés particulières, une dispute pour savoir à qui doit être attribué le mérite de n'avoir pas commencé la guerre actuelle, dispute qui se prolongera vraisemblablement encore fort avant dans le dix-neuvième siècle, jusqu'à ce que les générations, dominées par l'esprit de parti, soient éteintes; et que la Muse de l'histoire ait enfin répandu sa lumière sur cet objet.

L'Editeur de la *Minerve* s'est plusieurs fois expliqué sur ce point important, et comme compilateur, et comme observateur. Il ne s'occupera plus à réfuter la prétendue évidence de l'innocence du ministère britannique à cet égard; mais, comme compilateur, il ne doit pas passer sous silence une circonstance nouvelle très-remarquable.

Le ministre français, Talleyrand, dans la note célèbre

lèbre qu'il a envoyée dernièrement au ministre anglais
pour la paix, a rappelé le traité conclu à Pavie, en
1791, contre la France. Le lord Greenville, dans la
séance de la chambre des pairs, du 28 janvier dernier,
a affirmé que ce traité n'avoit jamais eu lieu et n'étoit
qu'une fable insipide. Ce ministre savoit bien ce qu'il
faisoit : il ne vouloit que produire un effet momentané
au parlement, c'est-à-dire jeter du discrédit sur une
note où l'on se permettoit d'alléguer un fait historique
absolument faux ; et s'il prévoyoit qu'un jour on rele-
veroit sa dénégation, il étoit bien sûr de trouver une
réponse dans la ressource anglaise d'une explication
littérale.

La transaction diplomatique dont il est question n'é-
toit pas en effet un traité, mais une déclaration ; et ce
n'étoit pas à Pavie, mais à Mantoue, qu'elle avoit eu
lieu. La dénomination et la désignation du lieu n'é-
toient donc pas exactes; mais l'existence de la convention, sa nature et son but, n'en étoient pas moins constatés. Mais comment réfuter d'une manière convaincante
l'assertion du ministre anglais ? Les écrits de France
ne peuvent en ceci faire autorité ; les écrits et les discours parlementaires de l'opposition anglaise n'inspi-
rent pas plus de confiance; et il n'y a pas moyen de
chercher des renseignemens dans les archives des cours.
Le hasard vient de faire sortir une preuve convaincante d'une source d'où on devoit le moins l'attendre.
L'ex-ministre français, Bertrand de Molleville, vient
de publier, dans ses *Annales de la Révolution*, les détails de la *Déclaration de Mantoue*, sans se douter vraisemblablement qu'il rendoit par-là un mauvais service

à ses protecteurs : il s'appuie sur le témoignage de l'ambassadeur espagnol, Las - Cazas, et de trois Français alors initiés dans les secrets de Coblentz.

L'un d'eux jouissoit de la confiance de la cour des Tuileries, et fut envoyé en mai 1791 au comte d'Artois, pour lui donner plein pouvoir de traiter avec l'empereur-Léopold, en faveur de Louis XVI. Léopold voyageoit alors en Italie avec sa sœur la reine de Naples. L'envoyé de la cour eut une entrevue avec lui à Mantoue le 20 mai, et c'est dans cette conférence que fut rédigée la Déclaration qu'on a mal-à-propos nommée le *Traité de Pavie*. L'original de cette pièce, corrigé de la propre main de l'Empereur, fut porté à Paris, et remis sept jours après à Louis XVI par le comte de Durfort.

L'ex-ministre Bertrand de Molleville rapporte textuellement cette Déclaration, dont on ne donne ici que la substance.

L'Empereur devoit faire marcher trente-cinq mille hommes sur les frontières de la Flandre, pendant qu'un corps de quinze mille hommes des troupes d'Empire chercheroit à pénétrer en Alsace, qu'un nombre égal de Suisses se porteroit vers Lyon et sur les frontières de la Franche - Comté, et qu'autant de Piémontais s'approcheroient du Dauphiné. L'Espagne devoit rassembler vingt mille hommes pour menacer les provinces méridionales de France. A ces troupes, on auroit réuni, tant les régimens français restés fidèles, que les volontaires armés auxquels on auroit pu se confier, et enfin, tous les mécontens des provinces.

L'Empereur répondoit des bonnes intentions du roi

de Prusse , avec lequel il a une correspondance directe sur cet objet. Le roi d'Angleterre, comme électeur d'Hanovre , désire d'entrer dans le traité qui doit être tenu secret jusqu'au moment de l'exécution , et jusque-là, on devoit prévenir tout soulèvement isolé dans l'intérieur.

L'exécution de ce plan étoit différée jusqu'à la fin de juillet , et alors la Déclaration , signée par tous les souverains de la maison de Bourbon , devoit être communiquée aux princes du sang qui étoient encore en liberté.

Quoique l'Empereur fût le chef de l'entreprise, il ne devoit pas paroître en cette qualité, de peur d'exposer par-là la sûreté de la Reine; car on ne manqueroit pas d'attribuer ce plan à la maison d'Autriche , et l'assemblée nationale d'alors employoit tous les moyens de rendre odieuses au peuple toutes les personnes de cette maison.

On répondoit aussi de la neutralité de l'Angleterre. On devoit engager le roi et la reine de France à ne pas confier ce secret à un très-grand nombre de personnes : ayant déjà éprouvé par eux – mêmes les inconvéniens et les dangers de ces communications , il étoit essentiel d'entretenir une correspondance avec différens membres du parlement de France , afin de pouvoir les rassembler plus facilement quand il en seroit temps.

Une telle Déclaration , si l'on peut en établir l'authenticité sur le témoignage du ministre Bertrand, doit terminer toute dispute sur la question de l'origine de la guerre.

DÉCLARATION

Signée en commun par l'Empereur et le Roi de Prusse, le 25 Août 1791.

Sa majesté l'Empereur et sa majesté le roi de Prusse, ayant entendu les désirs et les représentations de Monsieur et de M. le comte d'Artois, se déclarent conjointement qu'elles regardent la situation où se trouve actuellement le roi de France comme un objet d'un intérêt commun à tous les souverains de l'Europe. Elles espèrent que cet intérêt *ne peut manquer* d'être reconnu par les puissances dont le secours est réclamé, et qu'en conséquence elles ne refuseront point d'employer, conjointement avec leursdites majestés, les moyens les plus efficaces relativement à leurs forces, pour mettre le roi de France en état d'affermir dans la plus parfaite liberté les bases d'un gouvernement monarchique, également convenable aux droits des souverains et au bien-être de la nation française. Alors et dans ces cas, leursdites majestés, l'Empereur et le roi de Prusse, sont résolus d'agir promptement d'un mutuel accord avec les forces nécessaires pour obtenir le but proposé et commun.

En attendant, elles donneront à leurs troupes les ordres convenables pour qu'elles soient à portée de se mettre en activité.

Signé, Léopold;

Frédéric-Guillaume.

A Pilnitz, le 27 août 1791.

LETTRE

DE M. DE MONTMORIN

AUX AMBASSADEURS.

LE Roi me charge, monsieur, de vous mander que son intention la plus formelle est que vous manifestiez ses sentimens sur la révolution et la constitution française à la cour où vous résidez. Les ambassadeurs et ministres de France près toutes les cours de l'Europe, reçoivent les mêmes ordres, afin qu'il ne puisse rester aucun doute, ni sur les intentions de sa majesté, ni sur l'acceptation libre qu'elle a donnée à la nouvelle forme de gouvernement, ni sur son serment inviolable de la maintenir.

Sa majesté avoit convoqué les États - généraux du royaume, et déterminé dans son conseil, que les communes y auroient un nombre de députés égal à celui des deux autres ordres qui existoient alors. Cet acte de législation provisoire que les obstacles du moment ne permettoient pas de rendre plus favorable, annonçoit assez le désir de sa majesté de rétablir la nation dans tous ses droits.

Les Etats-généraux furent assemblés et prirent le titre d'*Assemblée nationale :* bientôt une constitution, propre à faire le bonheur de la France et du monarque, remplaça l'ancien ordre de choses, où la force apparente de la royauté ne cachoit que la force réelle de quelques corps aristocratiques. L'Assemblée nationale adopta la forme du gouvernement représentatif, joint à la royauté héréditaire. Le corps législatif fut déclaré permanent : l'élection des ministres du culte , des administrateurs et des juges , fut rendu au peuple. On conféra le pouvoir exécutif au roi, la formation de la loi au corps législatif, et la sanction au monarque. La force publique , soit intérieure , soit extérieure , fut organisée sur les mêmes principes et d'après la base fondamentale de la distinction des pouvoirs. Telle est la nouvelle constitution du royaume. .

Ce que l'on appelle la révolution n'est que l'anéantissement d'une foule d'abus accumulés depuis des siècles par l'erreur du peuple ou le pouvoir des ministres, qui n'a jamais été le pouvoir des rois. Ces abus n'étoient pas moins funestes à la nation qu'au monarque; ces abus, l'autorité, sous des règnes heureux , n'avoit cessé de les attaquer sans pouvoir les détruire; ils n'existent plus. La nation souveraine n'a plus que des citoyens égaux en droits, plus de despote que la loi, plus d'organe que des fonctionnaires publics , et le roi est le *premier de ces fonctionnaires*. Telle est la révolution française.

Elle devoit avoir pour ennemis tous ceux qui, dans un premier moment d'erreur , ont regretté , pour des avantages personnels, les abus de l'ancien gouvernement. De-là l'apparente division qui s'est manifestée dans le royaume, et qui s'affoiblit chaque jour ; de-là peut-être aussi quelques loix sévères et de circonstance, que le temps corrigera : mais le Roi , dont la véritable force est indivisible de celle de la nation, qui n'a d'autre ambition que le bonheur du peuple , ni d'autre pouvoir réel que celui qui lui est délégué, le Roi a dû adopter sans hésiter une heureuse constitution qui régénéroit tout à la fois son autorité, la nation et la monarchie. On lui a conservé toute sa puissance , hors le pouvoir redoutable de faire des loix : il est resté chargé des négociations avec les puissances étrangères, du soin de défendre le royaume et d'en repousser les ennemis ; mais la nation française n'en aura plus désormais au - dehors que ses agresseurs. Elle n'a plus d'ennemis intérieurs que ceux qui, se nourrissant de folles espérances, croiroient que la volonté de vingt-quatre millions d'hommes rentrés dans leurs droits naturels, après avoir organisé le royaume de manière qu'il n'existe plus que des souvenirs des anciennes formes et des anciens abus, n'est pas une immuable, une irrévocable constitution. Les plus dangereux de ses ennemis sont ceux qui ont affecté de répandre des doutes sur les intentions du monarque : ces hommes sont bien coupables ou bien aveugles. Ils se croient les amis du Roi, ce sont les seuls ennemis de la royauté; ils auroient privé le monarque de l'amour et de la confiance d'une grande nation, si ses principes et sa probité eussent été moins connus. Eh! que n'a pas fait le Roi pour montrer qu'il comptoit aussi la révolution et la constitution française parmi ses titres à la gloire ? Après avoir accepté et sanctionné toutes les loix, il n'a négligé aucun moyen de les faire exécuter. Dès le mois de février de l'année dernière, il avoit, dans le sein de l'assemblée nationale, promis de les maintenir : il en a fait le serment au milieu de la fédération universelle du royaume, honoré du titre de *Restaurateur de la liberté française.* Il transmettra plus qu'une couronne à son fils ; il lui transmettra une *royauté constitution- nelle.*

Les ennemis de la constitution ne cessent de répéter que *le Roi n'est pas heureux ;* comme s'il pouvoit exister pour un roi d'autre bonheur que celui du peuple ! Ils disent que son autorité est avilie ; comme si l'autorité fondée sur la force n'étoit pas moins puissante et plus incertaine que l'autorité de la loi ! enfin, que le *Roi n'est pas libre :* calomnie atroce, si l'on suppose que sa volonté a pu être forcée ; absurde, si l'on prend pour *défaut de liberté* le consentement que sa majesté a exprimé plusieurs fois de rester au milieu des citoyens de Paris, consentement qu'il devoit accorder à leur patriotisme, même à leur crainte et surtout à leur amour.

Ces calomnies cependant ont pénétré jusque dans les cours étrangères ; elles y ont été répétées par des Français qui se sont volontairement exilés de leur patrie, au lieu d'en partager la gloire, et qui, s'ils n'en sont pas les ennemis, ont au moins abandonné leur poste de citoyen. Le Roi vous charge, monsieur, de déjouer leurs intrigues et leurs projets. Ces mêmes calomnies, en répandant les idées les plus fausses sur la révolution française, ont fait suspecter chez plusieurs nations voisines les intentions des voyageurs français, et le Roi vous recommande expressément de les protéger et de les défendre. Donnez, monsieur, de la constitution française, l'idée que le Roi s'en forme lui-même ; ne laissez aucun doute sur l'intention de sa majesté de la maintenir de tout son pouvoir, en assurant la liberté et l'égalité des citoyens. Cette constitution fonde la prospérité nationale sur les bases les plus inébranlables ; elle affermit l'autorité royale par les loix; elle prévient, par une révolution glorieuse, la révolution que les abus de l'ancien gouvernement auroient bien fait éclater, en causant peut-être la ruine de l'Empire ; enfin elle fera le bonheur du Roi. Le soin de la justifier , de la défendre et de la prendre pour règle de votre conduite , doit être votre premier devoir. Je vous ai déjà manifesté plusieurs fois les sentimens de sa majesté à cet égard ; mais d'après ce qui lui est revenu de l'opinion qu'on cherchoit à établir dans les pays étrangers sur ce qui se passe en France , elle m'a ordonné de vous charger de notifier le contenu de cette lettre à la cour où vous êtes ; et pour lui donner plus de publicité, sa majesté vient d'en ordonner l'impression. ~

Signé, MONTMORIN, *Ministre des Affaires Etrangères.*

Paris, le 23 avril 1791.

LETTRE AU ROI,

Par M. le Prince DE CONDÉ, M. le Duc DE BOURBON et M. le Duc D'ENGHIEN.

SIRE,

Vos augustes frères, ayant bien voulu nous communiquer la lettre qu'ils adressent à votre majesté, nous permettent de lui attester nous-mêmes que nous adhérons de cœur et d'esprit à tout ce qu'elle renferme ; que nous sommes pénétrés des mêmes sentimens, animés des mêmes vues, inébranlables dans les mêmes résolutions. Le zèle dont ils nous donnent l'exemple, est inséparable du sang qui coule dans nos veines, de ce sang toujours prêt à se répandre pour le service dé l'état. Français et Bourbons jusqu'au fond de l'ame, quelle doit être notre indignation, lorsque nous voyons de vils facticux ne répondre à vos bienfaits que par des attentats, insulter à la majesté royale, fronder toutes les souverainetés, fouler aux pieds les loix divines et humaines, et prétendre asseoir leur monstrueux système sur les ruines de notre ancienne constitution ! Toutes nos démarches, sire, sont guidées par des princes dont la sagesse égale la valeur et la sensibilité. En suivant leurs pas, nous sommes sûrs de marcher avec fermeté dans le chemin de l'honneur ; et c'est sous leurs nobles auspices que nous renouvelons entre vos mains, comme princes de votre sang, et comme gentilshommes français, le serment de mourir fidèles à votre service. Nous périrons tous plutôt que de souffrir le triomphe du crime, l'avilissement du trône et le renversement de la monarchie. Nous sommes, etc....

A Worms, le 11 septembre 1792.

LETTRE

DES PRINCES FRÈRES DU ROI.

SIRE, NOTRE FRÈRE ET SEIGNEUR,

LORSQUE l'assemblée qui vous doit l'existence, et qui ne l'a fait servir qu'à la destruction de votre pouvoir, se croit au moment de consommer sa coupable entreprise ; lorsqu'à l'indignité de vous tenir captif au milieu de votre capitale, elle ajoute de vouloir que vous dégradiez votre trône de votre propre main ; lorsqu'elle ose enfin vous présenter l'option, ou de souscrire des décrets qui feroient le malheur de vos peuples, ou de cesser d'être Roi, nous nous empressons d'apprendre à votre majesté « que les puissances dont nous avons ré-
» clamé pour elle le secours, sont déterminées à y em-
» ployer leurs forces, et que l'Empereur et le roi de
» Prusse viennent d'en contracter l'engagement mu-
» tuel ». Le sage Léopold, aussitôt après avoir assuré la tranquillité de ses états et amené celle de l'Europe, a signé cet engagement à Pilnitz, le 27 du mois dernier (août), conjointement avec le digne successeur du grand Frédéric. Ils en ont remis l'original entre nos mains ; et pour le faire parvenir à votre connoissance, nous le ferons imprimer à la suite de cette lettre, la publicité étant aujourd'hui la seule voie de communication dont vos cruels oppresseurs n'aient pu nous priver. — Les autres cours sont dans les mêmes disposi-

tions que celles de Vienne et de Berlin. Les princes et états de l'Empire ont déjà protesté, dans des actes authentiques, contre les lésions faites à des droits qu'ils ont résolu de soutenir avec vigueur. Vous ne sauriez douter, sire, du vif intérêt que les rois Bourbons prennent à votre situation : leurs majestés catholique et sicilienne en ont donné des témoignages non équivoques. Les généreux sentimens du roi de Sardaigne, notre beau-père, ne peuvent pas être incertains; vous avez droit de compter sur ceux des Suisses, les bons et anciens amis de la France. Jusque dans le fond du Nord, un roi magnanime veut aussi contribuer à rétablir votre autorité, et l'immortelle Catherine, à qui aucun genre de gloire n'est étranger, ne laissera pas échapper celle de défendre la cause de tous les souverains. Il n'est point à craindre que la nation britannique, trop généreuse pour contrarier ce qu'elle trouve juste, et trop éclairée pour ne pas désirer ce qui intéresse sa propre tranquillité, veuille s'opposer aux vues de cette noble et irrésistible confédération. — Ainsi, dans vos malheurs, sire, vous avez la consolation de voir toutes les puissances conspirer à les faire cesser, et votre fermeté, dans le moment critique où vous êtes, aura pour appui l'Europe entière. Ceux qui savent qu'on n'ébranle vos résolutions qu'en attaquant votre sensibilité, voudront sans doute vous faire envisager l'aide des puissances étrangères comme pouvant devenir funeste à vos sujets : ce qui n'est qu'une vue auxiliaire, ils le travestiront en vue hostile, et vous peindront le royaume inondé de sang, déchiré dans toutes les parties, menacé de démembrement. C'est ainsi qu'après avoir voulu toujours employer les plus fausses alarmes pour causer les maux les plus cruels, ils veulent se servir encore des mêmes moyens pour les perpétuer ; c'est ainsi qu'ils espèrent faire supporter les fléaux de leur odieuse tyrannie, en faisant croire que tout ce qui la combat conduit au plus dur esclavage. — Mais, sire, les intentions des souverains qui vous donneront des secours sont aussi droites, aussi pures que le zèle qui nous les a fait solliciter ; elles n'ont rien d'effrayant, ni pour l'état, ni pour vos peuples : ce n'est point les attaquer, c'est leur rendre le plus signalé de tous les services, que de les arracher au despotisme de tous les démagogues et aux cruautés de l'anarchie. Vous vouliez assurer plus que jamais la liberté de vos sujets, quand ces séditieux vous ont ravi la vôtre. Ce que nous faisons pour parvenir à vous la rendre avec la mesure d'autorité qui vous appartient légitimement, ne peut être suspect de volonté oppressive; c'est, au contraire, venger la liberté que de réprimer la licence; c'est affranchir la nation que de rétablir la force publique, sans laquelle elle ne peut être libre. Ces principes, sire, sont les vôtres: le même esprit de modération et de bienfaisance qui caractérise toutes vos actions, sera toujours la règle de votre conduite; il est l'ame de toutes nos démarches auprès des cours étrangères; et, dépositaires de témoignages positifs des vues aussi généreuses qu'équitables qui les animent, nous pouvons garantir qu'elles n'ont d'autre désir que de vous remettre en possession du gouvernement de vos états, pour que vos peuples puissent jouir en paix des bienfaits que vous leur avez destinés. — Si les rebelles op-

posent à ce désir une résistance opiniâtre et aveugle
qui force les armées étrangères de pénétrer dans le
royaume, eux seuls les y auront attirées, sur eux seuls
rejailliroit le sang coupable qu'il seroit nécessaire de
répandre; la guerre seroit leur ouvrage. Le but des
puissances confédérées n'est que de soutenir la partie
saine de la nation contre la partie délirante, et d'éteindre au sein du royaume le *volcan du fanatisme dont
les éruptions propagées menacent tous les empires.*

D'ailleurs, sire, il n'y a pas lieu de croire que les
Français, quelque soin que l'on prenne d'enflammer
leur bravoure naturelle, en exaltant, en électrisant
toutes les têtes par des prestiges de patriotisme et de
liberté, veuillent long-temps sacrifier leur repos, leurs
biens et leur sang pour soutenir une innovation extra-
vagante qui n'a fait que des malheureux! l'ivresse n'a
qu'un temps, les succès des crimes ont des bornes, et on
se lasse bientôt des excès quand on en est soi-même la
victime. Bientôt on se demandera pourquoi l'on se bat,
et l'on verra que c'est pour servir l'ambition d'une
troupe de factieux qu'on méprise, contre un roi qui
s'est toujours montré juste et humain; pourquoi l'on se
ruine, et l'on verra que c'est pour assouvir la cupidité
de ceux qui se sont emparés de toutes les richesses de
l'état, qui en font le plus détestable usage, et qui,
chargés de restaurer les finances publiques, les ont pré-
cipitées dans un abîme épouvantable; pourquoi l'on
viole les devoirs les plus sacrés, et l'on verra que c'est
pour devenir plus pauvre, plus souffrant, plus vexé,
plus imposé qu'on ne l'avoit jamais été; pourquoi on
bouleverse l'ancien gouvernement, et l'on verra que

c'est dans le vain espoir d'en introduire un qui , s'il étoit praticable , seroit mille fois plus abusif , mais dont l'exécution est absolument impossible ; pourquoi l'on persécute les ministres de Dieu , et l'on verra que c'est pour favoriser les desseins d'une secte orgueilleuse qui a résolu de détruire toute religion , par conséquent de déchaîner tous les crimes. — Déjà même toutes ces vérités sont devenues sensibles ; déjà le voile de l'imposture se lève de toutes parts, et les murmures contre l'assemblée qui a usurpé tous les pouvoirs et anéanti tous les droits , s'étendent d'une extrémité du royaume à l'autre.

Ne jugez pas, sire, de la disposition du plus grand nombre, par les mouvemens des plus turbulens ; ne jugez pas le sentiment national d'après l'inaction de la fidélité et son apparente indifférence. Lorsque vous fûtes arrêté à Varennes , et qu'une troupe de satellites vous reconduisit à Paris, l'effroi glaçoit alors tous les esprits et faisoit régner un morne silence. Ce qu'on vous cache, et ce qui dénote bien mieux le changement qui s'est fait et se fait de jour en jour dans l'opinion , ce sont les marques de mécontentement qui percent dans toutes les provinces, et qui n'attendent qu'un appui pour éclater davantage. C'est la demande que plusieurs départemens viennent de former, pour que l'assemblée ait à rendre compte des sommes immenses qu'elle a dilapidées depuis sa gestion ; c'est la frayeur que ses chefs laissent apercevoir , et leurs tentatives réitérées pour entrer en accommodement ; ce sont les plaintes du commerce et l'explosion récente du désespoir de nos colonies ; c'est enfin la pénurie absolue du numéraire, le refus des

contribuables

contribuables de payer des impôts, l'attente d'une banqueroute prochaine, la défection des troupes, qui, victimes de tous les genres de séduction, commencent à
s'en indigner, et le progrès toujours croissant des émi-
grations. Il est impossible de se méprendre à de pareils
signes, et leur notoriété est telle, que l'audace même
des séducteurs du peuple ne sauroit en contester la
vérité. — Ne croyez donc pas, sire, aux exagérations
du danger par lesquelles on s'efforce de vous effrayer.
On sait que, peu sensible à ceux qui ne menaceroient
que votre personne, vous l'êtes infiniment à ceux qui
tomberoient sur vos peuples, ou qui pourroient frapper
des objets chers à votre cœur; et c'est sur eux qu'on a
la barbarie de vous faire frémir continuellement, en
même temps qu'on a l'impudence de vanter votre liberté : mais depuis trop long-temps on abuse de cet artifice, et le moment est venu de rejeter sur les factieux
qui vous outragent l'arme de la terreur, qui, jusqu'ici,
a fait toute leur force. — Les grands forfaits ne sont
point à craindre lorsqu'il n'y a aucun intérêt à les
commettre, ni aucun moyen d'éviter, en les commet-
tant, une punition terrible. Tout Paris sait, tout Paris
doit savoir que, si une scélératesse fanatique, ou sou-
doyée, osoit attentor à vos jours ou à ceux de la reine,
des armées puissantes, chassant devant elles une milice
foible par indiscipline, et découragée par les remords,
viendroient aussitôt fondre sur la ville impie qui auroit attiré sur elle la vengeance du ciel et l'indignation de l'univers. Aucun des coupables ne pourroit
alors échapper aux plus rigoureux des supplices; donc
aucun d'eux ne voudra s'y exposer. Mais si la plus

aveugle fureur armoit un bras parricide, vous verriez, sire, n'en doutez pas, des milliers de citoyens fidèles se précipiter autour de la famille royale, vous couvrir, s'il le falloit, de leurs corps, et verser tout leur sang pour défendre le vôtre. Eh! pourquoi cesseriez-vous de compter sur l'affection d'un peuple dont vous n'avez pas cessé un seul moment de vouloir le bonheur? Le Français se laisse facilement égarer, mais facilement aussi il rentre dans la route du devoir. Ses mœurs sont naturellement trop douces, pour que ses actions soient long-temps féroces, et son amour pour ses rois est trop enraciné dans son cœur, pour qu'une illusion funeste ait pu le lui arracher entièrement.

Qui pourroit être plus porté que nous à concevoir des alarmes sur la situation d'un frère tendrement chéri? Mais au dire même de vos plus téméraires oppresseurs, le refus du résumé constitutionnel, que nous apprenons vous avoir été présenté par l'assemblée, le 3 de ce mois, ne vous exposeroit qu'au *danger d'être destitué par elle de la royauté.* Or, ce danger n'en est pas un. Qu'importe que vous cessiez d'être roi aux yeux des factieux, lorsque vous le seriez plus solidement, plus glorieusement que jamais aux yeux de toute l'Europe et dans le cœur de vos sujets fidèles? Qu'importe que, par une entreprise insensée, on osât vous déclarer déchu du trône de vos ancêtres, lorsque les forces combinées de toutes les puissances sont préparées pour vous y maintenir et punir les vils usurpateurs qui en auroient souillé l'éclat?

Le danger seroit bien plus grand si, en paroissant consentir à la dissolution de la monarchie, vous parois-

siez affoiblir vos droits personnels *aux secours de tous
les monarques*, et vous sembliez vous séparer *de la
cause des souverains*, en consacrant une doctrine qu'ils
sont *obligés de proscrire*. Le péril augmenteroit en proportion de ce que vous montreriez moins de constance
dans les moyens préservateurs, il augmenteroit à mesure que l'impression du caractère auguste qui fait
trembler le crime aux pieds de la majesté royale,
dignement soutenue, perdroit de la force; il augmenteroit lorsque l'apparence de l'abandon des intérêts
de la religion pourroit exciter la fermentation la plus
redoutable; il augmenteroit enfin si, vous résignant
à n'avoir plus que le vain titre d'un *roi sans pouvoir*,
vous paroissiez, au jugement de l'Univers, abdiquer
la couronne, dont chacun sait que la conservation
exige celle des droits inaltérables qui y sont essentiellement inhérens.

Le plus sacré des devoirs, sire, ainsi que le plus vif
attachement, nous porte à mettre sous vos yeux toutes
ces conséquences dangereuses de la moindre apparence
de foiblesse, en même temps que nous vous présentons
la masse des forces imposantes qui doit être la sauvegarde de votre fermeté. Nous devons encore vous annoncer, et même nous jurons à vos pieds que si des motifs qu'il nous est impossible d'apercevoir, mais qui ne
pourroient avoir pour principe que l'excès de la violence et une contrainte qui, pour être déguisée, n'en
seroit que plus cruelle, forçoient votre main de souscrire une acceptation que votre cœur rejette, que
votre intérêt et celui de vos peuples repoussent, et que
votre devoir de roi vous interdit, « nous protesterions

» à la face de toute la terre, et de la manière la plus
» solennelle, contre cet acte illusoire, et tout ce qui
» pourroit en dépendre; nous démontrerions qu'il est
» nul par lui-même, nul par le défaut de liberté, nul
» par le vice radical de toutes les opérations de l'assem-
» blée usurpatrice qui, n'étant pas assemblée des États-
» généraux, n'est rien ». Nous sommes fondés, sur les
droits de la nation entière, à rejeter des décrets diamétralement contraires à son vœu, exprimé par l'unani-
mité de ses cahiers, et nous désavouerions pour elle des
mandataires infidèles qui, en violant ses ordres et trans-
gressant la mission qu'elle leur avoit donnée, ont
cessé d'être ses représentans. Nous soutiendrons, ce
qui est évident, qu'ayant agi contre leur titre, ils ont
agi sans pouvoir, et que ce qu'ils n'ont pu faire légalement, ne peut être accepté validement.

Notre protestation, signée avec nous par tous les
princes de votre sang qui nous sont réunis, seroit
commune à toute la maison de Bourbon, à qui ses
droits éventuels à la couronne imposent le devoir d'en
défendre l'auguste dépôt. Nous protesterions pour vous-
même, sire, en protestant pour vos peuples, pour la
religion, pour les maximes fondamentales de la monarchie, et pour tous les ordres de l'état. Nous protesterions pour vous, et en votre nom contre ce qui n'en
auroit qu'une fausse empreinte : votre voix étant
étouffée par l'oppression, nous en serions les organes
nécessaires, et nous exprimerions nos vrais sentimens,
tels qu'ils sont désignés au serment de votre avénement au trône; tels qu'ils sont constatés par les actions de votre vie entière; tels qu'ils se sont montrés

dans la déclaration que vous avez faite au premier
moment que vous vous êtes cru libre. Vous ne pouvez
pas , vous ne devez pas en avoir d'autre, et votre volonté n'existe que dans les actes où elle respire librement. Nous protesterions pour vos peuples , qui, dans
leur délire, ne peuvent apercevoir combien le fantôme
de constitution nouvelle qu'on fait briller à leurs yeux,
et aux pieds duquel on les a fait jurer vainement, leur
deviendroit funeste; lorsque ces peuples, ne connoissant plus ni leur chef légitime, ni leurs intérêts les plus
chers , se laissent entraîner à leur perte; lorsqu'aveuglés par de trompeuses promesses, ils ne voient pas
qu'on les anime à détruire eux-mêmes les gages de leur
sûreté, les soutiens de leur repos, les principes de leurs
subsistances et tous les liens de leur association civile :
il faut en réclamer pour eux le rétablissement, il faut
les sauver de leur véritable frénésie. Nous protesterions
pour la religion de nos pères, qui est attaquée dans ses
dogmes et dans son culte, comme dans ses ministres;
et suppléant à l'impuissance où vous seriez de remplir
vous-même en ce moment vos devoirs de *fils aîné de
l'église*, nous prendrions en votre nom la défense de
ses droits; nous nous opposerions à des spoliations qui
tendent à l'avilir ; nous nous élèverions avec force
contre des actes qui menacent le royaume des horreurs
du schisme, et nous professerions hautement notre
attachement inaltérable aux règles ecclésiastiques admises dans l'état, desquelles vous avez juré de maintenir l'observation. — Nous protesterions pour les
maximes fondamentales de la monarchie, dont il ne
vous est pas permis, sire , de vous départir , que la na-

tion elle-même a déclarées inviolables , et qui seroient totalement renversées par les décrets qu'on vous présente , spécialement par ceux qui , en excluant le Roi de tout exercice du pouvoir législatif , abolissent la royauté même ; par ceux qui en détruisent les soutiens en supprimant tous les rangs intermédiaires ; par ceux qui , en nivelant tous les états , anéantissent jusqu'au principe de l'obéissance ; par ceux qui enlèvent au monarque les fonctions les plus essentielles du gouvernement monarchique, ou qui le rendent subordonné dans celles qu'ils lui laissent; par ceux enfin qui ont armé le peuple , qui ont annullé la force publique , et qui , en confondant tous les pouvoirs , ont introduit *en France la tyrannie populaire.*

Nous protesterions pour tous les ordres de l'état, parce qu'indépendamment de la suppression intolérable et impossible prononcée contre les deux premiers ordres, tous ont été lésés, vexés , dépouillés , et nous aurions à réclamer tout à la fois les droits du *clergé ,* qui n'a voulu montrer une ferme et généreuse résistance que pour les intérêts du ciel et les fonctions du saint ministère; les droits de la *noblesse* qui , plus sensible aux outrages faits au trône, dont elle est l'appui, qu'à la persécution qu'elle éprouve, sacrifie tout pour manifester, par un zèle éclatant , qu'aucun obstacle ne peut empêcher un chevalier français de demeurer fidèle à son roi, à sa patrie, à son honneur ; les droits de la *magistrature ,* qui regrette beaucoup plus que la privation de son état, de se voir réduite à gémir en silence de l'abandon de la justice, de l'impunité des crimes et de la violation des loix, dont elle est essentiellement

dépositaire ; enfin les-droits des possesseurs quelconques, puisqu'il n'est point en France de propriété qui
ait été respectée, point de citoyens honnêtes qui n'aient
souffert.

Comment pourrez-vous, sire, donner une approbation sincère et valide à la prétendue constitution qui a
produit tant de maux ? *Dépositaire usufruitier* du
trône que vous avez hérité de vos ayeux, vous ne pouvez ni en aliéner les droits primordiaux, ni en détruire
la base constitutive sur laquelle il est assis. Défenseur
né de la religion de vos états , vous ne pouvez pas consentir à ce qui tend à sa ruine , ni abandonner ses ministres à l'opprobre. Débiteur de la justice à vos sujets,
vous ne pouvez pas renoncer à la fonction essentiellement royale de la leur faire rendre par des tribunaux légalement constitués , et d'en surveiller vous-
même l'administration. Protecteur des droits de tous
les ordres, et des possessions de tous les particuliers, vous ne pouvez pas les laisser violer et anéantir par la plus arbitraire de toutes les oppressions ;
enfin, père de vos peuples, vous ne pouvez pas les
livrer au désordre et à l'anarchie. Si le crime qui vous
obsède et la violence qui vous lie les mains, ne vous
permettent pas de remplir ces devoirs sacrés , ils n'en
sont pas moins gravés dans votre cœur en traits ineffa-
çables; et nous accomplirons votre volonté réelle , en
suppléant, autant qu'il est en nous, à l'impossibilité
où vous seriez de l'exercer. — Dussiez-vous même
nous le défendre , et fussiez-vous forcé de vous *dire
libre* , en nous le défendant, ces défenses évidemment
contraires à vos sentimens, puisqu'elles le seroient au.

premier de vos devoirs ; ces défenses sorties du sein de votre captivité, qui ne cessera réellement que quand vos peuples seront rentrés dans le devoir, et vos troupes dans l'obéissance ; ces défenses qui ne pourroient avoir plus de valeur que tout ce que vous aviez fait avant votre sortie, et que vous avez désavoué ensuite ; ces défenses enfin, qui seroient imprégnées de la même nullité que l'acte approbatif, contre lequel nous serions obligés de protester, ne pourroient certainement pas nous faire trahir nos devoirs, sacrifier vos intérêts, et manquer à ce que la France auroit droit d'exiger de nous en pareilles circonstances. Nous obéirons, sire, à vos *véritables commandemens*, en résistant à des *défenses extorquées*, et nous serions sûrs de votre approbation en suivant les loix de l'honneur. Notre parfaite soumission vous est trop connue pour que jamais elle vous paroisse douteuse : puissions-nous être bientôt au moment heureux où, rétabli en liberté, vous nous verrez voler dans vos bras, y renouveler l'hommage de notre obéissance, et en donner l'exemple à tous vos sujets. Nous sommes, sire, notre frère et seigneur, de votre majesté, etc.

Signé, L. Stanislas-Xavier ;
Charles-Philippe.

Au château de Schonbornslust, près de Coblentz, le 10 septembre 1791.

DISCOURS

*Du Comte Potocki, Maréchal de Li-
thuanie, au sujet du Projet de Vente des
Starosties.*

GARDEZ-VOUS, dit-il, illustres états de la diète, d'imiter en ceci une nation si digne de nos respects à tous
autres égards. Les fautes qu'elle a commises ont pour
principe une seule erreur; elle a toujours considéré
les hommes pris en masse: elle a perdu de vue les
individus; elle a voulu être juste envers tous ; elle a
été injuste envers les parties; elle a pris les membres
de la société civile pour des êtres idéals ou pour des
figures géométriques, sur lesquelles elle pouvoit faire
ses raisonnemens systématiques par abstraction, sans
prendre les hommes tels qu'ils sont en effet. Lorsque,
s'enfonçant dans la théorie, l'on prononce sur la totalité du genre humain, et qu'on s'élève, avec une froide
indifférence, au-dessus du sort des citoyens individuels, l'on peut, il est vrai, établir quelques vérités
abstraites ; mais ces vérités produiront infailliblement
dans l'application des injustices multipliées , et ces injustices feront rejaillir une flétrissure ineffaçable sur
les maximes les plus saines et les plus irréfragables.
L'esprit saisira toujours ces grandes vérités générales;
il les approuvera : mais un cœur vraiment généreux et
ami de la vertu ne se permettra point , dans la plupart
des cas, l'application et l'exécution de ces mêmes principes dont l'esprit est convaincu.

DÉCRET

Du 16 Janvier 1792, par l'Assemblée Législative de France.

L'ASSEMBLÉE nationale déclare infame, traître à la patrie, et coupable de lèse-nation, tout agent du pouvoir exécutif, tout Français qui pourroit prendre quelque part, directement ou indirectement, soit à un congrès, dont l'objet seroit d'obtenir la modification de la constitution française, soit à une médiation entre la nation française et les rebelles conjurés contr'elle, soit enfin à une composition avec les puissances possessionnées dans la ci-devant province d'Alsace, qui tendroit à leur rendre, sur le territoire français, quelqu'un des droits supprimés par l'assemblée nationale constituante, sauf une indemnité conforme aux principes de la constitution.

MOTIFS

Du Roi de Prusse pour prendre les armes contre la France.

Sa majesté prussienne croit pouvoir se flatter que les puissances de l'Europe et le public en général n'auront pas attendu cet exposé pour fixer leur opinion sur la justice de la cause qu'elle va défendre. En effet, à moins de vouloir méconnoître les obligations, que les engagemens du Roi et ses relations politiques lui imposent, dénaturer les faits les mieux constatés, et fermer les yeux sur la conduite du gouvernement actuel de France, personne, sans doute, ne pourra disconvenir que les mesures guerrières, auxquelles sa majesté se décide à regret, ne soient la suite naturelle des résolutions violentes que la fougue du parti qui domine dans ce royaume lui a fait adopter, et dont il étoit aisé de prévoir les conséquences funestes.

Non contens d'avoir violé ouvertement, par la suppression notoire des droits et possessions des princes allemands en Alsace et en Lorraine, les traités qui lient la France et l'Empire germanique; d'avoir donné cours à des principes subversifs de toute subordination sociale, et, par-là même, du repos et de la félicité des nations, et de chercher à répandre en d'autres pays, par la propagation de ces principes, les germes de la licence et de l'anarchie qui ont bouleversé la France; d'avoir toléré, accueilli, débité même, les discours et

les écrits les plus outrageans contre la personne sacrée
et l'autorité légale des souverains ; ceux qui se sont
emparés des rênes de l'administration française ont
enfin comblé la mesure , en faisant déclarer une guerre
injuste à leurs majestés le roi de Hongrie et de Bohême ,
et suivre immédiatement cette déclaration des hostilités effectives, commises contre les provinces belgiques
de ce monarque.

L'Empire germanique, dont les Pays-Bas autrichiens
font partie comme cercle de Bourgogne, s'est trouvé
nécessairement compris dans cette agression ; mais
d'autres faits encore n'ont que trop-justifié la crainte
des invasions hostiles, que les préparatifs menaçans
des Français aux frontières avoient depuis long-temps
fait naître en Allemagne. Les terres de l'évêché de
Bâle, partie incontestable de l'Empire, ont été occupées par un détachement de l'armée française, et se
trouvent encore en son pouvoir et à sa discrétion. Des
incursions des troupes de la même nation, ou des corps
de rebelles rassemblés sous leurs auspices, ont désolé le
pays de Liége. Il est à prévoir avec certitude, qu'aussitôt que les convenances de la guerre paroîtroient le
conseiller , les autres provinces de l'Allemagne éprou-
veroient le même sort ; et il suffit de connoître leur
position locale, pour sentir le danger imminent auquel
elles sont exposées.

Il seroit superflu d'entrer dans le détail des faits
qu'on vient d'alléguer : ils sont notoires ; et l'Europe
entière en a été et en est encore journellement témoin.
On se dispense également de discuter ici l'injustice
évidente de l'agression des Français. S'il étoit possible

qu'il restât quelques doutes à ce sujet, ils seront entièrement levés, pour quiconque voudra peser avec impartialité les argumens victorieux renfermés sur ce
point dans les pièces diplomatiques du cabinet de
Vienne.

Sa majesté prussienne s'est plue à conserver pendant
long-temps l'espoir qu'enfin, après tant d'agitation et
d'inconséquences, les personnes qui dirigeoient l'administration française, reviendroient à des principes
de modération et de sagesse, et écarteroient ainsi les
extrémités auxquelles les choses en sont malheureusement venues. C'est dans cette vue salutaire qu'elle
chargea, dès le commencement des préparatifs militaires de la France aux frontières de l'Empire, fondés
sur l'asile accordé par quelques états aux émigrés français, son ministre à Paris, le comte de Goltz, de déclarer au ministère de sa majesté très-chrétienne,
comme le chargé d'affaires de sa majesté l'Empereur
alors régnant avoit également eu ordre de le faire :
» qu'elle envisageroit une invasion des troupes fran-
» çaises sur le territoire de l'Empire germanique,
» comme une déclaration de guerre, et s'y opposeroit
» de toutes ses forces ». Le même ministre, d'après
les ordres qu'il en avoit reçus, se joignit à plusieurs
reprises aux représentations du susdit chargé d'affaires,
en donnant à connoître de la façon la plus expresse,
« que le Roi marcheroit invariablement, à l'égard des
» affaires de France, sur la même ligne avec sa ma-
» jesté apostolique ». L'événement a fait voir combien
peu l'attente du Roi, quant à l'effet qu'il se promettoit
de ces déclarations énergiques, étoit fondée ; mais au

moins le parti , dont les déterminations fougueuses ont
amené les hostilités , ne pourra-t-il jamais prétexter
cause d'ignorance sur les intentions de sa majesté : et
c'est à lui plus particulièrement , mais généralement
aux principes qui attaquent tous les gouvernemens et
voudroient les ébranler dans leurs bases , que la France
aura à s'en prendre de l'effusion du sang humain et des
malheurs que les circonstances actuelles ont déjà attirés
et pourroient attirer encore sur elle. Unie avec sa majesté apostolique par les liens d'une alliance étroite et
défensive, sa majesté prussienne auroit agi d'une façon
contraire à ses engagemens , en demeurant spectatrice
tranquille de la guerre déclarée à ce souverain : elle
n'a donc pas hésité de rappeler son ministre de Paris ,
et de se porter avec vigueur à la défense de son allié.
Membre prépondérant du corps germanique , elle doit
encore à ses relations en cette qualité , de marcher au
secours de ses co-états , contre les attaques qu'ils ont
déjà éprouvées , et dont ils sont encore journellement
menacés. C'est ainsi , sous le double rapport d'allié de
sa majesté apostolique et d'état puissant de l'Empire ,
que sa majesté prend les armes ; et c'est la défense des
états de ce monarque et de l'Allemagne , qui forme le
premier but de ses armemens.

Mais le Roi ne rempliroit qu'imparfaitement les principes qu'il vient de professer , s'il n'étendoit les efforts
de ses armes à une autre sorte de défense, dont les sentimens patriotiques lui imposent également le devoir.
Chacun sait comment l'assemblée nationale de France ,
au mépris des loix les plus sacrées du droit des gens ,
et contre la teneur expresse des traités, a dépouillé les

princes allemands de leurs droits et possessions incon-
testables en Alsace et en Lorraine; et les déductions que
plusieurs de ces princes ont eux-mêmes fait publier,
ainsi que les délibérations et les arrêtés de la diète de
Ratisbonne sur cette importante matière, fourniront à
tous ceux qui voudront en prendre connoissance, les
preuves les plus convaincantes de l'injustice des procé-
dés du gouvernement français à cet égard, lequel n'a
proposé jusqu'à présent, pour en dédommager les parties lésées (le tout en adoptant un langage péremptoire
et des mesures menaçantes), que des indemnités entièrement insuffisantes et inadmissibles. Il est digne du
Roi et de son auguste allié de faire rendre justice à ces
princes opprimés, et de maintenir ainsi la foi des
traités, base unique de l'union et de la confiance réciproques des peuples, et fondement essentiel de leur
tranquillité et de leur bonheur.

Il est enfin un dernier but des armemens du Roi,
plus étendu encore que le précédent, et non moins
digne des vues sages et bienfaisantes des cours alliées.
Il tend à prévenir les maux incalculables qui pourroient résulter encore pour la France, pour l'Europe,
pour l'humanité entière, de ce funeste esprit d'insubordination générale, de subversion de tous les pouvoirs, de licence et d'anarchie, dont il semble qu'une
malheureuse expérience auroit déjà dû arrêter les progrès. Il n'est aucune puissance intéressée au maintien
de l'équilibre de l'Europe, à laquelle il puisse être in-
différent de voir le royaume de France, qui formoit
jadis un poids si considérable dans cette grande balance, livré plus long-temps aux agitations intérieures

et aux horreurs du désordre et de l'anarchie, qui ont, pour ainsi dire, *anéanti son existence politique.* Il n'est aucun Français, aimant véritablement sa patrie, qui ne doive désirer ardemment de les voir terminées ; aucun homme enfin, sincèrement ami de l'humanité, qui puisse ne pas aspirer à voir mettre des bornes, soit à ce prestige d'une liberté mal entendue, dont le fantôme éblouissant égare les peuples loin de la route du vrai bonheur, en altérant les heureux liens de l'attachement et de la confiance, qui doivent les unir à des princes, leur force et leurs défenseurs ; soit sur-tout à la fougue effrénée des méchans, qui ne cherchent à détruire le respect dû aux gouvernemens, que pour sacrifier sur les débris des trônes à l'idole de leur insatiable ambition, ou d'une vile cupidité. Faire cesser l'anarchie en France ; y rétablir pour cet effet un pouvoir légal sur les bases essentielles d'une forme monarchique ; assurer par-là même les autres gouvernemens contre les attentats et les efforts incendiaires d'une troupe frénétique ; tel est le grand objet que le Roi, conjointement avec son allié, se propose encore, assuré dans cette noble entreprise, non-seulement de l'aveu de toutes les puissances de l'Europe, qui en reconnoissent la justice et la nécessité, mais en général du suffrage et des vœux de quiconque s'intéresse sincèrement au bonheur du genre humain.

Sa majesté est bien éloignée de vouloir rejeter sur la nation française en entier la faute des circonstances fâcheuses qui la forcent à prendre les armes ; elle est persuadée que la partie saine, et sans doute la plus nombreuse de cette nation estimable, abhorre les excès d'une

faction

faction trop puissante , reconnoît les dangers auxquels ses intrigues l'exposent , et désire vivement le retour de la justice, de l'ordre et de la paix. Malheureusement l'expérience fait voir que l'influence momentanée de ce parti n'est encore que trop réelle , quoique l'événement ait déjà démontré le néant de ses coupables projets , fondés sur des insurrections que lui seul cherchoit à fomenter. La différence de sentimens des personnes bien intentionnées , quelque certaine qu'elle soit , n'est ainsi , pour le moment encore, que peu sensible dans ses effets ; mais sa majesté espère , qu'ouvrant enfin les yeux sur la situation effrayante de leur patrie , elles montreront toute l'énergie qu'une cause aussi juste doit inspirer ; et qu'envisageant les troupes alliées rassemblées sur les frontières , comme des protecteurs et de vrais amis , dont la Providence favorisera les armes , elles sauront réduire à leur juste valeur les factieux qui ont mis la France en combustion , et qui seront seuls responsables du sang que leurs entreprises criminelles auront fait verser.

Berlin , le 26 juin 1792.

DÉCLARATION

Que son Altesse Sérénissime le Duc régnant de BRUNSWICK et de LUNEBOURG, Commandant les armées combinées de leurs Majestés l'EMPEREUR et le ROI DE PRUSSE, adresse aux HABITANS DE LA FRANCE.

LEURS majestés l'empereur et le roi de Prusse m'ayant confié le commandement des armées combinées qu'ils ont fait rassembler sur les frontières de la France, j'ai voulu annoncer aux habitans de ce royaume les motifs qui ont déterminé les mesures des deux souverains et les intentions qui les guident.

Après avoir supprimé arbitrairement les droits et possessions des princes allemands en Alsace et en Lorraine, troublé et renversé dans l'intérieur le bon ordre et le gouvernement légitime, exercé contre la personne sacrée du roi et contre son auguste famille des attentats et des violences qui se sont encore perpétués et renouvelés de jour en jour, ceux qui ont usurpé les rênes de l'administration ont enfin comblé la mesure, en faisant déclarer une guerre injuste à sa majesté l'empereur, et en attaquant ses provinces situées aux Pays-Bas. Quelques-unes des possessions de l'Empire germanique ont été enveloppées dans cette agression; et plusieurs autres n'ont échappé au même danger, qu'en cédant aux menaces impérieuses du parti dominant et de ses émissaires. Sa majesté le roi de Prusse, unie avec sa majesté impériale par les liens d'une alliance étroite et défensive, et membre prépondérant lui-même du corps germanique, n'a donc pu se dispenser de marcher au secours de son allié et de ses co-états; et c'est sous ce double rapport qu'il prend la défense et de ce monarque et de l'Allemagne.

A ces grands intérêts se joint encore un but également important, et qui tient à cœur aux deux souverains : c'est de faire cesser l'anarchie dans l'intérieur de la France, d'arrêter les attaques portées au trône et à l'autel, de rétablir le pouvoir légal, de rendre au Roi la sûreté et la liberté dont il est privé, et de le mettre en état d'exercer l'autorité légitime qui lui est due.

Convaincues que la partie saine de la nation française abhorre les excès d'une faction qui la subjugue', et que le plus grand nombre des habitans attend avec impatience le moment du secours pour se déclarer ouvertement contre les entreprises odieuses de leurs oppresseurs, sa majesté l'Empereur et sa majesté le roi de Prusse les appellent et les invitent de *retourner sans délai aux voies de la raison, de la justice, de l'ordre et de la paix*. C'est dans ces vues que moi, le soussigné général = commandant en chef des deux armées, déclare :

1°. Qu'entraînées dans la guerre présente par des circonstances irrésistibles, les deux cours alliées ne se proposent d'autre but que le bonheur *de la France, sans prétendre s'enrichir à ses dépens par des conquêtes.*

2°. Qu'elles n'entendent point s'immiscer dans le gouvernement intérieur de la France ; mais qu'elles veulent uniquement délivrer le Roi, la Reine et la famille
royale de leur captivité, et procurer à sa majesté très-
chrétienne la sûreté nécessaire pour qu'elle puisse faire,
sans danger et sans obstacles, les conventions qu'elle
jugera à propos, et travailler à *assurer le bonheur de
ses sujets, suivant ses promesses, et autant qu'il dé-
pendra d'elle.*

3°. Que les armées combinées protégeront les villes,
bourgs, villages, les personnes et les biens de tous
ceux qui se soumettront au Roi, et qu'elles concour-
ront au rétablissement instantané de l'ordre et de la
police dans toute la France.

4°. Que les gardes nationales sont sommées de veiller
provisoirement à la tranquillité des villes et des campagnes, à la sûreté des personnes et des biens de tous
les Français, jusqu'à l'arrivée des troupes de leurs
majestés impériale et royale, ou jusqu'à ce qu'il en soit
autrement ordonné, sous peine d'en être personnellement responsables : qu'au contraire, ceux des gardes
nationales qui auront combattu contre les troupes des
cours alliées, et qui seront pris les armes à la main,
seront traités en ennemis et punis comme rebelles à
leur Roi, et comme perturbateurs du repos public.

5°. Que les généraux, officiers, bas-officiers et
soldats des troupes de ligne françaises, sont également sommés de revenir à leur ancienne fidélité, et de
se soumettre sur-le-champ au Roi, leur légitime souverain.

6°. Que ses membres des départemens, des districts

et des municipalités, seront également responsables sur leurs têtes et sur leurs biens de tous les délits, incendies, pillages, assassinats et voies de fait qu'ils ne se seront pas notoirement efforcés d'empêcher dans leur territoire; qu'ils seront également tenus de continuer provisoirement leurs fonctions, jusqu'à ce que sa majesté très-chrétienne, remise en pleine liberté, y ait pourvu ultérieurement, ou qu'il en ait été autrement ordonné en son nom dans l'intervalle.

7°. Les habitans des villes, bourgs et villages qui oseroient se défendre contre les troupes de leurs majestés impériale et royale, et tirer sur elles, soit en rase campagne, soit par les fenêtres, portes et ouvertures de leurs maisons, seront punis sur-le-champ, suivant la rigueur du droit de la guerre, et leurs maisons démolies ou brûlées. Tous les habitans, au contraire, desdites villes, bourgs et villages, qui s'empresseront de se soumettre à leur roi en ouvrant leurs portes aux troupes de leurs majestés, seront à l'instant sous leur sauvegarde immédiate; leurs personnes, leurs biens, leurs effets seront sous la protection des loix, et il sera pourvu à la sûreté générale de tous et chacun d'eux.

8°. La ville de Paris et tous ses habitans sans distinction seront tenus de se soumettre sur-le-champ et sans délai au Roi, de mettre ce prince en pleine et entière liberté, et de lui assurer, ainsi qu'à toutes les personnes royales, l'inviolabilité et le respect auxquels le droit de la nature et des gens oblige les sujets envers les souverains, leurs majestés impériale et royale rendant personnellement responsables de tous les événemens, sur leurs têtes, pour être jugés militairement, sans espoir de pardon, tous les membres de l'assemblée nationale, du département, du district, de la municipalité et de la garde nationale de Paris, juges de paix, et tous autres qu'il appartiendra; déclarant en outre leursdites majestés, sur leur foi et parole d'Empereur et de Roi, « que si le château des Tuileries est forcé ou » insulté; que s'il est fait la moindre violence, le » moindre outrage à leurs majestés le Roi, la Reine, et » à la famille royale; s'il n'est pas pourvu immédia- » tement à leur sûreté, à leur conservation et à leur » liberté, elles en tireront vengeance exemplaire et à » jamais mémorable, en livrant la ville de Paris à une » *exécution militaire* et à une *subversion totale*, et les » révoltés, coupables d'attentats, aux supplices qu'ils » auront mérité ».

Leurs majestés impériale et royale promettent au contraire aux habitans de la ville de Paris d'employer leurs bons offices auprès de sa majesté très-chrétienne, pour obtenir *le pardon de leurs torts et de leurs erreurs,* et de prendre les mesures les plus vigoureuses pour assurer leurs personnes et leurs biens, s'ils obéissent promptement et exactement à l'injonction ci-dessus. Enfin leurs majestés, ne pouvant connoître pour loix en France que celles qui émaneront du Roi jouissant d'une liberté parfaite, protestent d'avance contre l'authenticité de toutes les déclarations qui pourroient être faites au nom de sa majesté très-chrétienne, tant que sa personne sacrée, celle de la Reine et de toute sa famille ne seront pas réellement en sûreté : à l'effet de quoi leurs majestés impériale et royale invitent et sol- licitent instamment sa majesté très-chrétienne de dési-

gner la ville de son royaume la plus voisine de ses
frontières , dans laquelle elle jugera à propos de se
retirer avec la Reine et sa famille sous une bonne et
sûre escorte, qui lui sera envoyée pour cet effet, afin
que sa majesté très-chrétienne puisse, en toute sûreté,
appeler auprès d'elle les ministres et les conseillers qu'il
lui plaira de désigner, faire telles convocations qui lui
paroîtront convenables, pourvoir au rétablissement du
bon ordre, et régler l'administration de son royaume.

Enfin je déclare et m'engage encore, en mon propre
nom , et en ma qualité susdite, de faire observer par-
tout aux troupes confiées à mon commandement, une
bonne et exacte discipline , promettant de traiter avec
douceur et modération les sujets bien intentionnés qui
se montreront paisibles et soumis , et de n'employer la
force qu'envers ceux qui se rendront coupables de résistance ou de mauvaise volonté. C'est par ces raisons
que je requiers et exhorte tous les habitans du royaume
de la manière la plus forte et la plus instante, de ne
pas s'opposer à la marche et aux opérations des troupes
que je commande, mais de leur accorder par-tout une
libre entrée et toute bonne volonté, aide et assistance
que les circonstances pourront exiger.

De Coblentz, le 25 juillet 1792.

DÉCLARATION

Additionnelle de son Altesse Sérénissime le Duc régnant de BRUNSWICK, à celle qu'elle a adressée le 25 de ce mois aux Habitans de la France.

LA Déclaration que j'ai adressée aux habitans de la France, datée du quartier-général de Coblentz, le 25 de ce mois, a dû faire connoître suffisamment les intentions fermement arrêtées de leurs majestés l'Empereur et le roi de Prusse, en me confiant le commandement de leurs armées combinées. La liberté et la sûreté de la personne sacrée du Roi, de la Reine et de toute la famille royale, étant un des principaux motifs qui ont déterminé l'accord de leurs majestés impériale et royale, j'ai fait connoître, par ma déclaration susdite, à la ville de Paris et à ses habitans, la résolution *de leur faire subir la punition la plus terrible,* dans le cas où il seroit porté la moindre atteinte à la sûreté de sa majesté très - chrétienne, dont la ville de Paris est rendue particulièrement responsable.

Sans déroger en aucun point à l'article VIII de la susdite Déclaration du 25 de ce mois, je déclare en outre que si, contre toute attente, par la perfidie ou la lâcheté de quelques habitans de Paris, le Roi, la Reine ou toute autre personne de la famille royale, étoient enlevés de cette ville, tous les lieux et villes quelconques qui ne se seront pas opposés à leur passage, et n'auront pas arrêté sa marche, subiront le même sort qui aura été infligé à la ville de Paris, et que la route qui aura été suivie par les ravisseurs du Roi et de la famille royale, sera marquée par une continuité d'exemples des châtimens dus à tous les fauteurs, ainsi qu'aux auteurs d'attentats irrémissibles.

Tous les habitans de la France en général doivent se tenir pour avertis du danger qui les menace, et auquel ils ne sauroient échapper, s'ils ne s'opposent pas de toutes leurs forces, et par tous les moyens, au passage du Roi et de la famille royale, en quelque lieu que les factieux tenteroient de les emmener. Leurs majestés impériale et royale ne reconnoîtront la liberté du choix de sa majesté très-chrétienne pour le lieu de sa retraite, dans le cas ou elle auroit jugé à propos de se rendre à l'invitation qui lui a été faite par elles, qu'autant que cette retraite seroit effectuée sous l'escorte qu'elles lui ont offerte. Toutes déclarations quelconques, au nom de sa majesté très-chrétienne, contraires à l'objet exigé par leurs majestés impériale et royale, seront en conséquence regardées comme nulles et sans effet.

Donné au quartier-général de Coblentz, le 27 de juillet 1792.

Signé, Charles-Guillaume-Ferdinand, duc de Brunswick-Lunebourg.

CIRCULAIRE

ENVOYÉE

DANS LES DÉPARTEMENS,

PAR LE COMITÉ DE SALUT PUBLIC DE PARIS[1].

Un affreux complot tramé par la cour pour égorger tous les patriotes de l'Empire français, complot dans lequel *grand nombre de membres de l'assemblée nationale se trouvent compromis*, ayant réduit, le 9 du mois dernier, la commune de Paris à la cruelle nécessité de se ressaisir de la puissance du peuple pour sauver la nation, elle n'a rien négligé pour bien mériter de la patrie; témoignage honorable que vient de lui donner l'assemblée nationale elle - même. L'eût - on pensé? De nouveaux complots non moins atroces se sont tramés dans le silence; ils éclatoient au moment même où l'assemblée nationale, oubliant qu'elle venoit de déclarer que la commune de Paris avoit sauvé la patrie, s'empressoit de la destituer pour prix de son brûlant civisme. A cette nouvelle, les clameurs publiques, élevées de toutes parts, ont fait sentir à l'assemblée nationale la nécessité urgente de s'unir au peuple et de rendre à la commune, par le rapport du décret de des-

1 Cette Pièce est extraite du *Moniteur* du 27 septembre 1792.

titution, les pouvoirs dont il l'avoit investie. Fière de
jouir de toute la plénitude de la confiance nationale,
qu'elle s'efforcera toujours de mériter de plus en plus;
placée au foyer de toutes les conspirations, et déterminée à s'immoler pour le salut public, elle ne se
glorificroit d'avoir pleinement rempli ses devoirs, que
lorsqu'elle aura reçu votre approbation, objet de tous
ses vœux, et dont elle ne sera certaine qu'après que
tous les départemens auront sanctionné ses mesures
pour sauver la chose publique.

Professant les principes de la plus parfaite égalité,
n'ambitionnant d'autre privilége que celui de se présenter à la brèche, elle s'empressera de se mettre au
niveau de la commune la moins nombreuse de l'état,
dès l'instant que la patrie n'aura plus rien à redouter
des nuées de satellites féroces qui s'avancent contre la
capitale. La commune de Paris se hâte d'informer ses
frères de tous les départemens, qu'une partie des conspirateurs féroces détenus dans les prisons, a été mise à
mort par le peuple : *actes de justice qui lui ont paru
indispensables pour retenir, par la terreur, les légions
de traîtres cachés dans ses murs au moment où ils
alloient marcher à l'ennemi; et sans doute la nation
entière, après la longue suite de trahisons qui l'ont
conduite sur les bords de l'abîme, s'empressera d'a-
dopter ce moyen si nécessaire au salut public; et tous
les Français s'écrieront comme tous les Parisiens :
Nous marchons à l'ennemi, mais nous ne laissons pas
derrière nous ces brigands pour égorger nos enfans et
nos femmes. Frères et amis, nous nous attendons qu'une
partie d'entre vous va voler à notre secours et nous aider*

à repousser les légions innombrables des satellites des despotes conjurés à la perte des Français. Nous allons ensemble sauver la patrie, et nous vous devrons la gloire de l'avoir retirée de l'abîme.

Les Administrateurs du Comité de Salut public et les Administrateurs adjoints réunis :

Signé, Pierre J. Duplain, Panis, Sergent, l'Enfant, Jourdeuil, Marat, *l'Ami du Peuple*, Deforgues, Leclerc, Duffort, Gally,

Constitués à la Commune, et séant à la Mairie.

FIN DU SECOND VOLUME.

TABLE

DES

CHAPITRES

Contenus dans ce Second Volume.

PIÈCES JUSTIFICATIVES.

à celle qu'elle a adressée, le 25 de ce mois, aux *Habitans* de la France. P. 360.

FIN DE LA TABLE DES CHAPITRES DU SECOND VOLUME.